정의의 굴레

동아대학교 법학전문대학원 명예교수

허일태

pnc publishing and culture

피앤씨미디어

『정의의 굴레』를 펴내면서

2025년 4월 23일, 일본의 요코하마(横浜)에서 출항해 107일 동안의 세계일주 크루즈 여행을 떠났다. 크루즈선이 동중국해를 지나던 어느 날, 선상의 14층에서 저녁 식사를 할 무렵, 지평선 저 멀리로 해가 지면서 나타난 특이한 모습이 포착되었다. 아련히 지는 해가 내 눈에는 두 개로 보였다. 스마트폰으로 그 장면을 찍었다. 줌을 이용하여 사진을 찍어 보니, 지평선 너머로 지고 있는 두 개의 별은 맨눈으로 보는 것보다 선명한 모습이었다.

이런 현상을 직접 경험하면서 세상은 보이는 것조차 진실이 아닐 수 있음을 다시 한 번 확인했다. 그래서 보이는 현실의 배후나 본질 혹은 근본을 찾으려는 노력이 쉼 없이 필요함을 다시 한 번 절감하였다. 그렇다고 개개의 현상을 도외시하고 지나친 본질 위주의 사념적 사고방식 역시 현실적으로 닥친 문제 해결에 별 도움이 안 될 때가 많음을 경험하고 있었다. 그렇기에 사실과 본질 사이의 원활한 환류(feedback)야말로 문제를 해결하는 데 큰 도움이 된다고 생각한다.

사회적 이슈가 발생해서 무엇을 어떻게 할 것인지에 관해 해결 방안을 고민할 때 나는 종종 이러한 관점에서 접근했다. 그리고 그 고심의 소산을 목차에서 볼 수 있는 바와 같이 32개의 주제로 담았다.

이들 주제의 핵심 내용은 인간적인 삶에서 중요한 것은 무엇이며, 어떻게 살아야 바람직한 모습인지를 살펴보고자 한 것이다. 인간적인 삶을 제대로 구가하기 위해 국가권력은 어떻게 조직되고 통제되어야 하며, 국민 개개인도 건강한 사회의 형성을 위한 책무가 있음을 보여 주려고 하였다.

살아오면서 뼈저리게 느낀 것은 무엇을 보장할 것인지의 여부에 대해 그것을 어떻게 보장할 것인지에 관한 대책이 없으면 사실상 무용지물이 된다는 점이다. 그래서 건강한 사회의 형성을 위해 무엇을 할 것인지에 관한 탐구는 그것을 어떻게 할 것인지에 대한 대답과 함께 현실적 방안을 찾고자 했다. 그렇게 해서 얻게 된 결론은 "건강한 사회의 형성을 위해서는 무엇보다 진리에 터 잡아 실체적 진실을 추구하되, 정의롭게 행동해야 한다"라는 실천적 생활방식의 추구였다.

여기서 '정의롭게'란 결코 개인적일 수 없고, 사회적 관계에서 비로소 비롯되므로 각자에게 그의 몫이 제대로 돌아가게 함으로써 사회적 갈등 관계를 제거하거나 완화하는 데 있다고 보았다. 다만 배분할 몫이 없거나 너무 적다면 각자에게 돌아가야 할 그의 몫은 무의미한 것이 되고, 그렇다면 정의의 관점에서 배분할 몫의 확대 재생산 역시 전제되어야 함을 절실하게 느꼈다.

이에 더하여 '인간의 존엄과 인권'을 보장하려면 국가권력은 이러한 의미의 사회적 정의 관점에서 통제되어야 하고, 그래서 국가권력과 개인의 책임 문제에 관해 학문적으로 의심스러운 부분에 대해서는 끝까지 추궁하려고 노력했다. 예컨대 '책임의 전제로서 자유의사'의 문제도 그런 경우이다. 왜냐면 칸트 이래로 대부분 학자에 따르면 인간은 오성(悟性)을 통해 자유의사가 자율적으로 형성되었으며, 이러한 정신적 차원의 의사(意思)는 물질인 인간의 육체와 무관한 인격의 원천으로 파악되었다. 이와 같은 사고방식은 책임의 전제로서 인간이 자유의사를 가졌다고 생각하게끔 했고, 책임을 설명하는 데 무엇보다 편리하였다.

그러나 술을 마셔 잔뜩 취한 사람은 육체만 취하고 정신은 멀쩡할까. 그렇지 않다는 사실은 인간의 의사가 육체와 불가분의 관계에 있음을 증명한다. 인간의 의사는 육체와 깊은 상관관계가 있고, 태어난 지 얼마 되지 않은 어린아이는 의사(意思)가 제대로 형성되어 있지 않다. 그렇기에 형법도 만 14세가 될 때 비로소 형사책임을 지우지 않는가.

나이가 들고 세월이 지날수록 진리를 바탕으로 실체적 진실을 추구하고, 정의롭게 판단하는 것이 건강한 사회 형성의 가장 큰 덕목이라는 사상이 더욱 진해졌다. 그래서 이런 안

목에서 기술했던 글들을 묶어 책의 제목을 『정의의 굴레』라는 이름으로 지었다.

책의 출간을 위해 자료를 보충하고, 적지 않은 오탈자의 수정과 보완을 해준 이덕인 교수의 헌신에 깊은 감사를 드린다. 특히 정의나 공정의 문제에 관해서는 이 교수로부터 영감을 받는 것도 많다. 또한 몇몇 주제에 관한 정소영 교수의 교정과 보충은 이 책의 내용을 더욱 풍부하게 해주었다. 더욱이 세계일주 크루즈 여행 중에 만난 삼총사(박숙경, 민정기 및 김보영 선생님)는 크루즈 여행기의 교정에 힘써주었다. 나의 사상이나 행동에 물심양면으로 후원해 준 아내 이경님 교수와 딸 허다은 변호사에게도 고마울 수밖에 없다. 시장성이 그리 크지 않음에도 흔쾌히 출판을 허락해 준 피앤씨미디어의 박노일 대표님께도 고마움을 전한다.

107일간의 세계일주 크루즈 여행 중에서
2025년 8월 9일

차 례

제1편 정의의 굴레

제2편 인물 탐색

제3편 여행기

제 1 편

정의의 굴레

제 1 장

삶의 '그렝이질'[1)]

2025년 4월 24일

세계일주 크루즈 여행 중 중국 선전(深圳)에서

예컨대 자연에서 채취한 주춧돌의 모양은 대체로 울퉁불퉁 제멋대로의 상태이다. 그 위에 기둥을 얹기 위해서 단단한 돌을 평평하게 깎는 것은 쉽지 않다. 반면에 톱과 대패를 이용해서 만든 나무 기둥은 쉽게 깎을 수 있다. 그렇기에 옛 장인들은 돌보다 나무 기둥의 단면을 울퉁불퉁한 주춧돌의 단면에 들어맞게끔 깎아 냄으로써 문제를 해결했다. 이와 같은 해결 방식을 우리는 '그렝이질'이라고 부른다.

'그렝이질'이 잘된 기둥은 천재지변에도 잘 넘어지지 않는다. 왜냐면 태풍이나 지진이 났을 때 주춧돌이 매끈한 돌이라

1) 이 글의 아이디어는 2025년 4월 11일 「따뜻한 편지 2882호」 "우리의 삶도 그렝이질이 필요합니다"에서 따왔고, 내용 중에 일부가 겹치는 부분이 있음을 밝혀 둡니다.

면 거기에 세워진 기둥은 쉽게 밀려갈 수 있겠지만, 울퉁불퉁한 주춧돌 위에 '그렝이질'이 잘된 기둥이 서로 맞물려 서 있을 땐 쉽게 밀리지 않고, 그 주춧돌과 기둥을 안전하게 잡아주는 역할을 하기 때문이다. 바람이 강한 고산지역이나 제주를 비롯한 섬들의 돌담들이 쉽게 무너지지 않는 이유도 서로 다르게 생긴 돌들이 아귀를 맞춰 서로를 지탱하고 잡아주기 때문이다.

입장이 조금만 달라도 서로 반목하는 것이 요즘의 세태이다. 상호 반목과 갈등의 모습은 '개개인의 능력과 인격을 존중해 주는 건강한 사회'를 형성하는 데에 적지 않은 걸림돌로 작용한다. '건강한 사회'의 형성을 위해서는 다양한 입장들이 표출될 수 있어야 한다. 일방적인 입장의 선전, 선동이나 강요는 다양성이 요구되는 민주주의의 적이자 건강한 사회의 형성을 가로막는다. 건강한 사회가 형성되기 위해서는 다양한 입장들도 상호 간에 '그렝이질'이 잘되어야 한다. 건강한 민주주의는 상대방의 입장이라도 보듬어 주면서 상호 타협하고 공존하려는 태도를 지녀야만 하기 때문이다.

그렇다고 부당한 행동을 일삼고 공정사회를 저해하는 사상이나 그런 사상에 물든 인간들까지 포용할 수는 없다. 불편, 부당한 행위를 정의로 포장하거나 여러 사람 앞에서는 공정과 공평을 주장하면서 뒤로는 불의에 가담하거나 자신의 사익을 우선시하는 행태를 일삼는 사람들을 용서하자는 것은 아니다.

무엇보다 사회적 대혼란을 일으키는 쿠데타나 부당한 긴급조치로 사회의 안전을 담보하는 법치국가원칙을 훼손하거나 시민의 인권을 본질적으로 유린하는 자에 대해 관용이나 용서를 베풀 수는 없는 일이다.

그런데도 쿠데타와 긴급조치를 일삼았고, 심지어 사법살인을 통하여 정권 유지에 혈안이 되었으며, 독재정치로 시민의 자유를 본질적으로 박탈했던 그런 자를 우상화하려는 이들도 우리 사회에는 없지 않다. 나아가 그를 희대의 영웅으로 우상화하려는 학자조차 존재하는 실정이다.

이러한 점에서 법치국가원칙을 근본적으로 훼손하는 극단적인 사상가나 정치가, 예컨대 독재자나 철저한 공산주의자, 혹은 극단적 사회주의를 신봉하는 사람들에게까지 관용을 무조건 베풀자는 뜻은 더더욱 아니다.

이와 달리 건강한 사회 건설의 방법에 있어서 다소 다른 생각을 가졌다고 하여, 그런 생각을 무조건 배척하지 말고, 내 마음의 '그렝이질'을 통해 상대를 관용하고 포용하자는 것이다. 인간은 신이 아니기에 실수를 범하는 것은 흔히 있는 일이다. 실수는 누구나 할 수 있는 인간의 범사(凡事)이기 때문이다. 그러니 어떤 실수가 타인의 인격을 침해하지 않는다면, 그런 실수는 용서될 수 있어야 한다. 또한 실수가 아니더라도 건강한 사회 형성을 위한 공동의 길을 찾는 과정에서 방법이나 사상이 서로 약간 다르더라도, 이를 포용하고 화합할 수 있어야 한다. 왜냐면 건강한 사회의 형성은 다양성의 토대에서 자란 것이고, 다양성이 활짝 꽃피우기 위해서는 사회는 서로 자신의 사상이나 행동에 관해 '그렝이질'을 통하여 상대를 관용하고 포용할 수 있어야 하기 때문이다.

지극히 인간적인 모습들, 예컨대 단순한 자기 자랑, 자식 자랑, 남편 자랑, 부인 자랑, 공부 자랑, 건강 자랑 등은 타인의 명예심이나 인격을 크게 침해하지 않는 선에서 관용적으로 받아들일 수 있어야 한다. 타인에 대한 사소한 뒷담화 역시 상상력을 가진 인간에겐 숙명이다. 지나치고 악의적인 거짓된 뒷담화는 삼가야 하겠지만 그것이 소소한 정도라면 명예훼손이니 모욕이니 하면서 처벌을 운운해서는 안 될 것이다.

누군가를 극단적으로 비난할 때 '인지부조화(認知不調和)'라고 말하기도 한다. 그런데 이 인지부조화야말로 인간의 문명 발달에 결정적 촉매 역할을 했다는 사실을 잊어서는 안 된다. 만일 모든 악기 연주자가 같은 음만을 낸다면, 그것은 단조로움의 극치이고, 아름다운 선율이 나올 수 없다. 서로 다른 음이 합쳐져 화음을 만드는 것처럼 서로 다른 생각의 조합이야말로 문명의 진보와 발전을 꾀하는 결정적 인자일 수 있기 때문이다. 물론 이를 감내하는 데 일정한 한계가 있음은 당연하다. 타인의 사상을 억압하고, 인간 삶의 본질을 근본적으로 해치는 정책이나 행태는 용납되거나 허용될 수 없어야 한다. 이런 것들조차 포용하며, 관용을 베풀어 달라는 사고방식은 지양되어야 한다.

이와 관련하여 2024년 12월 3일, 윤석열 전 대통령은 합리적 근거도 전혀 없이 국가비상사태를 부당하게 선포했을 뿐만 아니라 집행하려고 했다. 이와 관련해 태극기부대를 비롯한 일부 광신 집단은 그의 국헌문란 행위를 적극적으로 찬양하였다. 심지어 당시 집권 여당 소속의 대다수 국회의원조차 그런 행태를 보였다.

이들뿐만 아니다. 우리 사회를 좀먹고 있는 사이비 진보주의자 역시 상식에 어긋난 짓을 서슴지 않았다. 공중 앞에서는 공정과 정의를 부르짖으면서도 뒤로는 이와 달리 자신이나 가족의 이익 추구에 혈안이 되어 있는 추악한 모습을 드러내기도 했다.

그러므로 우리의 삶이 각박할수록 그런 상황을 이용하려는 극단적 이기주의자가 아닌 한, 다른 사람을 배려하고 존중하는 태도는 우리의 몸과 마음에 체화되어야 한다. 상대를 포근하게 보듬을 수 있는 ‘그렝이질적 태도’는 그 상대방에게 큰 울림을 주게 되고, 어려울 때나 슬플 때도 서로 힘이 될 수 있는 든든한 버팀목이 된다. 뿐만 아니라 건강한 사회의 형성에도 관건이 된다. 그래서 타인에 대한 맞춤형 ‘그렝이질’이야말로 국가와 사회가 처한 역경을 이겨내는 지혜이자 건강한 사회를 형성하는 데에 첩경이 되는 것이다.

제2장

논쟁적 토론이 어려운 일본 문화

2025년 4월 30일

어느 일본인 기자가 프랑스에 특파원으로 파견되어 몇 년 동안 그곳에서 활동하였다. 프랑스에서의 경험을 적지 않게 갖고 귀국한 후, 그는 토론과 관련하여 프랑스와 일본 양국 사이의 차이점을 다음과 같이 기술하였다.

> 토론이 의사소통의 주된 기초로 자리 잡은 프랑스와 달리, 집단의 화합을 중시하는 일본 사회에서 토론은 갈등을 불러일으키고 질서를 어지럽히는 것으로 여기는 경향이 강하다. 이러한 차이는 어디서 어떻게 생겨났을까? 집단의 뜻을 따르는 경향이 강한 일본에서 토론이 이루어지는 경우가 없지 않으나, 토론에 관해 서툴며, 회피하는 사람도 적지 않다. 일본도 사람들끼리 서로 얼굴을 맞대고 만나서 얘기하는 겉모습은 토론하는 국민처럼 보일지도 모른다. 그러나 일본에서 이루어지는 토론은 프랑스에서 흔히 볼 수 있는 토론과 많이 달라 보인다. 예컨대 대화 주제가 기후변화의 해결 방안에 관해 찬반의 의견

이 있다고 치자. 이 경우 프랑스에서는 대화 참가자 중 한 명이 "나는 오늘날 기후변화를 심각하게 생각해. 왜냐면 기후변화에 결정적 영향을 끼치고 있는 탄소 배출을 축소하지 않으면 지구의 생태계가 파멸할 수 있기 때문이야. 너는 그 문제에 대해 어떻게 생각해." 다른 한 명은 "나는 너와 다르게 생각해. 나는 탄소의 지나친 축소로 경제활동의 위축을 가져올 수 있기에 무조건적인 탄소 배출의 축소는 지양해야 해." 이것의 의미는 매우 크다. 여기서부터 둘 다 토론을 더 깊이 파고들고, 각 주제의 핵심 문제에 대해 어떻게 생각하는지 서로에게 묻게 된다. 이럴 때 이 부분에 동의하지만, 다른 부분은 동의하기 어렵다고 말할 수 있다. 아니면 상반된 견해를 피력할 수도 있다. 사람이 만날 때마다, 대형 교통사고가 세상의 화제가 될 때마다, 기후 문제가 불거질 때마다 항상 그런 식으로 토론했고, 모두가 의견을 교환하는 것이 습관이 되어 있다. 일본에서 대화 방식을 보면 프랑스와 결정적인 차이가 있다. 일본에서 예컨대 기후 문제에 대해 당장 탄소 배출을 축소해야 한다는 주장과 그런 축소를 신중하게 생각하는 사람들이 있다면, 그것은 대략 다음과 같이 전개될 것이다. "너는 기후 문제를 해결하기 위해 탄소 배출 축소를 시급히 주장하지만, 너의 본래 생각은 무엇인지?", "아니, 탄소 배출의 축소를 지나치게 고집하는 건 무례하잖아!", "그런 태도는 뭐야?"

대체로 일본에서는 논쟁할 경우 해당 주제의 쟁점에 관해 깊이 파고들지 않는다. 오히려 자기주장이 강할수록 감정적으로 싸우게 되고, 본질의 탐구라기보다는 서로 간에 인신공격적 말싸움으로 전환되기 쉽다. 이러한 대화 방식은 논증적이라고 할 수 없다. 왜냐면 일본에서 특정 주제에 관한 자기주장은 자기의 인격과 합일되어 있다고 생각하여, 타인에 대한 인신공격으로 이어지기 쉽기 때문이다. 이는 어떤 의미에서 일본을 상징하는 특징으로 보인다. 때문에 가능한 한 논쟁을 회피하려고 노력하는 태도가 두드러진다.

그렇다면 같은 아시아 국가로 지리적으로 가까이 위치한 한국은 어떨까. 한국인은 통상적으로 일본인보다 더 자기주장이 강한 편이다. 일본의 기준으로 봤을 때 한국인에겐 자기주장이 강하게 보이는 경우가 많다. 예컨대 한국에서 '비상계엄령을 선포한 윤석열 대통령의 탄핵 문제'에 대해 한국인들의 습관화된 회화 내용은 다음과 같이 전개되는 경우가 보통일 것이다. 진보적 경향의 사람이라면 "그를 대통령직에서 탄핵해야 한다."라고 주장하고, "그 이유는 그가 반헌법적인 비상계엄을 선포하고 국회를 폭력적으로 장악하려고 했기 때문이야." "너는 그의 탄핵에 관해 어떻게 생각해." 반면에 보수적 견해를 지닌 다른 사람은 "나는 야당의 지나친 탄핵 남용에 문제가 있어서, 이를 해소하기 위해 비상계엄이 불가피했다고 생각해."

한국인은 주장을 논증적으로 하고자 한다. 그래서 자기의 주장과 인격이 합체되어 있다는 생각이 일본인보다는 적다. 왜 그럴까. 첫째로 한국에서는 예로부터 유교의 교리적 부분을 중시했고, 그래서 무엇이 교리적으로 정당한 것인지, 아니면 부당한 것인지를 따지는 문화가 발달하게 되었다. 그것은 유교를 국교로 받아들이기 이전인 고려시대의 경우에도 마찬가지로, 유교의 교리적 부분은 한국인의 정신적 핵심 자산이었다. 무엇이 정당한 것인지, 부당한 것인지 여부는 예전부터 한국인이 지닌 정신문화의 뿌리였기 때문이다. 그렇기에 한국에서는 고려시대 약 80여 년간의 무신세력(武臣勢力)에 의한 통치가 있었으나 정권 창출에 합리적 정당성이 결여되어 있었던 탓에 그 지배는 500여 년의 일본과 비교하면 상대적으로 매우 짧았다. 그래서 한국에서 부당한 것에 맞설 용기는 일제 치하에서뿐만 아니라 권위적인 정권이었던 이승만, 박정희와 전두환 시대에서도 어김없이 나타났다.

이와 달리 일본은 유교를 교리적 측면보다는 현실적 측면에서 깊이 받아들였다. 타인에게 폐를 끼치는 일들을 삼가고, 슬퍼도 목놓아 울지 말아야 하며, 기존의 질서를 절대시하고, 계급을 중시하고, 포장을 잘하며, 사무라이[侍]가 활개 치는 사회에서 살아남기 위해 절대자에게 순종하는 것을 미덕으로 여기려는 문화가 그렇게 터 잡게 되었다.

둘째로 지정학적 영향도 없지 않다. 한국의 경우 중국, 러시아, 일본 등 주변 강대국과 국경을 맞대고 있고, 항상 외적과의 충돌과 호전적인 강대국의 침략 및 지배의 위험에 처해 있었다. 특히 한반도는 패권을 다투려는 중국과 일본의 호전적인 침략전쟁을 여러 차례 경험했다. 이에 반해 일본은 주로 국내 지배 투쟁에 관심을 기울여 왔다. 외국인이 갑자기 쳐들어 와 자신들을 지배하고 재산을 강탈당하거나 죽임을 당하는 일은 그들 역사에 거의 없었다. 다만 제2차 세계대전 말기에 겪었던 일이 전부라고 할 정도로 극히 적었다. 게다가 일본 열도의 특성상 남북으로 좁고 길게 늘어진 국토와 산악지대가 많은 탓에 전국적인 이동성뿐만 아니라, 다른 마을이나 집단으로 사회적 이동성이 낮을 수밖에 없었다. 이런 이유로 일본에서는 역사적으로 외국으로부터 침략에 관한 관심은 거의 없었고, 자연스럽게 집단 밖의 사람들과의 교류는 거의 없었다.

이러한 국민적 기질에 대해 일본인 기자는 다음과 같이 해석했다. "일본은 자원이 적은 나라임에도 불구하고 재해가 잦았기 때문에 그 환경에서 효율적으로 서로 도우면서 살아남는 것이 가장 중요했다. 그런 상황에도 불구하고 집단에 폐를 끼치거나 규칙을 어긴 사람이 나타나면 그 사람을 집단에 그대로 남겨두는 것은 집단에 속한 사람들의 불이익과 직결된다." 오늘날에도 외국인이 일본에서 집을 구하기란 쉽지 않은 상황이 아직도 여전한 것을 그 예로 들 수 있다.

그런데 이런 주장은 지극히 표면적인 것에 불과해 보인다. 한국의 경우 무신정권은 80여 년 지속되었음에 반해, 일본의 경우 500여 년 동안 이어졌던 막부(幕府)는 군사정권의 특성상 형식적이고 외부적 규율에 무조건 엄격해질 수밖에 없었다. 따라서 철저한 통제사회가 수백년 동안 지속되다 보니, 국민의 의식구조 역시 그에 물들 수밖에 없었다. 즉 그런 사회에서라면 외부적으로 모난 사람들은 사무라이 계급에 의해 쥐도 새도 모르게 죽임을 당하는 문화가 500년이라는 긴 역사에서 지속되었던 것이다. 이러한 역사성으로 인해 상대방에 대해 표면적으로 예의를 다하려는 경향은 일본의 국민성으로 고착되었다. 그렇기에 일본에서는 신분의 변화조차 그에 관한 두려움이 뼛속 깊이 남아 있을 수밖에 없다. 일본에서 아직도 계급문화가 철저하게 극복되었다고 보기 어려운 부분이 그것을 입증한다. 예컨대 국회의원이나 장관도 적지 않게 세습되고 있음은 그에 관한 결정적인 증거이다.

토론의 문화가 활발할수록 상호 신뢰가 높아짐은 당연지사다. 서로를 신뢰하는 사회는 높은 수준의 사회적 토론과 인식의 산물이기 때문이다. 사회적 안전망의 구축과 이를 위한 제도적 개선이 요구될 때, 이러한 요구가 제대로 관철되기 위해서는 언제든지 실질적 정권 교체가 이루어질 수 있는 토론문화 환경이 제공되어야 한다. 왜냐면 어떠한 권력도 장기화하면 할수록 부패하기 마련이고, 종래의 수구적 태도를 극복하려면 토론을 통해 형성된 새로운 대안세력이 필요불가결하기 때문이다. 따라서 서로의 의사 소통에 의한 합리적 결정과 상호존중의 태도가 무엇보다 중요하다. 정권 교체를 통한 실질적 민주주의의 구현에 있어서 일본은 어려움이 있고, 그것은 그들의 국민성과 관련하여 분명한 한계를 지니고 있음을 엿볼 수 있다.

제3장

갈림길과 막다른 골목

2025년 5월 1일

우리는 한평생 무엇인가를 선택해야 하고, 선택하게 된 길을 따라 살아갑니다. 그러니 우리는 평생 길 위에 있는 셈이죠. 길 위에서 이루어진 우리의 삶은 모든 길이 그렇듯이 오르막길과 내리막길을 번갈아 경험하게 되지요. 탄탄대로의 길처럼 잘 나가는 시절이 있는가 하면, 어느 때는 막다른 골목의 힘든 구간도 겪게 됩니다. 길은 모두가 다니고 있긴 하지만, 이 세상엔 오직 나의 길만이 있습니다. 왜냐면 나의 삶의 여정과 똑같이 살아가는 길은 이 세상엔 있을 수 없기 때문입니다.

우리가 가야 할 수많은 길 가운데 어떤 길을 선택해야 옳을 것인지, 이 길이 아니고 저 길을 선택해야 현명한 것인지,

이에 관한 정답을 누구도 알 수 없습니다. 우리가 '찾아야 할 올바른 길'을 선택하기란 쉽지 않기 때문입니다. 그렇기에 우리는 수많은 선택의 갈림길에서 어떻게 해야 할지에 관해 갈등을 겪게 됩니다. 이런 와중에 누군가는 헤매거나 방황하여 시행착오를 겪기도 하고, 누군가는 성공 가도를 쌩쌩 달리는가 하면, 누군가는 선택한 그 길을 좌고우면(左顧右眄)하지 않고 그저 묵묵히 걸어가기도 합니다.

걷다가 보면 자기가 지나왔던 길이 옳지 못한 선택임을 나중에야 비로소 알게 된 때도 많습니다. 그런 선택을 우리는 무작정 비난할 수 없습니다. 왜냐면 인간은 우리의 앞날을 충분히 예견할 능력을 지니지 않았기에 그런 실수를 다반사로 하고 있기 때문입니다. 그렇지만 '가지 말았어야 할 길'임을 알면서도 '잘못된 길'을 선택한 삶이라면 비난받아 마땅합니다. 왜냐면 성숙한 인간이라면 '선택하지 말았어야 할 길들', 예컨대 '사회적 중대한 일탈행위'나 '사회적·윤리적으로 비난받을 만한 행동' 등을 회피해야 할 사회적 책무를 지고 있기 때문입니다. 그러므로 우리가 '가지 말았어야 할 길'을 선택하게 되었다면 그 여정에서 겪는 사회적 비난은 감수하는 것이 당연합니다.

그렇기에 우리는 수많은 갈림길에서 선택의 연속일 수밖에 없는 지나온 길이 바람직한 것이었는지 여부를 끊임없이 되묻고, 반성함으로써 장차 가야 할 현명한 길의 선택에 도움을 주어야 합니다.

우리가 현명한 선택으로 바람직한 길을 걷게 되었다고 하더라도 인생의 길은 그렇다고 항상 순탄할 수만 없으며, 때론 막다른 골목에 이르게 될 때도 있습니다. 이러한 막다른 골목길은 어쩌면 새로운 출발의 변곡점이 될 수도 있습니다. 새벽을 여는 여명은 어둠이 가장 짙을 때 다가오는데, 그 이치와 같기 때문입니다. 즉 고치 속에서 애벌레가 나비로 부화할 때, 혹은 물이 끓기 직전의 임계점처럼 나의 삶에서 부딪쳤던 막다른 골목길은 나의 성장을 위한 변곡점으로서 불가피한 고통의 시간일 수 있습니다. 마치 자연의 이치처럼 그런 과정에서 비로소 내가 새롭게 다시 일어설 수 있는 원동력을 경험하게 될 것입니다.

그러므로 막다른 골목길에 도달했을 때 자신에게 다가오는 운명에 대해 아무런 해결책도 없다고 생각하면서 무작정 체념해서는 안 됩니다. 막다른 골목에 다다른 것이 아닌가 하는 걱정에 밤잠을 못 이루는 때가 찾아오더라도, 그것이 어쩌면 여명처럼 나의 새벽을 여는 기회일 수 있기 때문입니다. 그러니 우리는 세상을 쉽게 포기해서는 안 됩니다.

이런 점을 명확히 인식했던 중국의 유명한 작가이자 사상가인 루쉰(魯迅)은 그의 저서에서 다음과 같이 말합니다. 「갈림길」에서 어떻게 해야 할까요? 루쉰은 "울면서 돌아가지 않고, 우선 갈림길 입구에 앉아 잠시 쉬거나 한참 자도록 하겠다. 그런 연후에 내가 갈 길을 정해서 다시 출발하겠다. 만약 호랑이를 만나면 나무 위로 기어 올라가 호랑이가 사라질 때까지 기다리겠다. 나무가 없다면? 할 수 없다. 호랑이에게 통째로 삼켜진다고 한들 어찌겠는가. 하지만 나도 호랑이를 한 번 깨물 수는 있을 것이다.” 그리고 「막다른 길」에 접했을 때도 루쉰은 “막다른 길에 이르러서도 돌아서지 않겠다. 갈림길에서와 마찬가지로 헤쳐 나가야 한다. 도저히 갈 수 없는 정도로 험난한 길은 나는 아직 본 적이 없고, 이 세상에 본디 막다른 길이란 존재하지 않는다고 확신한다.”

우리는 물론 루쉰처럼 똑같이 행동할 수 없습니다. 그렇지만 우리에게 다행히도 자유로운 삶의 길을 선택할 여지는 적지 않습니다. 게다가 막다른 골목길이 새벽을 여는 여명처럼 어쩌면 내 인생의 변곡점으로 다가올 수 있습니다. 그렇다면 올바른 삶의 길이란 갈림길 위에서 자신이 선택했던 길의 여정을 반복적으로 되새김하면서 깊이 반성하고, 막다른 골목길에 직면하더라도 희망을 버리지 않으며 새벽의 여명처럼 나의 성장통일 수 있다고 믿고, 타인에 대한 배려가 몸에 체화된 현명한 삶의 태도가 절실히 필요하다고 생각합니다.

제4장

형법의 존재 이유와 여백의 불가피성

2025년 1월 11일

형법의 존재 이유는 우리가 인간적 삶을 꽃피울 수 있는 사회질서를 확보하고, 이를 평화롭게 방위하기 위해 범죄의 예방과 범죄자의 처벌(즉 형벌)을 정당화하는 데서 찾을 수 있다. 그러기에 형법은 범법자에 대한 형벌의 부과를 정당화할 수 있는 사회적으로 공인된 법률이며, 형벌은 사회적으로 중요한 법익 침해행위를 예방할 정도의 참기 어려운 인간적 고통을 속성으로 삼는다. 형벌의 핵심 내용인 자유형은 수형자의 거주·이전의 자유 등 기본권을 제한함으로써 한편으로 그 기간에 재범의 가능성을 원천적으로 배제할 수 있게 하고, 다른 한편으로 자신의 범법행위에 상응한 자기책임을 감수하게 하려는 데 있다. 그러므로 형법은 범법자에게 참기 어려운 고통을 안겨주는 특수한 강제력인 '형벌'의 정당화를 공인한 '수단의 특수성'을 가진 법률이다. 다만 형벌의 이런 특성은 범죄자를 낙인화하여 재사회화를 방해하며, 이에 따라 사회적 불평등을 자초한다는 큰 문제점을 태생적으로 갖게 된다. 형벌의 이러한 본질적 성격으로 인해 형벌은 최소화에 그쳐야 하며, 그래서 형벌은 최후의 수단(Ultima Ratio)이라고 부르기도 한다.

형법은 이런 특성과 내용을 가진 형벌권을 국가에 독점시킨 '공형벌 체계'를 제도화한 것이다. 따라서 형벌은 국가의 핵심적 공권력에 속하며, 이러한 공권력의 행사가 적법한 수준에서 그치도록 통제할 필요성이 생긴다. 이를 위해 형법은 국가의 권력 행사를 법치국가원칙, 특히 죄형법정주의와 책임원칙 및 적법절차에 걸맞게 준수되도록 철저히 제도화되어야 한다. 즉 형법은 국가공권력의 남용을 방지하기 위해 담보된 제도화한 가치체계임을 잊어서는 안 된다. 이런 점에서 형법의 수신자는 한편으로 국민 모두에게 일반적으로 향하고 있지만, 다른 한편으로 국가에 대해 구체적으로 향하고 있음은 물론이다. 그러므로 국가는 개별적인 국민보다 훨씬 더 법치국가원칙, 특히 죄형법정주의와 책임원칙을 철저히 준수해야 하는 책무를 부담한다.

이런 이유로 형법상 범죄 규정은 일반 국민에게 무엇을 금지하고 있는가를 사전에 명확히 전달하고, 국민은 그것을 알거나 알 수 있을 정도로도 충분하다. 예컨대 "사람을 죽이지 말라, 그렇잖으면 처벌된다."라는 살인죄의 규정은 살인자와 관계없는 일반 국민에게 통상적으로 "사람을 죽여서는 안 된다."라는 규범적 의미를 줄 뿐이다. 이에 반해 국가의 이름으로 행사하는 범죄 수사와 재판의 경우 살인죄의 규정은 수사관이나 법관에게 죄형법정주의의 원칙을 준수하여 행위자를 재단하고, 이런 과정 또한 적법절차를 엄격하게 준수하여야 함을 요구받는 강제규범으로 다가간다.

국가의 형벌권 행사를 대상으로 삼고 있는 형법학은 형법의 적용 범위를 유추하거나 확장하는 데 도움을 주는 학문일 수 없고, 오히려 이를 '억제'하기 위해 존재하고 있다. 즉 학문으로서 형법학은 일반 국민에 대한 '형법의 적용을 가능한 제한하려는 학문'일 수밖에 없다. 이런 관점에서 볼 때 "형벌에 관한 형사정책은 사회정책의 최후수단으로 작동되어야 하고, 형법은 형사정책의 최후수단이다."라는 원칙은 철저히 관철되어야 마땅하다. 이를 위해 사회방위를 위해 최후수단으로써만 관여하는 형법은 여백을 가질 수밖에 없다. 형벌의 내용은 헌법상 담보되는 행위자의 기본권에 대한 실질적 침해에 해당한다는 점에서, 형벌의 사용은 최소한이자 최후의 마지막 수단으로 그쳐야 한다. 그러므로 형법의 단편성은 불가피한 것이고, 어느 행위로 인해 사회방위가 심각하게 침해되지 않은 선에서 그 행위에 대한 처벌의 여백을 남겨 두어야 한다.

형법의 이런 점은 모든 질병을 예방하고 치료하려는 의료 분야와 지극히 상반된 모습이다. 그런데도 일부 형법학자들은 형법의 이념을 모든 범죄의 원인균을 뿌리째 뽑고자 하는 모습을 볼 수 있다. 모든 질병을 발생케 하는 병균의 박멸은 인간의 건강한 삶과 생명의 연장에 도움이 되며, 좋은 일임은 물론이다. 그렇다고 한정된 재원으로 이 세상을 완전히 무균 처리함은 한정된 재원을 가진 국가의 가성비 면에서 바람직하지 않다. 더구나 우리 신체 내부의 대장에는 유해균과 유익균이 함께 상존해 있으며, 유해균의 완전한 박멸은 건강에 큰 도움이 될 수 없다. 양쪽이 상존하지만 유해균보다는 유익균이 많아 건강이 더욱 좋아진다는 견해가 정설이다.

하물며 병균조차도 완전 박멸이 불필요한 마당에 사회적 일탈행위에 대한 처벌의 사각지대를 완벽하게 없애려는 사고방식은 형법의 성격에서 볼 때 결코 받아들이기 어렵다. 그럼에도 처벌의 사각지대를 메우려는 학자들도 적지 않게 볼 수 있다. 예컨대 형법 제30조의 공동정범 규정은 고의범을 대상으로 명시하고 있음에도 불구하고 동조를 근거로 과실범의 공동정범을 인정하려고 애를 쓰는 분들을 쉽게 찾아볼 수 있다. 이뿐만 아니라 신의칙에 위반하여 기망행위를 범한 자라면, 신의칙에 위반하여 사기행위를 인정하고 더 나아가 부진정부작위범의 경우 보증인적 지위를 갖게 된다는 사고방식이 그런 경우이다. 판례가 그렇다고 하니 판례의 태도를 무조건 습관적으로 따르려는 태도는 형법학자의 본래 모습일 수 없다.

헌법상 무죄추정과 적법절차 그리고 죄형법정주의가 제대로 실현되는 법치국가일수록 법익 보호를 위한 형법의 기능은 충실히 작동되어야 한다. 그렇게 되기 위해 형법의 단편성과 최후수단성의 성격을 고려하면, 사법 적극적 형사판례에 대한 비판에 적극적으로 임해야 하고, 그런 판례에 대한 비교법적 검토도 절실히 요구된다. 왜냐면 형법이라는 사회방위망의 그물코는 온갖 잔챙이도 걸려들게 하는 아주 촘디촘은 코일 수 없어야 하기 때문이다. 그렇다고 중대한 법익을 침해하는 범법자가 빠져나갈 정도의 넓은 코의 그물이어서도 안 된다.

우리 형사법의 입법 전통에서 볼 때 입법자는 형법의 근본원칙에 걸맞지 않게 형벌을 사회방위의 최후수단으로 이용하기보다는 오히려 최초의 수단으로 사용하려는 경우가 적지 않았다. 이런 마당에 형법학자의 사법 적극적인 해석론까지 가세하여 형벌을 사회방위의 일차적 수단으로 이해하려는 태도도 극복되어야 한다.

최근 언론은 성폭력이나 음주운전 혹은 수백만 명에 관한 사생활 정보의 침해 사태를 접할 때마다 이에 관한 사회적 방위와 엄벌의 필요성을 집중적으로 부각한다. 이러한 사회 현실의 요청에 일부 형법학자도 곧바로 이에 부합하기 위해서 그에 상응하게 그물코를 촘촘히 만들어야 한다고 목소리를 높인다. 예컨대 '도로상에서 허가받지 아니한 불법 경주'는 현행

도로교통법에서 얼마든지 처벌될 수 있음에도 불법 경주의 특별한 위험성을 부각하여 이에 관한 가중처벌 규정의 필요성을 역설하는 태도는 바람직하지 않아 보인다. 왜냐면 우리의 일상적 활동에 관한 자유의 폭을 형벌에 의해 제한하면 할수록 그만큼 인권의 상실로 이어지게 하기 때문이다.

이처럼 처벌의 사각지대를 언명하면서 형법의 흠결에 대한 불안을 지나치게 큰 소리로 말하는 것은 형법학자의 책무일 수 없다. 왜냐면 형벌은 최후의 수단이며, 그 여백의 불가피성에 대한 진실을 말하는 것이 우리 형법학자의 임무이기 때문이다. 형법학자의 이러한 임무는 연구실이나 강의실에서 그쳐서는 안 된다.

제5장

형사법학에서 전방과 후방의 연구방법

22016년 2월 16일

2025년 5월 30일 보완

2015년 12월 22일 개최된 '대법원형사실무연구회'에서 필자는 "부동산명의신탁과 횡령죄의 성립 여부"라는 주제로 발표하였다. 부동산명의신탁의 경우 명의수탁자는 우리 법제상 해당 부동산의 보관자 신분을 취득할 수 없기에 횡령죄의 주체가 될 수 없고, 따라서 횡령죄가 성립될 수 없음을 피력하였다. 주제 발표 직후 김신 대법관은 다음과 같은 말씀을 하였다. "재판은 당사자 사이의 다툼을 법적 평가의 대상으로 삼고 있는 일종의 전쟁지대이고, 전쟁의 현장에서는 사물의 본성에 관한 깊이 고민할 여유가 거의 없기에 법원은 종래에 전해 왔던 해결방식과 해결기준을 고수하려는 경향이 강할 수밖에 없다. 그러다 보니 잘못된 판례는 법관에 의해 이를 개선할 가능성이 충분하지 않기에, 그런 판례들에 대해서는 후방지대에 있는 학자나 연구자들이 강력한 비판을 함으로써 정의로운 판례를 형성할 수 있도록 도와 달라."고 요청하였다.

그렇다. 법원은 해당 사안에 대해 재판을 당장 진행해야만 할 법적 책무를 지고 있기에, 재판을 무작정 미룰 수는 없다. 이에 반해 교수나 연구자는 사정이 전혀 다르다. 종래의 관행화된 내용을 벗어나기란 쉽지 않은 법관보다 상대적으로 달리 생각하거나 선택할 자유의 여지가 많고, 무엇이 정의인지에 관해 시간을 갖고 진지한 고민을 충분히 할 수 있기 때문이다.

더구나 법이란 형식적인 문자로 굳어진 화석일 수 없으며, 시대와 장소에 부합하는 정신이 깊이 스며든 존재이다. 그러므로 법에 대한 해석은 그 시대와 그곳의 법률용어가 의미하는 일상적 테두리에서 정의의 이념에 지향할 수 있는 기준에 따라야 할 것이고, 우리는 진지한 고민과 성찰을 통해 무엇이 법률의 내용에 합당한 해석인가를 끊임없이 추구해야 할 것이다.

김신 대법관의 당부 말씀이 의미 있게 들린 이유는 학계 연구자의 일부는 종래 부당한 판례를 적지 않게 목격하고 있으면서도 섣불리 그것들에 대한 철저한 비판을 삼가려는 경향을 보이기 때문이다. 예컨대 종래 '부동산이중매매'는 대법원 판결의 입장을 추종하여 배임죄가 된다는 학계의 다수 입장이 이런 점을 방증하고 있다. 배임죄는 타인의 사무를 처리하는 자에 국한하여 행위주체로 삼고 있기에, 자신의 사무를 자기 스스로 처리하는 본인은 태생적으로 배임죄의 주체가 될 수 없다. 매수인의 등기이전에 협력하는 매도인의 사무는 타인을 위한 자기의 사무일 뿐이지, 타인인 매수인의 사무가 될 수 없음에도 학계는 판례의 입장에 춤추어 매도인의 등기이전협력건을 타인의 사무라고 억지를 부렸다. 판례가 그렇게 주장하니까 학자나 연구자도 그것을 맹신하였다.

아울러 법률의 부지에 관한 대법원의 판례 역시 가관이다. 행위자에 대해 형사책임을 지우기 위해서는 책임능력이 있는 자가 자신의 행위에 대해 위법하거나 위법한 것을 인식 또는 인식 가능하여야 하며, 이런 위법성의 인식이나 인식가능성이 있는 위법행위에 대해 적법행위를 할 수 있어야만 그런 행위자를 비난할 수 있다는 것은 이미 오늘날 대륙법계에서 확립된 결론이다. 게다가 형법 제16조는 명문으로 형법상 범죄의 성립을 위해서는 행위자의 위법성 인식이나 인식가능성까지 요구하고 있다.

그럼에도 이런 내용을 배워서 알고 있는 우리나라 법관은 거의 예외 없이 법률의 부지와 관련해서는 갑자기 위법성의 인식가능성 판단을 전면 보류해 버린다. 왜 그랬을까? 그 이유는 간단하다. 일본 형법이 법률의 부지의 경우 범죄 성립에 전혀 영향이 없고, 다만 형의 감경 규정을 두고 있다. 일본 판례 역시 형법 조문에 근거하여 법률의 부지는 범죄의 성립에 영향이 없다고 할 수밖에 없다는 논리를 따르고 있다. 이는 우리 판례가 형법의 규정을 무시하고, 일본의 판례를 철저히 모방했기에 일어난 일이다. 죄형법정주의를 무시하는 것이고, 식민지 판례의 잔재로서 부끄러울 따름이다.

또한 우리 형법 규정은 일본이나 독일 형법에 없는 사회상규에 근거하여 사안이 경미하고 공익이 없으며, 사회적으로 용납될 수 있는 행위는 벌하지 않고 있다. 그러므로 형법 제20조 '사회상규' 규정에 근거하여 법률의 부지로 인한 범법행위라도 그 행위가 종래의 전통적 관행이었고, 사안이 경미하여 사회적으로 용납되고 허용될 수 있다면, 처벌되지 않을 수 있다고 해야 할 것이다.

그 밖에도 부진정부작위범의 보증인적 지위는 선행행위나 법률 혹은 계약 등에 근거해야 함에도, 판례뿐만 아니라 학자들 대부분 '신의성실 원칙'이나 '조리'뿐만 아니라 '사회상규'에 근거하여 인정하는 데 아무런 문제의식을 느끼는 것 같지 않다.

법학은 개개인의 자유와 평등 그리고 정의의 실현을 핵심내용으로 삼고 있어, 그 제도적 실현을 위해 철저한 법치국가 원칙의 준수를 통해 각 개인의 인격이 그 사회에서 최대한 꽃피울 수 있도록 여건을 조성하는 데 기여해야 한다. 그렇기에 법학자라면 법학에 관한 질문이나 의문점에 관한 관심이 끝나는 시점에서 삶의 의미도 함께 종말을 고해야 하지 않을까?

제6장

형사법에 관한 연구태도와 연구주제

세계일주 크루즈 여행 중 모리셔스(Mauritius)에서

2025년 5월 14일

I.

필자는 1984년 독일 뷔르츠부르크(Würzburg) 대학교에서 “무고(無辜)한 자에 대한 소추(Die Verfolgung Unschuldiger)”라는 주제로 1984년 7월, 법학박사 학위를 받았습니다. 이 논문은 ‘죄 없는 무고한 자에 대한 수사기관의 부당한 소추 등을 범죄로 규정한 독일 형법 제344조’의 문제점을 다룬 것입니다.

이 논제로 학위논문을 쓰게 배경은 다음과 같습니다. 한국에서 1975년 4월 9일 집행된 무고한 희생자에 대한 ‘사법살인 사건’ 때문이었습니다. 그날 새벽 사법살인은 ‘인혁당재건

위' 사건의 재판 결과였고, 이에 대해 필자는 울분으로 격앙되었습니다. 물론 이 사건 외에도 법원에 의한 사법살인이 박정희 권위주의 정권 아래에서 특히 만연했습니다. 사법의 극단적 왜곡(歪曲)은 한국 사회에서 사법에 대한 불신을 야기했고, 부당한 권력이 득세하는 것을 가능하게 했습니다. 게다가 상호 불신하는 사태로 인해 건전한 사회 형성을 방해하여 사회의 몰락을 낳게 하는 악순환의 결정적 연결고리가 되었습니다. 따라서 이러한 악순환의 연쇄를 끊어버리기 위해서는 사법의 왜곡이나 사법살인 등을 방지하기 위한 대책을 세워야 한다는 것이 당시 필자의 지론이었습니다.

필자가 대학에서 공부했던 1970년대는 쿠데타에 성공한 군인 박정희가 집권한 지 10여 년이 지나던 시기였습니다. 우리 현대사의 모순적 편린(片鱗)으로 상징되는 박정희는 이 시기에 접어들면서 독재정권의 속성을 숨김없이 드러냈습니다.

1972년 대통령 선거에서 민주당 후보였던 김대중에 대한 국민적 지지가 의외로 높게 나타나자 불안을 느끼게 된 것인지, 그해 10월 26일 국헌을 중단하는 또 다른 쿠데타인 '국가비상사태'를 감행하게 되었습니다. 이를 통해 박정희는 유신헌법(維新憲法)을 제정하고, 영구집권 체제를 구축하기 위한 기반을 조성하게 되었습니다. 체제의 안정과 장기 집권을 꾀하고자 제정된 유신헌법은 그 자체에 대한 비판적 견해를 개진하는 것만으로도 중형이 부과될 수 있었습니다. 긴급조치권이라는 어처구니없는 악법적 수단을 동원해 그것을 그들의 자의적 필요에 따라 수시로 발동했습니다. 특히 악명 높았던 긴급조치 제1호와 제9호는 헌법상 보장된 국민의 자기결정권을 포함한 사상과 언론의 자유를 잔인할 정도로 짓밟는 탄압의 도구로 남용되었습니다. 검찰과 법원 역시 법치국가원칙을 외면한 채, 독재자의 이러한 정책에 동조했던 것입니다.

그래서 그런지 박정희의 작품인 긴급조치는 형식적 법이라고조차 말할 수 없는 악법이란 점도 문제였으나, 필자는 이 시기에 국민을 위해 존재해야 할 국민의 대리인인 사법부의 일부 법관과 검찰기관의 정치검사들이 정권의 확장된 수족이 되어 하수인으로써 유감없이 그 역량을 발휘하는 모습을 지켜보아야 했습니다.

법이라고 할 수 없는 긴급조치 제1호나 제9호에 의해 인권, 민주주의, 법치국가원칙 그리고 이를 지탱하는 기본적인 원칙들은 법조 실무뿐만 아니라 학계에서도 자취를 감춘 채 사라져 버렸으며, 사법살인을 비롯한 사법의 왜곡 현상은 빈발하였습니다. 그 상황을 목도하면서 아무것도 할 수 없었던 자신의 모습에 자괴감과 한탄을 쏟았던 기억이 어제의 일과 같이 떠오릅니다.

불행 중 다행스럽게도 1979년부터 독일에서 시작된 유학생활은 이러한 현실을 벗어나 학문의 자유를 만끽할 수 있는 시간이었습니다. 당시 이미 교수 자격을 취득하고 사강사(私講

師)로 활동하고 있었던 후버트 드뤼펠 박사(Dr. Hubert Drüppel, 후일의 뷔르츠부르크대학교 교수)와 독일 변호사시험에 합격해 연수 중이던 콘라드 되프너[Konrad Döpfner, 후일 뷔르츠부르크의 운터프랑켄(Unterfranken) 지역의 형사 담당 판사]는 온갖 법적 쟁점에 대해 끝없던 토론의 상대가 되어 주었습니다. 또한 한스 벨첼(Hans Welzel)의 『독일형법의 신형상』을 비롯하여 하인츠 지프(Heinz Zipf)의 『형사정책』, 에버하르트 슈미트(Eberhard Schmidt)의 『독일형법 입문사』, 아르투어 카우프만(Arthur Kaufman)의 『법철학 입문』, 칼 라렌츠(Karl Larenz)의 『법학방법론』은 '인식의 병 속에 빠져 허우적거리며' 법학의 한계와 가야 할 길을 고민하던 필자에게 어둠 속에서 빛을 보내주는 등대와 같았습니다. 그리고 그 당시 접했던 독일 헌법재판소의 '종신자유형의 위헌성에 관한 결정문'은 "법학자도 과학적 사고방식에 터잡아야 한다."라는 사고방식을 심어 주었습니다.

그 밖에도 귄터 스트라텐베르크(Günter Stratenwerth)의 『형법총론』, 라인하르트 마우라흐(Reinhart Maurach)의 『형법총론』, 요하네스 베셀스(Johannes Wessels)의 『형법총론』과 한스 하인리히 예섹(Hans-Heinrich Jescheck)의 『형법총론』, 그리고 칼 엥기쉬(Karl Engisch)의 『법학방법론 입문』과 다수의 논문 및 베르너 마이호퍼(Werner Maihofer)와 삭스(Sax)의 여러 논문을 접하면서 이 시기에 습득한 지식들은 형법학에서 체계론적 해석학을 굳건히 다지는 데 결정적인 디딤돌이 되었습니다. 그 시절 독일에서 법학을 연구하고 있었던 동료, 선배 및 후배들과 교류하며 나누었던 심층적인 토론은 물론이고, 그곳 도서관에서 필요한 정보, 문헌을 손쉽게 접할 수 있었던 점도 필자의 법학적 소양을 쌓는 데 크게 일조하였습니다.

이러한 덕택에 필자는 "법률이란 문화의 터전에 바탕을 두는 것이고, 세상의 모든 제도는 다분히 역사성을 가지며, 법률제도 역시 대부분 우연이 아니라 어떠한 지반에 토대를 두고 있음을 배제하기 어렵다."라는 사실을 깨우치게 되었습니다. 인간은 도대체 무엇 때문에 존엄한 것인지, 그래서 국가는 국민의 존엄에 대해 어떠한 책무를 지고 있으며, 그 결과 범죄자에 대한 국가형벌권 행사와 내용에 작용하는 한계가 무엇인지를 살펴보는 것은 학문적인 희열을 넘어 그 자체가 어떤 희망적 꿈이었습니다.

그러나 학위를 취득한 뒤 국내에서 강의를 담당하고, 형사법에 관한 연구 활동을 시작하자마자 희망 사항은 곳곳에서 깨지고, 도리어 다음과 같은 벽에 부딪치게 되었습니다. 즉 우리나라의 형사실무, 특히 대법원의 판결 경향조차 "나쁜 놈은 처벌되어야 한다."라는 사상에 굳건히 터 잡고 있었습니다. 죄형법정주의의 원칙은 말로만 존재할 뿐 형사실무에서는 단지 언어적인 수사에 불과함을 뼈저리게 느끼게 되었습니다. 게다가 형사법을 담당하는 교수 가운데 일부는 비판적 견제자가 아니라 오히려 법원과 검찰의 이런 사고방식, 처벌의 사각지대를 해소하려는 사법적극주의적 사고방식을 적극적으로 옹호하는 어처구니없는 태도를 보여 주었습니다.

몇 가지 사례를 살펴 보겠습니다. 형법은 제16조를 통하여 위법성의 인식이나 인식가능성이 있어야 비로소 책임을 지울 수 있음을 전제하고 있습니다. 그럼에도 대법원에 따르면 위법성의 인식이나 인식가능성을 아예 찾을 수 없는 행위자의 '법률의 부지'조차 처벌에 아무런 지장이 없다는 사고방식에 젖어 있습니다. 형법 제19조의 부진정부작위범은 행위자의 보증인적 지위를 전제로 하고 있습니다. 그리고 이 보증인적 지위는 법률에 명시되어 있거나 선행행위에 근거해야 합니다. 그런데도 판례는 선량한 주의의무나 사회상규 등에 의한 보증인적 지위를 인정하고 있습니다. 또한 형법 제30조의 적용 대상은 해석상 고의범에 국한되어 있음에도 과실범의 공동정범을 인정함으로써 이를 확장하여 해석·적용하고 있었습니다. 게다가 재산죄의 법익 보호 정도는 침해범이 아니라 위험범이라는 견해를 고수하고 있었습니다. 예컨대 배임죄의 미수범은 처벌하고 있고, 배임죄에 관한 법문에 손해의 발생을 구성요건의 요소로 삼고 있음에도 이를 위험범으로 이해하고 있었던 것입니다. 따라서 배임죄의 손해가 아직 현실적으로 발생하지 않았을지라도 손해 발생의 가능성이 현저하기만 하면 이미 배임죄의 기수가 된다고 해석합니다. 대법원의 이와 같은 판결 경향은 법치국가원칙, 특히 죄형법정주의를 무엇보다 중시해야 하는 것을 무시하는 태도입니다. 일부 교수들조차 대법원의 이러한 사고방식을 적극적으로 따르고 있었습니다.

Ⅱ.

필자는 이러한 문제의식으로 강단에 섰고, 논문을 통해 바로잡고자 노력하였습니다. 그러나 이것만으로는 필자가 가진 사상을 알리는 데 한계를 느껴 발표 논문 20여 편을 한 권의 단행본으로 출간하게 되었습니다.

그 출발은 1997년에 간행된 『형법연구Ⅰ』에서 시작되었습니다. 여기에는 '형법상 행위개념의 재구성', '결과적 가중범과 책임주의', '법률의 부지', '과실범의 공동정범', '자유형제도의 문제와 개선 방향에 관한 연구', '법관의 법왜곡에 대한 대책', '안락사에 관한 연구' 등 모두 23편의 논문을 실었습니다.

2001년의 『형벌과 인간의 존엄』은 원래 『형법연구』의 연작으로 계획된 것이었습니다. 그러나 군부정권의 종식과 함께 1993년 출범했던 문민정부가 막을 내리면서 1997년 12월 30일, 23명의 사형수에 대한 대대적인 집행이 단행되자 그 충격으로 이제 이 땅에서 사형제도를 일소해야 한다는 평소의 생각은 하나의 신념과 확신으로 굳어지게 되었습니다. 이와 관련하여 몇 편의 논문을 작성하게 되었고, 더불어 법치국가 관점에서 형사절차의 원칙과 그 준수에 관해서도 다음과 같은 주제의 글로 정리하였습니다. "한국의 사형제도의 위헌성", "사형의 대체형벌로서 절대적 종신형의 검토", "안락사, 어떻게 할 것인가?", "법관의 법왜곡과 이에 대한 대책", "구스타프 라드브루흐(Gustav Radbruch)의 5분간 법철학과 검찰의 법왜곡", "간통죄 폐지를 위한 변론", "형사절차에서 적법절차의 원리", "무죄추정의 원칙", "비디오테이프의 증거능력", "외국인 재소자의 처우", "법과 의사", "1992년 형법개정시안의 특징과 헌법정신" 등입니다. 그래서 이들 논문의 내용에 어울리는 '형벌과 인간의 존엄'을 책의 제목으로 삼았습니다.

사형제도와 관련하여 일부 학자들과 헌법재판관 그리고 대법관들조차 우리 헌법과 법률이 사형제도를 허용하고 있다고 믿고 있을 뿐만 아니라, 살인자는 반드시 사형으로 처단되어야 한다는 논리를 펴고 있습니다. 그러나 필자는 이들에게 되묻고 싶습니다. 국가가 한편으로 살인하지 말라는 금지규범을 명시하고 있으면서 다른 한편으로는 스스로 사형을 집행하는 것이 과연 윤리적으로 정당한 것인지. 또한 문명국가에서 응보적 절단형을 사용하지 않은 이유가 그것이 잔인한 형벌이기 때문이라고 하는데, 그렇다면 사형은 절단형보다 가벼운 형벌이라고 말할 수 있는 것인지. 아울러 국가형벌권이 복수의 대안이라면 복수와 같은 내용과 방식으로 살인자를 죽여야 마땅하다는 대다수 헌법재판관과 대법관의 법적 사고방식이 저잣거리의 법문외한인 사람들과 무엇이 다른 것인지를 반문하게 됩니다.

2004년에는 『형법연구Ⅱ』를 출간했습니다. 여기에는 '제정형법의 기본사상과 기초이론', '형법체계에 대한 소고', '권위주의 시대의 반인륜적 범죄행위와 소급효 금지원칙', '형법 제20조의 "사회상규에 위배되지 아니한 행위"의 재조명', '검찰의 법왜곡행위와 이에 대한 대책', '부동산 이중매매와 배임죄', '사형제도의 폐지를 위한 변론' 등 24편의 논문을 담았습니다.

2007년에 간행된 『형법연구Ⅲ』에는 '형사정책의 지도원리에 관한 기본구상', '헌법에 비추어 본 형사실체법의 문제점과 개선방안', '민사사건의 형사화 억제를 위한 방안', '국가보안법 폐지의 당위성', '사형의 대안으로서 절대적 종신형 도입방안' 등 17편의 논문이 수록되어 있습니다.

2009년, 『형법연구Ⅳ』에서는 '형사법적 관점에서 인간의 존엄과 형사책임의 근거', '장도의 형법이론과 형법사상', '바오로 김홍섭 선생의 법사상', '사법살인에 대한 대책', '간통죄의 위헌성', '수사절차에서 가혹행위의 예방과 억제' 등 15편의 논문과 '형사특별법의 편입 방향'이라는 연구보고서로 목차를 구성했습니다.

『형법연구Ⅴ』(2010)는 광주고등법원의 헌법소원으로 재점화된 우리나라 사형제도의 위헌성 여부에 관한 논의를 정리한 것입니다. 여기에는 남아프리카공화국 헌법재판소의 사형제도에 관한 위헌 결정문과 사형제도가 살인범죄에 대한 억제력을 갖고 있지 않다는 실증적 연구의 결과를 부록으로 실었습니다.

연작으로 출간된 여섯 번째에 해당하는 『형법연구Ⅵ』(2012)은 '죄형법정주의의 연혁과 그 사상적 배경에 관한 연구', '일본 형법학이 한국에 미친 영향', '유병진 판사와 그의 법사상', '작량감경제도의 문제점과 개선방안', '형법상 재물의 개념', '보험계약상 고지의무와 보험금 사기의 고의', '한국의 개정 형사소송법과 현안'과 '복수의 대안으로서 형벌권과 형사소송의 이념' 등 18편의 논문과 형법총칙에 관한 법무부의 개정안에 대한 시안을 실었습니다.

2016년 출간된 『형법연구Ⅶ』에 담긴 주제는 "나의 법철학", "한국형법 개정의 올바른 방향", "법무부 형법개정시안에 대한 개선방안, 형법학에서 위법과 불법", "범죄의 예비 · 음모에 대한 형사처벌과 사상형법의 극복", "형벌권의 내용과 한계", "한국 헌법재판소 사형제도 합헌결정에 대한 비판", "현행 환형유치제도에 대한 개선방안으로서 일수벌금형제도의 도입 필요성과 한계", "무수혈과 관련된 의료과실치사죄", "재산범죄에서 이득액에 관한 연구", "대표이사의 대표권남용행위와 배임죄의 관계", "배임죄 해석의 나아갈 방향", "한국의 형사실체법에서 사이버범죄에 관한 규율", "한국에서 환경범죄에 대한 형법적 대응방안", "한국에서의 부패방지에 관한 대책", "감청의 문제와 개선방안"과 "한국에서 개인정보의 유출과 대응방안에 관한 고찰" 등입니다.

2019년의 『형법연구Ⅷ』에는 "한국형법의 기초개념", "일제

강점기의 반민족행위와 권위주의 정권에서 범한 반인륜적 범죄행위에 대한 소급효 금지원칙에 관하여", "형법의 해석과 적용범위", "형법상 범죄론", "[판례평석 요약] 법률의 부지와 불능미수", "동아시아의 사형제도 현실과 미래", "[판례평석] 등기 명의신탁과 횡령죄의 성부", "[판례평석] 법인대표자의 대표권 남용행위와 배임죄의 성부", "부동산 이중처분과 배임죄의 성립 여부", "신분범의 행위주체 자격", "한국의 '검찰상(檢察象)'과 검사의 객관의무", "한국에서 수사 및 내사의 범위와 한계", "한국에서 수사권의 규제와 통제", "한국에서 형사절차상 자백의 지위", "한국에서 형사에 관한 법률구조에 관한 연구"와 "전원합의체에서 판례변경을 요하는 형사실체법에 관한 대법원 판례들"이란 주제 등을 다뤘습니다.

내용상으로 『형법연구』 시리즈에 속하는 『정의의 굴렁쇠』란 단행본은 2020년에 출판되었으며, 김신 전 대법관이 재임 시 전원합의체에 관여한 18개의 형사판결문을 평석하고, 아울러 판결문을 통해서 나타난 그의 형법사상을 내용으로 하였습니다.

『형법연구IX』는 2022년 출간되었으며, 주요 주제는 "형사정책의 관점에서 본 형사실체법의 입법론과 해석론", "인간의 존엄과 법치국가원칙", "형법에서 의사의 자유와 책임", "현대적 형벌의 탄생과 그 파생원칙", "형법의 독자적 원리와 고유개념", "형법상 간접정범의 규정과 그 본질", "장애미수, 불능미수와 불능범의 성립과 구별", "일본형법과 형법사상이 한국

형법에 미친 영향", "임의적 감경사건", "정상참작 감경의 법률효과에 관한 비판적 검토", "배임죄에서 경영상 판단원칙에 관한 체계적 지위", "독일의 사기죄(번역)", "뇌물수수죄의 공동정범성립 여부와 수뢰자에 대한 관계", "명예훼손죄 성립과 전파가능성 사건", "검사의 역할과 객관의무", "한국에서 사법경찰의 의미와 연원", "형법개정위원회의 형법개정작업 단면", "독일형법의 형성과정에 관한 산책", "전봉준의 개혁사상과 재판기록문" 등입니다.

2025년의 『형법연구X』에 담은 주요 주제는 다음과 같습니다. "나의 삶과 학문 세계 –한국형사법학회 인터뷰–", "생명, 마음 그리고 해석학적 방법론", "제정형법의 장단점과 있어야 할 형법의 모습", "형법상 행위개념에 관한 상념", "범죄행위의 불법성과 위법성", "자유의사와 책임", "형벌의 존재근거와 내용", "죄형법정주의와 형법의 해석", "위법성 조각사유의 전제사실에 관한 착오", "부진정부작위범에서 작위의무의 발생 근거와 한계", "헌법상 사형제도 폐지의 정당성", "형법총칙과 각칙의 관계", "횡령죄의 주체와 부동산 명의수탁자의 지위", "피고인에게 불리한 판례의 변경과 소급효 금지원칙", "형법 제328조 친족상도례의 개정방안에 관한 연구", "재판권 쟁의에 관한 재정신청", "일본 형법학의 영향과 약간의 문제 제기", "형법 개정안에 관한 몇 가지 의문과 수정 필요성"과 "독일, 일본 그리고 한국의 형법과 재산 관련 범죄의 특성" 등입니다.

Ⅲ.

필자는 논문을 집필할 때마다 그것이 실무에 어떠한 도움이 될 것인지, 헌법과 헌법정신에 부합하는지, 국가 존립의 근거와 인간 존엄의 원칙을 훼손하지 않는지, 사회와 문화에 유리되는 것은 아닌지, 형벌의 최후수단성과 보충성 원칙에 충실한 것인지, 법치국가원칙이나 책임주의에 걸맞은 것인지 등을 살펴보고자 노력하였습니다. 그렇게 함으로써 사회 혹은 국가 속에서 사는 각 개인이 법이라는 제도적 수단을 통하여 좀 더 인간적인 삶과 행복을 누릴 수 있기를 희구하며, 미약하나마 마중물 역할을 하고자 하였습니다.

이러한 소박한 생각이 단순히 활자로 된 논문에 그치지 않고, 행동으로 뒷받침되어야 한다고 말하면서도 그렇지 않을 때가 많아 부끄러울 뿐입니다. 그럼에도 필자와 같은 생각에 공명하는 학자들과 실무가들, 그리고 오늘을 살아가는 동 시대의 사람들에게 공감되는 변함없는 목소리가 있다는 것을 전하고 싶었습니다. 그것은 고뇌하고 번민했던 암흑의 시절이 다시 우리 사회에 도래하지 않기를 여전히 마음으로부터 깊이 기원하고, 필자의 글을 통하여 인권, 민주주의, 법치주의 그리고 이를 지탱하는 기본적인 원칙들에 의해 인간 존엄과 인간다움이 꽃피워질 수 있기를 희망하고 있다는 사실입니다.

제7장

법다운 법을 찾아서

2003년 1월 20일

2025년 5월 13일 보완(모리셔스 인근에서)

인간은 기본적으로 이기적인 동물이며, 배신을 해서라도 자기의 이익을 충족하려는 본능을 가졌다. 이러한 본능을 적절히 통제하여 사회질서를 평화스럽게 유지하고 발전시키려는 목적을 위해 인간은 '법'이라는 인위적 제도를 만들어서 활용한다. 그런데 법을 제정하여 사회질서를 정의롭게 세우고, 유지하려는 인간에겐 '정의로운 법'이나 '정당한 법'에 관한 생래적인 DNA가 없다. 그러니까 우리가 말하는 '법'이란 제도는 오직 인간의 인위적 상상력의 산물에 불과하고, 인간 자체가 애초부터 정의로운 행위만을 준수하려는 생래적 본능을 갖고 태어나지도 않았다. 그래서 다수가 모여 인간공동체를 형성하자마자 불가피하게 그 공동체의 질서 유지에 필요한 준칙을 취할 수밖에 없었을 것이다. 왜냐하면 정의관념에 관한 생래적 본능이 없으므로 각자 제각기의 이익에 따라 행동할 수밖에 없었던 인간이기에 처음부터 평화롭고 안정적인 인간공동체를 이룩하기가 매우 어려웠기 때문이다.

사회적 준칙이 없었던 태초의 인간공동체에서는 각자가 제 맘대로 행동해도 국가가 존재하지도 않았기에 아무런 국가적 차원의 제재가 있을 수 없다. 그런 사회 속에 사는 각 개인은 자신의 안위와 평화를 사수하는 방법으로 복수를 사용하게 된다. 하지만 복수는 복수를 필연적으로 낳게 하여 지속적인 사회평화의 달성은 애초부터 불가능했음은 물론이다. 이런 문제점을 깨닫게 되면서 제도적 통제를 통한 평화스러운 인간공동체 결성의 불가피함이 인식되었을 것이다. 이런 인식을 토대로 개인의 안전과 평화를 유지하기 위해 인간공동체 내에 일정한 사회적 준칙인 '법'을 마련하고, 그것을 준수할 수 있도록 제재 수단을 고려함은 자연스러운 현상이다.

따라서 사회공동체가 형성된 어떤 사회에서도 사회 안정과 질서 유지에 필요한 행동 준칙이 형성되었을 것이고, 그 행동 준칙의 위반 시에는 제재가 뒤따르게 되었음은 물론이다. 이런 행동 준칙이 마련된 사회에선 누구나 태어나면서부터 그 질서에 맞게 생각하고 처신하여 사회적으로 요구된 준칙의 준수가 일상화하게 되었음은 자연스러운 현상이다. 물론 일부의 사람이 그런 준칙을 위배한 때가 적지 않다고 하더라도.

이는 현대 사회에서도 마찬가지로 우리는 출생 직후부터 특정한 방식으로 생각하고 특정한 기준에 맞게 처신해야 한다. 다만 준칙에 걸맞은 처신은 모방과 교육, 훈련 등을 통해서 이루어진다. 즉 규범적 행동은 생활 습관처럼 몸에 배어야 하고, 그러기 위해선 그렇게 생각하고, 행동하도록 습관화를 이룰 수 있도록 교육되거나 훈련되어야 한다. 왜냐하면 인간성 자체에 규범적 행동을 준수해야 한다는 DNA가 없고, 또한 있을 수도 없기 때문이다.

게다가 '법'이란 사회질서를 평화스럽게 유지하고, 발전시키려는 결정적 수단에 속한다. 어떤 수단도 목적에 충실히 기여해야 할 때, 비로소 그 본연의 의미를 갖기 때문에 '법'은 인간사회에서 자유와 평등 그리고 정의로운 삶을 담보할 수 있는 제도적 장치로 작동할 수 있어야 한다. 바로 그렇게 될 수 있을 때 비로소 '법'은 그 진정한 가치를 갖기 때문이다.

그러므로 어떤 '법'도 인간다운 삶을 충분히 누릴 수 있는 제도적 장치나 담보의 내용을 담근 내용을 요구한다. 또한 '법'의 해석과 적용에서도 인간적인 '법'의 얼굴을 잊지 말아야 한다. 왜냐하면 인간의 실수는 병가의 상사란 속담처럼 사소한 실수에 대해서조차 법의 잣대를 무조건 들이대는 행위는 원칙적으로 삼가야 하고, 성숙한 인간이라도 준수할 수 없는 금지규범이나 요구규범은 인간적인 법일 수 없기 때문이다.

그런데도 오늘날 우리의 '법' 현실은 입법에서부터 법 해석에 이르기까지 인간적인 법의 얼굴을 멀리하고, 기능주의적 법기술을 선호하려는 경향이 나타나고 있다. 형사실체법을 예로 든다면 형법의 기본원칙인 최후수단성을 망각하고, 문제해결의 최초수단성의 관점에서 입법되는 경우가 허다하여 전문가조차도 헤아릴 수 없는 법률들이 양산되고 있다. 이뿐만 아니라 법조 실무는 죄형법정주의의 원칙을 필요에 따라 선택적으로 적용하고, 때론 권력분립의 원칙에 반하여 형사법의 규정을 사법적극주의적 사고방식으로 해석·적용하기도 하며, 심지어 이를 정당한 것쯤으로 치부까지 하고 있다.

법학자 가운데에는 권위주의적 통치자에 의한 심중을 반영하여 제정된 비인간적인 법률에 찬성하거나 법 해석에 맞장구를 쳤던 이들이 있었음을 적잖게 확인할 수 있다. 예를 들어 불법적 비상사태를 선포하여 유신헌법을 제정하고, 이에 근거한 각종의 인권침해적인 긴급조치를 발포하여 무고한 시민의 인권을 본질적으로 침해했을 때, 이를 비판하기는커녕 찬성했던 사람들이 있었다.

이와 같은 현상은 법률의 문제만이 아니었다. 원칙과 이론을 중시하는 형법학자 가운데 일부는 죄형법정주의의 원칙에 관한 견해만 하더라도, 그들의 교과서 앞쪽에서는 이에 대해 철저한 준수를 노래 부르는 것을 흔히 볼 수 있다. 하지만 교과서 뒤쪽으로 갈수록 처벌의 사각지대를 면할 수 있는 법해석학을 시도하는 경우가 적지 않다. 예컨대 형법 제30조의 공동정범의 규정은 문언상 '고의범'에 국한되어야 함에도 '과실범의 공동정범' 근거로 파악하는 데 혈안이 되는 학자도 없지 않다. 이와 같은 죄형법정주의의 망각은 결과적으로 사회에 만연된 '법의 불신'으로 나타나 '정치나 힘의 지배'가 '법의 지배'를 대신하는 결과를 낳기도 한다.

법학, 특히 형법학은 모름지기 각 개인의 인권을 보장하는 데 기여하는 핵심 역할을 담당할 수 있도록 구성되어야 한다. 무엇보다 죄형법정주의의 철저한 실현이 그렇다. 그런데도 위에서의 언급처럼 죄형법정주의를 희석하려는 태도는 각 법조의 직역, 예를 들면 검찰이나 법원 또는 변호사라는 각 영역의 이해관계와 편리성의 관점에서 입법과 법 해석 및 법 집행을 하려는 경향으로 자주 나타난다.

이러한 사실은 정의의 이념에 지향하는 법철학적 세계관의 미확립에 그 원인이 일부 있다고 할 것이다. 법다운 법을 찾기 위해서 우리는 무조건 아무 길이나 찾아 나설 수 없음을 본다. 현명한 방법은 지금까지 선현들의 지혜를 참고삼아 시행착오를 가능한 줄이면서 올바른 길로 정의로운 '법'을 모색해 나가는 것이다. 특히 법철학적 관점에서 법률상 원칙을 명확히 파악하고, 그 원칙에서 제시하는 길을 따라야 한다.

오늘을 사는 우리는 이곳에서 왜 '법'이 필요하며, 그것은 어떻게 존재해야 하고, 해석되어야 하며 그리고 집행되어야 하는 것인지에 대한 숙고와 학습이 절실히 필요하다는 점을 잘 알고 있다. 그래야만 '법'의 기능주의적 학습을 극복하고, 정의로운 '법'을 찾아낼 수 있게 된다. 그 길은 법치국가원칙의 준수로서 사회질서를 평화스럽게 유지하고, 발전시키는 입법과 법 해석 및 법 적용에 있음은 두말할 여지가 없다.

제8장

법률은 남의 집 문턱을 넘어서는 안 될까

2025년 3월 17일

Ⅰ.

"법률은 남의 집 문턱을 넘어서는 안 된다."라는 격언이 오늘날 그대로 인정되기는 쉽지 않다. 그런데 국가가 가족관계에 개입해야 할 때가 있음을 우리 대부분은 인정한다. 왜냐면 가족공동체에서 구타당하거나 학대받는 구성원에 대한 국가의 간섭을 전적으로 막아버리고, 침해받는 이들을 사회적으로 방치하는 것은 가족 내의 일이라고 정당화하거나 외면할 수 없기 때문이다.

국가는 불평등을 바로잡고, 방어력이 약한 사람들을 보호하기 위해 개입할 수 있어야 한다. 특히 시장경제에 관한 국가의 불간섭주의는 자유시장 체제가 무너지거나 특정 개인이나 단체에 심각한 불이익을 주는 경우조차 보이지 않은 손이 정상적으로 작동하여 곧바로 회복될 수 있다는 사고방식은 허상이다. 왜냐면 우리에게 익숙한 자본주의 체제에서 시장경제는 독점적 지위를 가진 우월한 경제주체가 약한 경제주체에 대하여 온갖 횡포를 행사할 수 있음을 무시할 수 없기 때문이다. 그러므로 오늘날 시장경제에 관해서도 사회 전체의 이익을 보호하기 위해 국가의 개입이 필요함은 당연시되고 있다.

가족의 문제 역시 제대로 기능하지 못할 때가 없지 않다. 가족 구성원을 보호하고 양육하는 피난처가 되는 대신, 가족이 억압과 착취의 중심지가 될 수 있음은 경험을 통해서 쉽게 접할 수 있다. 이러한 일이 발생하면 국가는 개입해 학대를 방지하고 개별 가족 구성원의 권리를 보호해야 한다.

Ⅱ.

우리 사회는 형법이 제정되었던 1953년만 하더라도 농업이 중심 산업이었고, 가족의 형태는 여러 세대가 삶의 기반을 함께하는 대가족이었다. 그러나 1980년대 이후 산업화와 도시화의 물결에 따라 대가족은 핵가족으로 분화하기 시작하였다. 핵가족 역시 1998년 IMF 사태를 계기로 하여 1인 가구의 증가로 적지 않게 해체되어 갔다. IMF 사태 이후 1인 가구는 폭발적으로 증가하더니, 2024년 현재는 1인 가구가 전체의 35%를 넘어섰다.[2)] 이처럼 종래의 전통적인 형태의 대가족은 거의 자취를 감추고 있다.

가족의 분화 현상과 맞물려 오늘날 공동체주의보다 개인주의가 더욱 팽배해지고 있다. 가족 내에서도 각자는 자기 자신의 방에서 자신의 소유물을 보관하고, 그것을 자의에 따라 사용하거나 수익을 내기 위해 처분할 수 있다. 구성원 역시 예전과 달리 가족공동체에서도 각자의 개인적 소유물을 존중해 주는 풍토가 형성된 지 오래되었다. 이런 이유로 비록 가정 내에서 빚어진 절도라도 그 재물에 관한 소유 관념이 예전과는 달리 훨씬 강하게 되었다. 가정폭력이 가정 내의 문제라고 해서 오늘날 국가의 개입을 부정할 수 없듯이, 친족간의 절도 역시 사안에 따라서 국가의 개입이 요구될 수 있음은 대세로 여겨진다.

더구나 대법원 판례(1977. 01. 24. 96도1731 판결)처럼 혼인 외의 자의 경우 인지가 성립되면, 그가 인지되기 훨씬 이전에 범한 심각한 절도조차 '친족상도례(親族相盜例)'를 이유로 처벌

2) 1997년 IMF 사태로 시작된 장기 불황으로 미혼·만혼·비혼 등이 증가했고, 인터넷의 보급과 함께 개인주의가 확산한 것도 1인 가구의 확산을 부채질했다. 한국 기준 1990년 '102만 1,000가구'였던 1인 가구는 2015년 520만 가구로 증가했다. 비율로 따지면 27.2%인데. 이러한 추세는 계속 늘고 있어서 2016년에는 27.9%, 2017년에는 28.6%, 2018년에는 29.1%가 되었다. 2019년에는 전체 가구 가운데 1인 가구 비중이 30%를 넘어섰다. 2020년대 들어서는 심각한 저출산이 맞물려 1인 가구는 급증하는 추세이다. 2022년을 기준으로 1인 가구 비율은 34.5%이고, 2023년 현재 1인 가구 수는 782만 9,035가구로 전체 가구의 35.5%에 이른다.

에서 자유롭게 된는데, 형법의 이러한 규정은 죄형법정주의가 가진 범죄 예방적 기능을 쓸모없게 만든다. 그렇다면 이와 같은 경우에는 처벌 가능성을 열어 두는 것이 더욱 합리적일 것이다.

Ⅲ.

헌법재판소[3]는 "가족은 사회의 기초단위이자 구성원을 보호하고 부양하는 자율적·계속적·포괄적 생활공동체로서 구성원 상호 간에 이타(利他)적 유대관계를 가지고 상호 신뢰와 협력을 중요한 특성으로 하며, 가족에서 확장되는 친족관계 역시 유사한 특성을 가지며, 가정 내부의 문제는 국가형벌권이 간섭하지 않는 것이 바람직하다는 정책적 고려와 함께 가정의 평온이 형사처벌로 인해 깨지는 것을 막으려는 예방정책으로서, 가족의 가치를 중시하는 우리나라의 역사적·문화적 특징이나 형벌의 보충성을 고려할 때 그 필요성을 인정할 수 있다."라고 강조한 바 있다. 이러한 기술은 적잖게 공감할 수 있다. 법 역시 문화의 소산이기 때문이다. 따라서 사회적 문화가 변하고 달라지면, 법 역시 그에 따라 변화된 내용으로 채워져야 함은 물론이다.

우리 사회는 점차 개인주의가 팽배해지고 있다. 대가족

3) 헌법재판소 2012. 3. 29. 2010헌바89 결정 참조.

제도가 이미 무너져 버렸고, 핵가족조차 전체 인구의 절반에 훨씬 못 미치는 실정이다. 더구나 1인 가구가 전체 가구의 30%를 넘고 있다. 이러한 사회에서는 법률상 가족이라는 이유만으로 절도 행각을 무조건 눈감아 줘야 한다는 사회적 공감대는 형성되기 어렵다. 게다가 유교에서 받아들인 교리 중심적 사고방식으로 논리나 윤리에 어긋난 행동에 대한 비판 정신이 국민의 기본 인식에 깊이 깔려 있다.

물론 서양처럼 개인주의가 그리 철저하지 못한 부분이 적지는 않다. 공동체의 연대 의식이 다른 국가나 민족보다 강한 것은 여러 가지 실증적인 사건으로 나타나기 때문이다. 예컨대 1998년 IMF 시절의 '금 모으기 운동'을 비롯해 정권의 불의에 공동체가 연대로 저항하는 정신은 '1980년 광주민주화항쟁'을 비롯한 '부마사태'와 박근혜 대통령 탄핵을 촉구한 촛불시위 및 최근 빚어진 '12·3 비상계엄'에 대처한 온 국민의 모습에서도 이를 쉽게 찾아볼 수 있다. 다만 우리의 공동체 정신은 국가의 명운이 위태로울 때 국한해서 나타난다. 이것은 외세의 침입이 잦았고, 강대국을 주변에 둔 까닭에 국민적 단합으로 함께 국난을 해결했던 역사적 경험에서 비롯되었을 것으로 추정된다. 이와 같은 절체절명의 위기 상황이 아닐 때는 다양한 의견이 분출하고, 서로 논리를 세워 대립한다. 바로 여기서 나타나는 우리의 국민적 특성은 무조건적인 공동체주의적 사회를 지향하지 않는다는 점이다. 오히려 상식이나 논리에 비추어 그것이 비상식적인 것에 해당한다고 생각되면, 각자의 방식으로 그것을 극복하려는 경향이 강하다는 점에서 개인적 성향이 비교적 큰 사회라고 할 수 있다.

Ⅳ.

오늘날 세계적의추세는 국가가 가족 내의 폭력에 대해 적극적으로 개입하는 경향이 확대되고 있으며, 아울러 재산범죄에 관한 친족상도례 역시 가족이라는 이유만으로 처벌로부터 자유롭게 될 수 없는 방향으로 흐르고 있는데, 이러한 경향의 입법례도 등장하고 있다. 예컨대 2007년에 시행된 스위스 형법전이 그렇다.

그렇다면 "법률은 남의 집 문턱을 넘어서는 안 된다."라는 격언은 이제 극복되어야 할 것으로 생각한다. 특히 친족상도례는 가족이라는 이유로 처벌의 문턱에서 무조건 관용을 베푸는 것으로 바람직하지 않다. 이러한 점에서 사회적으로 친족상도례 역시 무조건 처벌의 무풍지대일 수 없으며, 피해자의 의사에 따라 처벌될 수 있도록 입법적인 개선이 요구된다. 따라서 종래 친족간의 범행에 대해서는 무조건 처벌 불가로 규정했던 바를 친고죄로 명시할 필요가 있다고 할 것이다.

제9장

나의 형법사상

2024년 7월 1일

법학은 규범학이자 가치를 따지는 학문이므로 실체적 진실을 전제로 한 공정성을 문제 삼는다. 그래서 법학은 무엇보다 실체적 진실을 전제로 하지만, 그것으로 곧바로 끝나지 않고, 이 실체적 진실을 기반으로 공정과 정의의 기준으로 평가하는 학문이다. 평가란 가치관계적이다. 이는 존부(存否)의 문제가 아니라 정당한지 또는 공정한가의 가치 문제이다. 이런 점에서 법학은 자연과학일 수 없고, 믿음의 학문인 신학일 수도 없으며, 가치관계적인 공정이나 정의를 문제 삼는다. 왜냐면 법이란 정의(正義)관계적 문제에 해당하기 때문이다.

그렇기에 법학인 형법학을 순수한 자연과학적이거나 신학적으로 접근함은 바람직하지 않다. 자연과학에서는 인과관계적 사실에 집착할 뿐, 도덕적 윤리를 포함하여 상대방의 배려나 헌신을 고려의 대상으로 여기지 않는다. 또한 신학에 관한 것이라면 하나님의 말씀 자체가 언제나 진리이자 다툴 수 없는 불변의 법칙이기에, 그 말씀을 무조건 믿을 수밖에 없고, 선악의 평가 기준 역시 하나님의 말씀에 의존해야 한다. 이에 반해 형법학은 실체적 진실을 기초로 한 정당성의 영역에 속하므로, 진실을 기초로 하여 무엇이 정당한 것인지의 여부를 가치적으로 판단해야 한다.

게다가 형법학은 사회의 안전과 평화의 달성과 유지를 위해서 최후수단인 형벌을 제재 수단으로 삼는다. 수단이란 도구이지, 목적이 아니다. 수단의 잘못된 사용은 매우 위험하다. 더구나 인간에게 참기 어려운 고통을 가하는 형벌이란 수단은 인간성을 침해할 수도 있다. 그래서 이를 남용하거나 왜곡해 사용하는 것을 억제할 수 있는 필요하고 충분한 제도적 장치가 불가피하다. 따라서 국민의 인권 보장을 표방하는 국가라면 형벌권의 행사와 관련하여 개인의 기본적 인권을 제대로 보장할 수 있는 보편적 제도인 '법치국가원칙'의 준수는 불가결하다.

법치국가원칙이란 인간 존엄의 핵심 내용인 자유·평등과 정의의 실현을 위해 국가 생활에서 지켜야 할 행동 지침을 법으로 마련하고, 국가권력을 법에 근거하여 형성·집행하려는 인간사회의 기본원리를 말한다. 이러한 법치국가원칙의 이념적 기초는 생활환경의 정의로운 조정과 형성을 통하여, 국가

생활에서 불가피하게 야기되는 다양한 현상을 권력분립과 함께 합법성과 정당성에 기초한 법률로 순화시켜 인간의 존엄성을 확보하려는 데에 있다.

법치국가원칙에 관해 이러한 견해를 갖고서 형사법상 주요쟁점을 요약하면 다음과 같다.

① 인간의 정신은 육체에 기반을 두고 형성되고, 육체를 통하여 차츰 성숙해 가는 것이지, 외부 세계로부터 육체에 갑자기 스며드는 것이 아니다. 그래서 인간의 정신은 태어나자마자 곧바로 완전체로 성숙해 버리지 않고, 성년 시까지 점차 성숙할 뿐이다. 그러므로 '성년'에 이르지 않은 '형사미성년자'는 인간적 정신이 온전히 성숙하지 않았기에 형법은 이들을 행위주체로 인정하지 않는다. 미성년의 시기를 넘어서 자기의 행동을 주체적으로 주도하고, 그 행위 결과에 대한 의미를 온전히 이해하는 성년이 되었을 때 비로소 그는 자신의 범법행위에 대한 행위주체가 될 수 있을 뿐이다. 이 점을 형법 제9조는 명시하고 있다.

② 성숙한 인간이라면 자신의 행위 지침을 자신의 통찰력으로 파악하여 그에 따른 행위 방향을 올바르게 설정할 수 있다. 그렇기에 인간은 자신의 설정된 행위 준칙에 근거하여 평화로운 사회를 형성해야 할 책무를 지닌 인격체이자 주체적 능력자이다.

③ 인격체로서 인간은 건전한 사회 발전을 위한 사회적 책무를 지니고 있음에도 그 책무를 위반했다면 벌칙을 받아야 마땅하다. 인간은 이러한 책무의 이행에 대한 보답으로 국가로부터 기본적 인권을 보장받는다.

④ 인간에게 주어진 기본적 인권의 본질적 내용은 양도하거나 포기할 수 없는 불가침의 권리이며, 인간의 생명과 육체의 본질적 내용이 충분히 보장될 수 없다면 인권은 존재 의미가 없다.

⑤ 그러므로 인간의 생명권과 신체에 대한 불가침권은 인간 존엄의 핵심일 수밖에 없고, 사형제도는 폐지되어야 마땅하다. 반인륜적 범법자나 극단적 위험 인물에 대해서는 절대적 종신형을 사형제도의 대안으로 삼을 수 있기 때문이다.

⑥ 기본권의 주체로서 인간은 생존의 역사성과 사회성에서 결코 유리될 수 없다. 사회 속에 살아가는 인간은 공동생활을 책임 있게 형성해야 할 사명을 간직한 인격체이다. 그러므로 개개인이 갖는 사회 관련성은 사회구조와 조화를 위해 기본권의 일정한 한계를 가질 수밖에 없게 한다.

⑦ 형법상 행위란 자신의 태도나 행동을 목적적으로 조종할 수 있는 인간이 사회적으로 회피했어야 할 위험을 현실의 사건으로 일으키거나 야기하는 인격적 활동을 말한다. 이를 다른 말로 표현하자면 목적적 행위지배를 할 수 있는 행위자가 행위 시에 회피할 수 있었던 위험을 자초하거나 초래하는

일체의 인격적 행동이 형법상 행위로 파악되는 것이다. 더구나 형법상 행위는 행위주체와 괴리된 개념일 수 없으며, 행위주체의 개념을 제한하는 의미로 사용되어야 한다. 그 이유는 이렇다. 행위주체인 정범으로 인정되기 위해서는 그가 회피했어야 할 범죄적 사안을 장악하고, 실행을 조정할 수 있는 능력자를 전제로 한다. 이때 '정범성'에서 행위의 주체 자격자를 제외하면 형법상 행위의 개념이 절로 나타난다. 즉 범죄적 사안을 목적적으로 조정할 수 있는 인간의 인격적 태도가 형법상 행위가 되는 것이다. 이런 점에서 범죄구성요건과 전혀 관계가 없는 전(前) 구성요건적 단계에서 형법상 행위론을 논해야 한다는 사고방식은 극복되어야 한다.

⑧ 형벌의 주된 목적은 복수가 반복되는 악순환의 연결고리를 끊고, 더 이상의 복수가 가능하지 않게 하려는 데 있다. 국가가 법률로 일정한 행위유형을 금지했음에도 불구하고 이를 무시하고 위반한 자에 대해서는 복수에 비례하는 실질적 고통을 그 행위자에게 책임주의 원칙과 적법절차를 통해 되갚아 주는 것이 형벌이다.

⑨ 국가공권력은 현재 진행되고 있는 위난의 현장에 즉시 달려가 해당 피해자를 곧바로 구조해 줄 가능성이 거의 없다. 이와 같은 긴급한 상황이라면 국가는 범죄 피해자에게 자력구제의 방식인 정당방위나 긴급피난 등을 상당성이 담보되는 한도 내에서 행사할 수 있도록 허용해 주어야 한다. 이러한 긴급

행위를 국가의 시혜적 혜택으로 볼 수 없고 천부인권에 속하므로, 정당방위 등 긴급행위에 대한 윤리적 제한은 삼가야 한다.

⑩ 형벌권을 장악한 국가는 중대한 범죄 피해자에게 중범죄를 예방하지 못했다는 점에서 그 피해에 대한 정당한 국가보상을 해야 한다.

⑪ 형사법은 죄형법정주의 원칙에 따라 법익 보호와 인권보장 임무를 주된 목적으로 삼고 있다. 민사법은 소유권 보장, 사적 자치와 거래 안정 등을 통해 재산권의 효용을 극대화하고, 재산권의 공정한 배분을 일차적 목적으로 삼고 있다. 이처럼 두 영역의 법이념과 제재 수단은 서로 다르므로 이들 법률영역의 상이성과 독자성을 인정해야 한다. 예컨대 '의심스러울 때는 피고인의 이익'이라는 형사법의 원칙을 민사법의 경우에도 동일하게 적용될 수 없기 때문이다.

⑫ 모든 법 해석은 법문의 일상적인 의미나 법률적 언어관행을 사용하여 법문의 의미 파악부터 시작해야 한다. 그러나 형벌 법규가 일반 국민에 대해 무엇이 금지되어 있는가를 항상 구체적이고 명확히 보여줄 수 없다. 그렇다고 형법은 문자로 형식화한 죽어 있는 조문의 집합에 그치는 것으로만 볼 수 없다. 따라서 법률의 해석자는 법률 해석 시에 법문에만 지나치게 집착하여 문언의 일상적 의미 파악에 국한되어서는 안 된다. 입법 취지, 보호기능과 그 법률의 객관적 의미와 목적을 비롯해 형법의 성격에 마땅한 독자적 개념을 인정할 수 있어

야 한다. 때로는 법률의 흠결이나 법률이 불비된 경우라면 통상적으로 허용될 수 있는 해석에 근거해 보완될 필요성도 없지 않다. 예컨대 입법의 불비가 입법자의 편집상 과오에 기인한 경우 이를 일정한 요건 아래에서 보정(補整)할 수 있어야 한다.

⑬ 사법적극주의가 무엇인지에 관한 대륙법계의 의미는 성문법이 발달하지 않은 영미 국가에서 법 해석과 판결에 있어서와 같이, 법원은 판결 시에 법문언에만 그치지 않고 정치적 목표나 사회정의 실현 등을 염두에 둔 적극적 법 형성을 강조하는 태도를 말한다. 성문법주의와 죄형법정주의를 헌법상 원칙으로 삼고 있는 우리나라에서 이런 주장은 반헌법적이다. 국민의 인권 보장을 담보하기 위해서는 죄형법정주의의 원칙이 철저히 준수되어야 하는 마당에 사법적극주의를 표방하는 것은 사법권이 입법부의 입법형성권까지 침해한다는 점에서 결코 용납할 수 없다.

제 10 장

나의 신념

2024년 9월 5일

Ⅰ. 나는 누구인가

나는 누구이고 어떤 능력을 지니고 있으며 어떤 장·단점을 갖고 있고, 무엇을 잘할 수 있을까? 이 세상에서 자기 자신만큼 스스로를 잘 알고 있는 사람은 없을 것이다. 누가 나를 때리면 내가 아픈 것이고 내가 기분이 나빠지는 것처럼 누구든 자기의 육체뿐만 아니라 마음이나 생각까지도 '자기라는 주체'로부터 기인한다. 그렇기에 이러한 물음에 누구나 곧잘 대답할 것으로 필자는 예상했다. 그래서 자기 자신이 누군지에 관해 처음 대면한 제자들에게 항상 질문하곤 했다. 그런데 아쉽게도 이 질문에 나름의 대답을 잘하는 학생들은 생각보다 적었다. 자기 자신의 본성과 특질 그리고 본인의 고유한 인격이나 품성을 간단명료하게 설명하기란 그리 쉽지 않았는가 보다.

왜 이런 문제가 발생하게 되었을까? 그것은 아마도 자기 자신이 누구인지에 관해 평소 고민하지 않았고, 그래서 스스로 묻지도 않았기 때문은 아닐까? 필자 역시 초등학교 1학년 1학기 때엔 교과서도 제대로 읽지 못하는 주제였다. 그래서였는지 그때는 나는 누구이며, 어떻게 살아야 할 것인지에 대해 아무런 관심조차 없었고 묻지도 않았다.

나 자신의 주변에 관해 관심을 다소라도 갖게 된 것은 문자를 해독할 수 있게 된 초등학교 1학년 1학기 말쯤이다. 그때부터 초등학교 1학년 교과서를 시작으로 졸업할 때까지 학교 교재와 우리 집 책장에 꽂혀 있던 100여 권이 넘는 장서[4] 그리고 마을에 돌아다니던, 우리 집의 책과 중복되지 않은 약 500여 권의 책들을 두루 읽어보게 되었다. 이 책들을 접하면서 세상에는 수많은 국가가 산재해 있으며, 각국의 고유한 역사와 환경을 비롯해 추앙받은 위인과 영웅들로 가득 찼고, 생소한 풍경과 경이로운 얘기들이 무한하다는 사실을 알게 되었다. 또한 세상의 역사적 사건은 왜 그리 흥미진진했던지. 지금껏 내 귀와 눈으로 듣지도 보지도 못한 사건과 현상에 관해 마음이 점점 빠져들게 되었다. 왜냐면 그 이전까지는 직접 경험했거나 가족이나 주변 인물들로부터 얻어들은 소소한 얘기가 세상의 전부라고 믿었던 사실은 세상사의 극히 일부분에

4) 큰형님과 작은형님이 광주에서 교육을 받았기 때문에 다양한 종류의 책들이 있었다.

불과했기 때문이다.

이 책들을 읽기 전까지 알고 있었던 세상에서 가장 큰 집은 초등학교 건물이었고, 가장 큰 놀이터는 학교 운동장이었으며, 가장 높았던 산은 첫 소풍 때 가보았던 '상산(上山)'[5]인 줄로 알았다. 그랬던 필자가 책을 통해서 큰 집들은 세상 곳곳에 널려 있고, 에베르스트산은 8,848m이며, 도시에 있는 공설운동장은 초등학교의 그것보다 여러 배나 넓음을 알게 되었다.

스스로에 관해 관심을 처음으로 가지게 된 배경은 초등학교 4학년 어느 날 도덕 시간에 '석가모니'를 배우고서였다. 그 수업 이후 마침 집에 있었던 『위인전 석가모니』까지 읽었다. 책에서 석가모니의 말씀 가운데 "꽃은 피면 쉬이 지고, 사람은 나면 이윽고 죽는다."라는 문장에 꽂혔다. 내가 죽을 수밖에 없다는 사실을 그때 진정으로 접하게 되었다. 내가 이윽고 죽을 운명이라면, 비록 죽음을 회피할 수 없지만, 이를 다소라도 극복하는 방법을 찾고 싶었다.

그 무렵 초등학교 1년 후배인 최병선과 죽이 맞아 우리는 학교를 오갈 때마다 서로 이런저런 얘기들을 나누었다. 어느 날 그가 내게 "형은 도대체 누구야?" 그랬다. 그의 질문이 동기가 되었다. 그래서 "나는 누구이고, 무엇을 해야 올바른 삶이며, 그런 삶을 실현하기 위해 어떻게 살아가야 할 것인지"에

5) 전남 고흥군 내나로도에 있는 산으로 그 높이는 271m에 달한다. 그 전까지 필자가 살던 마을에서 제일 높은 '봉아산'(164m)을 이 세상에서 가장 높은 산으로 여겼다.

관해 깊은 고민을 하게 되었다. 깨달음을 얻기까지는 적잖은 시간을 요했다. 그때 얻게 된 삶의 목적은 “세상 사람에게 다소라도 도움을 주는 마중물이 되겠다.”라는 하나의 신념으로 정착되었다. 그렇게 살아야만 언젠가 마주하게 될 죽음조차도 당당하게 받아들일 것이라고 믿었기 때문이다.

결론을 내렸다. 건강이 허락하는 한, 인간다운 삶을 누릴 수 있는 사회, 즉 정의로운 사회의 형성에 다소나마 기여(寄與)할 수 있는 삶이야말로 다른 무엇보다 가장 중요한 덕목이라 여기게 되었다. 바로 타인을 위한 마중물의 역할에 나의 삶의 목표를 두고, 이를 실천하려고 노력했다. 여기서 정의로운 사회란 각 개인이 자기의 능력을 최대한 꽃피울 수 있는 사회로서 자유와 평등, 평화가 보장되는 곳이다.

이러한 사회의 형성을 위해 기여하고자 하는 마음의 동력은 “어제 죽었던 사람들이 그토록 살고 싶어하는 오늘을 허투루 보내지 말고, 최선을 다하여 붙잡아야 한다”라는 마음에서 솟아 나왔다. 왜냐면 그렇게 해야만 비로소 나의 삶은 알차게 채워질 수 있다고 믿었기 때문이다.

그러면서 한편으로 내가 누구일까에 대한 물음은 계속되었다. 세월이 흐르고 나서 그에 관해서는 다음과 같은 결론을 얻었다. “내가 누구인가는 나의 일상적 삶을 통해서 나타난다.” 그렇다. 왜냐면 자신을 파악할 수 있는 구체적인 모습은 내가 지금껏 살아왔던 실상을 설명하지 않고서는 제대로 그려

낼 수 없기 때문이다. 그래서 스스로 끊임없이 질문했다. 나는 누구이며, 현재 어디에 있고, 무엇을 위해 어떻게 해야 할 것인지를? 특히 이 마지막 질문이야말로 내가 누구인지를 파악할 수 있는 핵심 지표라고 생각했다.

Ⅱ. 나의 신념과 삶의 목표

건강이 허락하는 한, 각 개인이 자신의 인격을 꽃피울 수 있도록 배려하며, 사회적 갈등을 해소하는 일에 매진한다.

원리적으로:

① 우리 모두는 소외됨이 없이 각자 그 능력을 꽃피워 행복한 삶을 즐길 권리를 갖는다.

② 진리와 정의를 사랑하며, 불의의 타파를 소명으로 삼는다.

③ 건강이 허락하는 한, 진리를 기초로 삼아 정의 실현을 위해 행동해야 할 책무를 수행한다.

방법적으로:

① 상대방과 최적의 상태에서 대화하고 합의 도출에 힘쓴다.

② 개개인의 능력이 충분히 발휘될 수 있도록 사회구조를 개선하고, 각 개인의 삶에 행복을 가져오는 선순환되도록 노력한다.

③ 권력이나 부의 부당한 취득이나 행사에 저항하고, 정의로운 배분에 힘쓴다.

④ 육체적, 정신적 건강 상태가 최적의 수준을 유지하도록 힘쓴다.

⑤ 사회적 약자와 소수자를 배려하고, 이들의 권익 보호에 기여한다.

Ⅲ. 신념과 목표 그리고 그 근거

인간은 각자 자기의 삶이 행복하기를 염원한다. 이 소망을 실현하기 위해서는 삶의 터전인 사회적 환경이나 사회제도가 각 개인의 인간다운 삶을 누릴 수 있도록 제대로 구축해야만 한다. 성숙한 인간이라면 그 제도적 장치를 마련하는 데 노력하면서 이를 준수하고, 이행할 책무를 다해야 한다.

인간에게 이 책무를 부담하게 하기 위해서는 자유와 평등 그리고 정의의 관점에서 정당화가 되어야 한다. 그런데 자유와 평등 혹은 사회적 정의는 객관적으로 선재(先在)하는 실체라기보다 인간 상상력의 산물에 불과하다. 왜냐면 자유와 평등 및 정의는 인간 본성에서 자연스럽게 터득되는 것이 아니라 교육을 통한 학습과 훈련으로 습득되기 때문이다.

그렇기에 개개인이 건강하고 행복한 삶을 충실히 누릴 수 있는 사회를 형성하기 위해서는 무엇이 자유와 평등 그리고 사회적 정의인지 끊임없이 질문하고 현명한 대답을 먼저 찾아야 한다. 교육과 훈련을 통하여 올바른 사회적 정의를 습관화하고 몸으로 체득하도록 하여 그것이 국민 각자의 인위적 본성으로 거듭날 수 있도록 해야 한다. 그렇게 체화된 습성은 건강한 사회를 형성하는 주춧돌이 될 수 있기 때문이다.

물론 자유, 평등과 정의가 그 시대를 사는 인간의 믿음이나 상상력에 근거한 인위적 구축물임은 앞에서도 설명한 바 있다. 따라서 자유, 평등 그리고 정의는 민족이나 지역에 따라 그 내용이 달라질 수 있다. 그 결과 시대와 장소별로 이해가 상충하는 다양한 법률이나 사상의 존재는 불가피한 것이다. 서로 다른 법사상이나 문화는 단기적으로 서로 간의 갈등과 충돌을 빚지만, 장기적인 관점에서 보면 인간의 인지 발달과 건강한 사회 형성에 촉매제 역할을 한다. 왜냐면 인지 발달을 통해 평화롭고 인간적인 삶을 누릴 수 있는 환경 조성의 불가피성을 깨달은 인간은 그들 스스로 반사회적 행위를 피하고 사회친화적 행위로 나아가게 되었기 때문이다.

인지의 발달은 인간에게 자신의 행위에 대한 책임을 지게 한다. 이를 통하여 성숙한 인간이라면 사물의 본성에 어울리는 행동, 즉 사리에 맞게 행하고, 그에 맞지 않는 행위를 하지 말아야 할 책무가 전제된다. 다만 성숙한 인간이더라도 특정한 책무의 이행이 불가능할 경우, 그의 행위가 면책되어야 함은 물론이다.

평화롭고 정의로운 사회를 형성하기 위해 불가피한 법률은 그 목적에 충실해야 한다. 그러므로 반사회적이거나 통상의 인간이 책임질 수 없는 상황까지 허용하고 있는 법률이 존치되고 있다면, 즉 사물의 본성에 어울릴 수 없는 법률은 쉽게 개정되거나 혹은 폐지될 수 있어야 한다. 사리에 맞지 않는 법은 인간사회를 질곡(桎梏)으로 얽매게 할 수 있기 때문이다. 지나온 권위주의 사회의 역사에서 사리에 맞지 않는 썩은 법률이, 그리고 정당한 법률이라도 그 적용을 왜곡하는 행위들이 판치는 정의감의 빈곤이 한없이 퇴적됨을 숱하게 보았다. 부당하고 썩은 법률과 법 적용의 왜곡을 철저히 극복하기 위해 우리는 두 눈을 부릅뜨고 제정된 법률이 정당하고 합당한 것인지, 법률이 바르게 적용되고 있는지를 파악해야 한다. 또한 부당한 법률의 위헌성과 법률의 왜곡을 개선하기 위해, 특히 형법상 법왜곡죄가 제정되도록 지속적인 노력이 요구된다.

아울러 법학자는 탁상공론에 그치고 실무에는 전혀 도움이 되지 않는 이론적으로 흥미 있는 주제들에 탐닉해서는 안 된다. 법학은 법률실무에서 야기되는 법률문제를 해결하는 것을 핵심 과제로 삼고 있기 때문이다. 법학자는 모름지기 법조실무가들이 제기한 문제를 언제나 주의 깊게 관찰해야 한다. 아울러 실무상 또는 법이론적 관점에서 실익 있는 문제들을 분석하고 탐구하고 논의하여 해결 방안을 모색하는 방식으로 그 문제를 정의롭게 해결하는 데에 기여해야 한다.

인간은 결코 완전한 존재가 아니며, 그래서 그의 행위에는 자주 실수가 뒤따를 수 있음을 인정해야 한다. 그러나 실수가 지나치게 반복적이지 않고 사회적 파장도 크지 않다면 눈감아 주는 것이 오히려 바람직하다.

제 11 장

국가폭력 범죄와 죄형법정주의

2024년 12월 12일

Ⅰ.

법치국가원칙에 토대를 두고 있는 죄형법정주의는 근대법의 중추적 원칙으로 작동하며, 국가 통치권의 제한과 견제에 입각한 권력분립으로 귀속된 국회의 독점적 입법권을 통해서 시민의 권익 보호에 주된 목적을 두고 있습니다. 이러한 사상의 배경에는 1215년 '대헌장(Magna Carta)'을 기점으로 현대적 의미의 죄형법정주의가 형성되기 시작하였습니다. 그러므로 죄형법정주의에서 고려할 점은 국가권력 행사로부터 시민의 권리를 보호하기 위한 필수적 기반이라는 점입니다. 죄형법정주의의 내용은 범죄의 성립을 확인하고, 국가공권력에 의한 범죄의 처벌은 법률에 근거해야만 한다는 것입니다. 국가공권력에 의한 형벌은 복수와 달리 엄격한 법적 근거와 절차를 갖추어야 합니다. 이는 법치국가원칙 실현을 위한 필수 요소이기 때문입니다.

그런데 범죄의 성립과 형벌의 정도는 국회에서만 결정한다는 의미를 지닌 죄형법정주의는 언제나 무조건 준수해야만 할 절대적 원칙인지 고민해야 할 부분이 있습니다. 법관이 죄형법정주의의 원칙에 따라 법률을 엄격히 준수함은 매우 중요하나, 이러한 원칙에 의한 지나친 형식적 해석은 오히려 불의의 편을 들 수 있게 하면서, 역으로 정의 구현을 저해할 수도 있습니다. 죄형법정주의는 인간의 존엄을 억압하는 악법조차도 이에 따라야 한다는 명령이기 때문입니다. 예컨대 일제강점기뿐만 아니라, 일본으로부터 해방 후 이승만과 박정희의 권위주의 정권 아래에서 보여준 반인권적 고문 등의 국가폭력은 국가권력의 비인간적 행사로서 죄형법정주의의 한계를 드러냅니다. 반인륜적 국가폭력 범죄라고 하더라도 죄형법정주의의 한 축인 소급효 금지나 공소시효의 소멸 등으로 처벌을 면피하는 것은 부당해 보입니다.

따라서 형식적 죄형법정주의와 대비되는 실질적 죄형법정주의는 국민이 국가권력에 대한 투쟁을 통해 쟁취한 역사적 산물입니다. 죄형법정주의에 관한 독일의 나치나 우리나라에서 군사독재정권의 흑역사는 사법(司法)을 왜곡하고 국민의 인권을 근본적으로 유린했다는 점에서 지나치게 형식적 죄형법정주의는 도리어 개인의 자유 침해를 가져왔습니다.

형식적 죄형법정주의와 달리 실질적 죄형법정주의는 개인의 인권을 무엇보다 중시하는 사상에서 터 잡고 있습니다. 죄형법정주의는 국가의 통치권이 헌법과 헌법정신에 따라 올바르게 형성되고, 이를 바탕으로 국민의 대표자인 국회가 제정한 법률에 근거하여 범죄의 성립과 처벌이 결정될 수 있을 때를 의미합니다. 따라서 반인륜적 국가폭력 범죄에 대해 죄형법정주의를 근거로 공소시효를 적용해야 한다는 사고는 지양되어야 합니다. 그러므로 군사독재나 부당한 계엄령 등에 의한 권위주의 체제에서 자행된 반인륜적 국가폭력 범죄에 대해 공소시효의 배제를 명확히 하여, 정의를 실현하려는 노력이 필요하다고 여겨집니다. 뿐만 아니라 부당한 계엄령을 통하여 사법기능과 국회 기능의 말살을 시도한 국가폭력에 대한 공소시효의 허용을 삼가야 합니다. 왜냐면 이 또한 국가가 법치국가원칙에 의해 작동되지 않고, 국헌을 문란케 함으로써 국민의 인간다운 삶을 심각하게 저해하기 때문입니다.

Ⅱ.

죄형법정주의는 법률이 금지되는 행위를 명확히 규정하여 국민과 사법기관이 이를 파악할 수 있도록 하며 소급효 금지, 성문법주의, 유추 금지와 명확성을 핵심으로 합니다. 형법 해석은 문리해석, 역사해석, 체계적 해석, 목적론적 해석(특히 목적론적 축소해석)이 주로 사용됩니다. 법원칙의 통일성과 형법 개념의 독자성도 강조됩니다. 해석과 유추를 구별하는 것이 중요하며, 해석은 명확성을, 유추는 법률의 흠결 보완을 목적으로 합니다. 법문의 애매함이나 다의성 때문에 목적론적 해석이 필요할 수 있으며, 이는 형법의 입법 취지와 목적을 고려해야 합니다. 민사법과 형사법의 목적과 제재 수단이 다르며, 특히 형사법은 법익 보호와 인권 보장을 중시합니다.

그런데 민사법과 형사법의 개념 차이를 이해함이 중요합니다. 왜냐면 형사법은 원칙적으로 죄형법정주의가 적용되는데 반해, 민사법은 무엇보다 당사자 사이의 계약관계를 중시하기 때문입니다. 그렇기에 형사법은 행위시법주의 원칙이 적용되며 소급효는 인정될 수 없습니다. 게다가 형사법 특유의 개념인 행위주체의 문제는 신분범과 비신분범으로 구분되며, 범죄 성립 여부와 형벌의 유무와 정도에도 영향을 끼칩니다.

형사법의 개념이나 원칙은 행정법의 그것들과도 적지 않게 달라서 예컨대 행정처분의 무효 개념은 형법에 직접 영향을 미치지 않으며, 행정처분의 무효 여부는 각 법률영역의 특성에 따라 달라질 수 있습니다.

Ⅲ.

사법적극주의는 법원이 법 해석 과정에서 법문의 의미를

넘어 정치적 목표나 사회정의 실현을 염두에 두는 태도를 말합니다. 이는 성문법이 발달하지 않은 미국에서 주로 나타난 입장입니다. 그러나 성문법주의와 죄형법정주의를 헌법상 원칙으로 삼는 대한민국에서 이런 주장을 하는 것은 지극히 문제가 있습니다.

사법적극주의의 주요 논거로는 다음과 같은 점들이 있습니다:

1. 법의 정의 실현 기능을 활성화하기 위해 법 해석에 적극적으로 임해야 한다.
2. 법 창조적 기능을 발휘해야 한다.
3. 사법심사의 범위는 입법부와 행정권의 행위까지 포함해야 한다.

그러나 이러한 사법적극주의는 권력분립의 원칙과 충돌할 수 있습니다. 특별히 형사 판단에서 사법적극주의는 죄형법정주의에 반하는 유추해석을 초래할 수 있으므로, 이는 권력분립과 국민의 인권 보장을 저해할 수 있습니다.

그럼에도 한국에서는 법관을 비롯해 실무자 출신의 전문가들이 사법적극주의를 추종하고 있습니다. 사법적극주의가 어느 범법 사안에 관해 피의자나 피고인에게 불리한 무죄추정주의 같은 내용을 강화하는 쪽으로 진화했다면 그나마 어느 정도는 수긍할 수 있습니다. 그러나 불행하게도 한국에서 사법적극주의는 이러한 바람에 그리 충실하지 않았습니다.

Ⅳ.

죄형법정주의의 이념을 실현하기 위해 헌법과 형사법상 이에 관한 명시적 규율을 두는 것을 넘어서 실질적 죄형법정주의의 실현과 피고인에 불리한 사법적극주의의 배제 원칙은 아주 중요한 일임에 틀림이 없습니다. 그러나 현실에서 법원, 검찰이나 경찰이 죄형법정주의를 철저하게 관철했고, 관철하느냐는 또 다른 문제입니다.

요즈음에도 이른바 배웠다는 사람들은 말합니다. 우리나라는 이미 선진국이고, 사법적 통제가 잘 이루어지고 있어서 국민에 대한 인권 탄압은 생각할 수도 없다고. 그러나 참으로 어이없는 소리입니다.

공영방송에서조차 이처럼 무식한 주장을 반복하는 수구세력들이 적지 않습니다. 그들의 주장에 반하는 상징적인 사건이 최근에 터졌습니다. 2024년 12월 3일 밤, 당시 윤석열 대통령은 헌법상 근거 없이 비상계엄을 선포하고, 국회를 장악하기 위해 군인을 의사당에 투입했습니다. 헌법 제77조는 '전시나 사변, 이에 준하는 국가비상사태'에 한하여 비상계엄을 선포할 수 있도록 그 요건을 명시하고 있습니다. 그는 이를 어겼기 때문에, 당시의 비상계엄 선포는 곧바로 국회에서 부결되었고, 그에 대해서는 현재 내란죄로 공소가 제기되어 재판이 진행 중에 있습니다. 그런데도 그와 그 추종자들은 당시 야당이 헌법상 보장된 탄핵을 다수 남발했다는 점과, 존재하지도 않는 부정선거를 이유로 책임을 돌리려는 몰상식을 보여주고 있습니다. 설령 비상계엄이 정당하다고 하더라도 그 상황에서는 죄형법정주의가 근본적으로 침해됩니다. 하물며 부당한 비상계엄 선포는 이보다 심각하고 치명적인 결과를 초래합니다. 그러나 여전히 그래도 좋다는 것이 대통령 탄핵 반대론자들의 생각입니다.

뿐만 아닙니다. 4·19혁명의 발상지인 대구에서는 박정희가 2번이나 쿠데타를 일으켰고, 정권을 유지하기 위해 '인혁당 재건위' 사건 등을 날조하여 무고한 시민들을 사법살인했음에도 여전히 그를 국가 발전을 위한 희대의 영웅으로 칭송하는 모습을 종종 보게 됩니다. 이와 같은 잘못된 문화가 도배될 때 극우와 극좌는 날뛰게 되고, 죄형법정주의는 구호로만 존재할 뿐입니다. 그 결과 사회의 안전망은 손쉽게 흔들리게 됩니다.

그러므로 실질적 죄형법정주의 원칙의 실현을 위해 이를 담당하는 사법기관은 철저하게 단련된 죄형법정주의 사상으로 무장해야 하고, 이과 함께 반인권적 권력 행사에 반기를 들고 준법정신에 철저한 국민 의식 역시 중요함은 말할 것도 없어 보입니다.

제 12 장

책임의 전제로서 자유의사

2025년 2월 20일

Ⅰ. 자유의사

자유의사란 개인의 천부적인 성향에 따라 삶의 내용이나 방식을 선택하거나 결정하는 자발적 능력을 지칭하며, 철학적인 의미에서 합리적인 인간이 자기의 행동을 외부 간섭 없이 자기 스스로 달리 자신의 그 무엇을 선택하거나 결정하는 능력을 일컫는다. 자유의사를 지닌 인간이라면 건강한 사회 형성과 유지를 위해 반사회적 일탈행위를 회피해야 할 사회적 책무를 짊어진다는 주장은 설득력이 있다. 그렇기에 인간이 사회생활상 회피해야 할 사회적 책무를 저버리고, 도리어 사회적으로 중요한 일탈행위를 감행했다면, 그 위반을 회피할 수 있음에도 그렇게 하지 아니했다는 점에서 자유의사의 존재는 사회적 비난과 처벌을 가할 수 있는 탁월한 근거로 이해된다.

이에 따라 수많은 법학자는 오랫동안 인간에게 자기 육체나 환경과 무관하게 자유의사가 있음을 전제하였다. “윤리적으로 성숙하고, 정신적으로 건강한 사람은 책임을 져야 한다.” 라는 원칙은 과학적 입증의 방식이 아닌, 사회적 실존에 있어서 부인할 수 없는 현실적 필요성[6]에서 파생되었다. 그런데 인간에게 자유의사가 있다는 입장 가운데에서도 “인간에게 내재한 의사(意思)는 인간의 신체나 육체로부터 자유로운 것으로 이해해야 한다.”라는 비결정론적인 자유의사 찬성론자의 입장은 유지하기 어렵다. 왜냐면 인간의 의사(意思)는 신체로 구성된 생명체에서 형성된 신경세포와 뇌의 유기적 작업을 통해서 발현되고, 이런 생명체의 핵심은 물질이기 때문이다. 이 점을 입증할 수 있는 증거는 필요·충분할 정도로 차고 넘친다. 여기서는 두 가지 사례만 살펴보기로 하자.

첫째로, 우리가 술에 취하면 육체만 취하고, 마음은 멀쩡할 수 있는가? 결코 그럴 수 없음은 누구나 알고 있다. 술에 취하면 마음의 핵심인 의사(意思) 역시 그 영향으로 인사불성이 된다는 사실은 경험적으로 널리 알려져 있다.

둘째로, 당신이 이러한 설명에 아직 동의하지 않는다면 과학의 힘을 빌려보자. 물질로 형성된 생명체는 생명의 연장을 위해 환경 적응력을 꾀하려고 노력한다. 그렇기에 생명체

6) 이에 관해 요하네스 베셀스(Johannes Wessesl)/허일태(역), 『독일형법총론』, 1998, 195쪽 참조.

는 자신을 둘러싼 환경이나 세계에 대한 지식을 습득하여 그것을 자기 행동의 지침으로 사용하려고 한다. 그렇게 해야만 생명체 자신의 환경 적응력이 뛰어나게 되고, 살아남기에 유리해진다. 왜냐면 주변 환경에 대한 적응 능력을 잘 터득할 수 있는 유기체는 그렇지 않은 것보다 더 잘 살아남을 수 있기 때문이다. 그러므로 환경친화적으로 진화 발전된 유기체가 주변 환경과 자신의 상황을 추적하는 시스템을 구축하려고 하는 것은 진화론상 자연스럽다. 주변 환경과 자신의 상황을 추적하는 시스템은 유기체 내의 신경세포에 의하여 작동된다. 이 시스템은 신경세포가 환경의 상태나 상황을 감지하고, 이 감각이 지각으로, 지각은 다시금 환경을 인식하는 방식으로 진행된다. 신경기관을 통한 환경의 인식으로 상황을 파악할 수 있는 유기체는 그 환경에 걸맞은 대응조치를 취할 수 있게 된다. 환경에 대응한 일련의 과정은 결국 신경세포의 작동이며, 이에 따라 생명체가 유기물질의 생리·화학적 과정들의 집합으로 탄생하듯, 생명체의 마음도 유기물질로 조직된 생명체로부터 출현하는 것으로 파악할 수밖에 없다.

Ⅱ. 지각을 통한 인식의 언어 전환과 인간의 책임 능력

모든 생명체는 자신의 주변 환경에 대한 지식을 습득하고 그것을 사용 목적에 맞게 사용하는 시스템을 구축하는데, 그 핵심 시스템이 '뇌'임을 부정할 수 없을 것이다. 생명이 유기체 자신의 재생산 과정인 번식과 대사 과정을 위해 그 존재가 불가피하듯 생명체에서 발현되는 마음이나 의식도 유기체 자신의 환경에 대한 적절한 대응을 위한 뇌의 작업과 뇌가 통제하는 생명체의 활동을 위해 불가피하다.

이는 유기체인 인간에게도 똑같이 적용된다, 인간의 뇌에는 약 1,000억 개의 뇌세포가 있고, 이들 뇌세포는 시냅스(synapse)[7]에 의하여 연결되어 있다. 뇌세포의 핵심인 뉴런의 끝 쪽에 자리 잡은 시냅스는 많게는 수천 개도 넘는다. 게다가 각각의 뉴런의 끝자락에 달린 수백에서 수천 개나 달린 시냅스와 이들의 연결 및 시냅스에 내재한 세로토닌을 비롯하여 도파민 등 다양한 화학물질의 상호작용은 수백조도 넘는 엄청난 정보 교환의 연결고리를 형성한다. 이들의 연결 과정에서 정보 교환으로 형성된 기억소자와 이로 인해 축적된 경험 등에 의해 지각이나 인식, 즉 마음의 발현이 나타나게 된다.

특히 이들 기억 형성에 결정적 역할을 담당하는 '해마(Hippocampus)'[8]에 속한 뉴런으로 – 이를 극히 단순화시킨다면

7) 각각의 뉴런과 뉴런 사이에 존재하는 시냅스는 수백 또는 수천 개이며, 각 시냅스를 연결한 화학물질은 도파민, 세로토닌, 히스타민, 글루탐산, 아세틸콜린, 노르아드레날린을 비롯한 엔도르핀 등이고, 이들 각각의 농도에 따라 전달된 정보의 다양성이 발생한다.

8) '해마'는 관자엽의 안쪽에 위치하면서 '둘레계통'(대뇌 변연계)에서 한가운데 원호의 일부분을 구성한다. '해마'는 학습, 기억 및 새로운 것의 인식 등의 역할을 하며 '속후각겉질'을 통하여 주된 '들섬유'를 받아들이고, '뇌활'을 통하여 '날 섬유'를 내보낸다. 이에 관해서는 [네이버 지식백과] 해마[海馬] (서울대학교병원 신체기관정보) 참조.

– 즉, 외부 세계에서 처리된 정보가 '내후각뇌피질'이라는 해마 입구의 영역으로 모여든다. '내후각뇌피질'의 뉴런들은 관통로를 통해 '해마' 자체와 '해마'를 보듬고 있는 '치상화'의 세포로 신호가 전달된다. 치상화에서부터 '이끼섬유'들이 해마의 'CA3' 영역으로 뻗어가고, 거기서 차례로 'CA1'에 있는 세포로 신호를 전달한다. 이 세포들이 해마 이행부에 있는 세포로 신호를 보내면 거기서 다시 '내후각뇌피질'로 신호를 돌려보내고, '내후각뇌피질' 자체가 자신에게 정보를 전송했던 감각 영역 쪽으로 그 신호들을 돌려보냄으로써 기억의 국지적 네트워크가 형성된다. 이 시스템 안의 여러 수준에서 어느 뉴런으로부터 나오는 정보들이 전후 양쪽으로 신호를 보내면서 복잡한 반향을 가능하게 만든다.9)

여기서 언급한 내용에서 우리 마음의 기초는 생명을 이루고 있는 물질에서 발현함을 엿볼 수 있다. 즉 물질에 속한 신경세포인 뉴런의 구성 부분 자체가 마음의 기초로 작용하며, 뉴런 사이인 시냅스를 연결하는 것 역시 마음의 기초로서 세로토닌 등 다수의 화학물질로 이루어져 있다. 기억 형성을 활성화하는 부위인 '해마'나 해마의 입구에 존재하는 '내후각뇌피질'을 비롯해 '관통로', '치상화'와 '이끼섬유' 등 역시 물질이다. 이 물질 등의 성질과 생리·화학적 조작이나 처리되는 환경에 의해 기억의 형성이나 정보의 조작이 가능해진다. 따라

9) Adam Zeman/김미선(역), 『뇌의 초상』, 출판사 지호, 2011, 174~175쪽 참조.

서 기억의 형성이나 정보 조작은 물질과 상호 대비되는 것이 아니라, 오히려 물질과 상호 교환성을 갖고서 언제나 상호 깊이 관여하며 호환될 수 있다.

다시 말해 물질의 성질에 바탕을 두고 있는 인식이나 마음의 기초는 사물이나 환경에 관한 정보를 감각기관에 의하여 인식의 중추인 뇌에 전달되고, 다시금 뇌의 영역에 존재하는 해마에 의해 기억된다. 이러한 기억은 측두엽에서 도서관의 장서 배열처럼 정보를 체계적으로 저장하고, 외부의 자극이나 또 다른 정보를 통해서 야기된 문제를 해결하기 위해 판단이나 결정 등에 관해 전두엽에서 활발한 회의를 걸쳐 '운동 띠'의 앱을 통해 행동으로 나타난다.

인간은 일련의 정보처리 과정에서 생성된 지각이나 인식[10)]을 언어로 표현할 수 있는 능력을 일차적으로 자기의 DNA에 내재한 'FOXP2 유전자 돌연변이'를 통해 얻게 된다.[11)] 다만 현생 인류의 조상이 아닌 네안데르탈인도 인간과 같은 'FOXP2 유전자 변이'를 가지고 있었다. 그렇지만 네안데르탈인은 현대 인류처럼 복잡한 언어를 사용하지 못했다. 이는 인간의 언어능력을 'FOXP2 유전자 변이' 하나로만 설명할 수 없음을 보여준다. 네안데르탈인에게는 없지만, 인간에게서 발견되

10) 인간의 지각이나 인식은 감각기관의 자극으로부터 시작되어, 대뇌피질에서 외부 사물의 전체상을 의식적으로 형성하는 과정이다. 이 과정에서는 과거의 학습이나 경험, 사회적 상호 작용, 문화적 배경 등이 영향을 미친다.

11) 이에 관해 자세한 것은 FOXP2 (naver.com).

는 'NOVA1 유전자 돌연변이'가 인간의 복잡한 언어 발달에 적지 않은 역할을 했을 것으로 추정되고 있다.[12] 왜냐면 'NOVA1 유전자 변이'를 실험용 쥐에 이식하여 살펴 보니, 새끼 쥐가 어미 쥐에 대한 표현 방식이, 이식되지 않은 새끼 쥐보다 더 복잡한 표현을 사용하고 있는 것으로 보았기 때문이다.

그러므로 인식된 생각을 복잡한 언어로 표현하기 위해서는 한편으로 'FXOP2 유전자 변이'와 다른 한편으로 'NOVA1 유전자 변이'의 상호작용이 요구된다. 이런 상호작용은 인간의 뇌에 소재한 '브로카 영역'[13]과 '베르니케 영역'이 주요한 역할을 한다. 전자는 언어를 생성하고, 후자는 언어를 이해하는 데 관여하기 때문이다. 이 두 영역은 신경섬유로 연결되어 있으며, 인식된 정보를 언어적 기호로 변환하고, 반대로 언어적 기호를 인식된 정보로 해석하는 데 필요한 신경회로를 구성한다. 이처럼 인식의 언어화 과정은 인간의 인지능력과 의사소통 능력의 기초를 이루며, 인간이 세계를 이해하고 표현하는 데 중요한 역할을 한다.[14]

12) "인간화된 NOVA1 접합 인자는 마우스의 음성 커뮤니케이션을 변경", 네이처 커뮤니케이션즈.
13) 브로카 영역은 뇌의 전두엽에 위치한 영역으로, 언어의 생산과 관련이 있다. 이 영역은 다음과 같은 기능을 수행한다: 말과 글을 아우르는 언어 행동을 생성하고, 문법과 형태학을 구성하기 위한 그래프, 음운, 단어를 관리하며, 발음 조절을 위한 연설 기관의 조정 운율, 목소리 톤, 말의 리듬에 관해 작용한다. 이러한 기능을 통해 브로카 영역은 인식된 정보를 언어적 기호로 변환하고, 우리가 의사소통할 수 있도록 언어를 만들어 낸다. 브로카 영역은 베르니케 영역과 대뇌궁상섬유로 연결되어 있으며, 베르니케 영역은 언어를 이해하는 데 주된 역할을 한다.
14) 이에 관한 자세한 문헌은 이찬승, "〈원리 28〉 학습은 '지각—행동' 기반의 타고난 자연적 학습능력을 활용할 때 효과적이다", 『학습과학의 이해와 적용(29)』, 1쪽 이하 참조.

더욱이 인간은 한편으로 사회학적 작용에 기반하여 복잡한 사회적 구조를 형성하면서 서로 소통해야 할 필요성이 커졌고, 다른 한편으로는 이러한 필요성으로 인해 해부학적으로 입의 구조와 목 그리고 후두의 형태가 갖가지 소리를 발성할 수 있도록 변화하면서 더욱 다양한 소리를 낼 수 있게 진화되었다. 특히 혀, 입술과 입천장 등 발음에 중요한 기관들을 세밀하게 조절할 수 있게 되었다. 이와 같은 다양한 요소들의 발전을 통해 인간의 인식은 다른 사람과 소통할 수 있는 언어를 사용해 표현할 수 있게 되었다.

마음과 물질의 대비 혹은 행위주체와 행위객체의 극단적 분리나 대비 역시 진실을 왜곡할 수 있다. 왜냐면 나의 육체는 나의 생명을 구성하는 실체이자 인식 발현의 근원이며, 나의 육체 상태와 환경에 따라 내 마음에도 영향을 주고받기 때문이다. 따라서 인간에게 있어서 '육체인 객체'와 '마음을 담고 있는 생명의 주체'는 상호 보완적이며, 순환 관계에 있는 것이고, 이들의 상호관계가 완전히 분리된 관계에 있다고 말하기 어렵다.[15] 더구나 인식이나 지식은 생명력을 가진 행위주체에 의해 형성되므로, 행위주체에 의해 탐구되거나 파악될 수 없

15) 아직도 이에 대해 더 깊은 연구가 필요하다는 입장으로는 박은정, "자유의지와 뇌과학", 『법철학연구』 18권 제2호, 2015, 120쪽 이하 참조. 박교수의 이러한 사상은 근대 철학자 데카르트의 영향이 크다. 그런데 데카르트에 의하면 연장된 실체(사물)와 사유하는 실체(마음), 즉 마음 없는 물질과 물질 없는 마음을 대립 관계로만 파악한다. 그러나 생명은 물질의 생리·화학적 작용 과정으로 형성된 유기체이고 마음은 그런 생명체로부터 유래되기에, 마음도 결국 물질로부터 발현된다는 사실을 부정할 수 없다.

는 '존재나 실체에 관해 완전한 객관성을 담보할 수 있는 절대적 진리'는 애초부터 불가능하지 않은가? 이처럼 마음은 물질로부터 생성된다는 사실이 진실이라면, 물질의 근원이자 태초의 원형인 원자(atom)로부터 마음이 형성된다고 할 수 있다.

그렇다면 의사(意思)의 내용인 마음뿐만 아니라 마음을 담는 생명체를 구성하는 것은 원자라고 할 수 있다. 그렇다고 하더라도 마음과 물질의 상관관계를 단순히 인과적 과정으로 이해하려는 가설은 옳다고 할 수 없다. 오히려 이들 관계는 양자역학에 가깝다. 그 이유는 다음과 같기 때문이다.

마음이나 의사는 인과적 결정론과 달리 고정되지 않고, 매 순간 쉼 없이 흔들리는 현상을 자주 볼 수 있다. 뿐만 아니라 각 개인은 다양한 생각과 그에 따른 행위를 자유롭게 결정하고 있음을 쉽게 목격할 수 있다. 이를 통해 우리의 정신이란 '특정 원인은 특정한 생각의 발현과 이에 따른 행동으로만 일관될 수밖에 없다는 인과관계에 갇힌 세계' 속에 머물러 있지 않고 원인에서 자유로운 상태이다. 이러한 의미에서 인간의 정신은 양자역학에서 이해될 수 있는 모습의 형식과 유사하게 나타난다. 즉 우리의 정신은 양자역학에서 볼 수 있는 바와 같이 단순한 '인과과정'에 얽매이지 않고, '중첩과 얽힘'의 원리[16]를 통

16) 양자역학에서 중첩 원리에는 ① 양자 시스템(예: 전자, 광자 등)은 동시에 여러 상태에 있을 수 있다는 것이다. 예를 들어 전자는 서로 다른 에너지 준위에서 동시에 존재할 수 있다. ② 파동 함수: 중첩 상태는 파동 함수로 표현된다. 이 파동 함수는 입자의 모든 가능한 상태의 합으로 표현된다. ③ 관찰과 붕괴: 중첩 상태는 관찰자가 측정할 때 하나의 상태로 붕괴한다. 이 과정은 확률적으로 이루어지며, 중첩 상태는 측정 이전

하여 '물질의 성질을 넘어서는 자극의 파동'처럼 생성된다. 즉 대상이나 현상을 지각하고 인식하여 이를 체계화할 수 있는 인간의 언어능력은 'FOXP2 유전자 변이'와 'NOVA1 유전자 변이'를 통해 얻게 된다. 즉 'FOXP2 유전자 변이'와 'NOVA1 유전자 변이'가 신경세포에 내재한 정보에 관해 복잡한 개념조차 언어적 번역을 가능케 하는 심오한 언어능력을 심어주고, 언어능력의 구사는 개념의 상상력을 가능하게 한다.

'물질의 성질에서 파생된 마음의 집합적 성질', 즉 인간이라는 유기체에 깃든 언어능력과 상상력의 원천은 인간에게 의사능력을 갖게 한다고 말할 수 있다. 왜냐면 오늘날 발전된 정신과학에 따르면, 인간에게 내재된 엄청난 수량의 뉴런과 그것을 잇는 어마어마한 수의 시냅스들 사이에 이루어지는 무한한 정보 교환 작용은 대상에 대한 다양한 감각을 통해 '지각적 상황을 연출하고, 지각적 상황은 인식의 기초이자 마음의 고향이며, 상상력의 전제로서 작동하기 때문이다. 그 결과, 우리의 정신은 다양한 감각으로 형성된 지각적 상황을 통해 사물이나 관계의 대상에 대한 인상을 터득하고 감정을 느끼며, 이를 언어적 표현으로 묘사할 수 있게 된다.[17]

까지 유지된다. 양자역학에서 얽힘 원리에는 ① 얽힘 상태: 두 개 이상의 양자 입자가 얽히게 되면, 이들 입자는 서로 독립적으로 존재하지 않고 하나의 상태로 결합한다. 얽힘 상태에서는 하나의 입자 상태가 변하면, 다른 입자의 상태도 즉시 변하게 된다. ② 비국소성: 얽힌 입자는 서로 멀리 떨어져 있어도 상관관계를 유지한다. 이는 비국소성이라는 양자 특성으로, 두 입자 간의 정보가 즉시 전달되는 것처럼 보인다.

17) 신경세포에 의해 대상 물체의 여러 가지 감각이 모여 그 대상에 관한 지각적 상황을 야기하고, 이를 통해 형성된 지각으로 얻게 된 인식은 우리 마음의 고향이고, 마

이러한 점에 비추어 볼 때 인간의 정신은 생명체인 육체에서 나오며, 물질로 구성되었다고 말할 수 있다. 그러나 그렇다고 해서 단순한 인과관계 과정의 산물일 수는 없다. 이보다는 신경세포에 내재된 다양한 시냅스를 통하여 여러 신체적 감각을 얻고, 이에 근거해 지각적 상황이 형성하게 되며, 지각적 상황은 사물이나 관계의 대상에 대한 인식을 낳게 하는 전제가 된다. 즉 감각이 지각을 통하여 대상이나 상황을 터득하고 감정을 느끼며, 기억하고 이를 언어적 표현으로 묘사하면서 지혜의 빛을 담은 인식과 지혜를 형성한다. 따라서 인간의 마음 혹은 정신은 신체와 환경이라는 외부의 영향을 전혀 받지 않고, 오직 순수한 의사의 자유를 향유(享有)한다고 볼 수 없다. 오히려 인간은 생명력 유지와 번식을 위해 주변 환경이나 사회문제에 대응하고, 사건이나 사물을 변별할 수 있도록 애초부터 구조화되어 있는 존재이다. 이처럼 인간은 원칙적으로 사물을 변별할 수 있는 능력과 함께 건강한 사회 형성을 위한 책무를 지게 된다. 다만 이러한 인간의 능력은 태어나자마자 곧바로 생성되는 것이 아니고, 성년이 될 때까지 점진적으로 완성되어 간다.

음이나 생각은 우리에게 상상의 세상을 낳게 한다. 우리가 가진 이러한 상상력으로 형성된 건축물, 예컨대 종교나 규범 혹은 화폐 등은 인간공동체의 사회생활을 영위하는 데 불가피한 인공적 본능을 구성하고, 이런 것들이 우리의 마음과 정신에 다시금 깊은 영향을 미친다.

제 13 장

사회상규의 개념과 성격

2024년 1월 27일

우리 형법은 제20조부터 제24조까지 위법성 조각사유를 명시하고 있다. 이것은 이들 규정의 요건에 해당하는 행위가 비록 범죄의 불법성을 지니더라도 처벌할 만한 위법성을 갖지 아니한다는 점을 의미한다. 특히 형법 제20조 후단에 기술하고 있는 '사회상규(社會常規)에 위배되지 아니한 행위'를 정당행위로 간주한다. 여기서 '사회상규'란 '사회통념이나 사회윤리적 차원에서 일반적으로 허용되고 용납되는 관행'으로서 어느 범법행위가 형법의 최후수단성에 비추어 봤을 때 처벌할 정도의 위법성을 결여한 것(위법성 조각)을 말한다.

사회상규에 의한 위법성 조각의 원리는 법령이나 업무 등으로 인한 모든 정당행위를 포섭하는 상위개념으로 이해될 수 없지만, 법령에 근거한 업무행위를 비롯하여 정당방위나 긴급피난 등의 요건을 살짝 충족하지 못한 행위일지라도 사회상규로 받아들일 수준의 것이라면 보충성의 원리로서 위법성이 조각될 수 있음을 뜻한다.

물론 사회상규의 위배 여부에 관한 기준은 사법 담당자에게 자의적 해석을 가져다 줄 수 있다는 점에서 대법원도 이를 제한하고자 행위 목적의 정당성을 비롯하여 행위 방법의 상당성, 법익 간의 균형성 및 침해행위의 보충성을 요구하고 있다. 이러한 이유로 '사회상규에 위배되지 아니하는 행위'가 법해석자의 필요에 따라 넓은 의미와 좁은 의미로 해석될 수 있다는 전제에서 '사회상규에 위배되지 아니하는 행위'의 의미는 지나치게 추상적이라는 학계의 비판이 있다.

이러한 비판이 전혀 무용한 것은 아니다. 그러나 이런 식의 비판을 하기 이전에 구성요건 해당성 여부를 판단하는 데 있어서 사회적 상당성이라는 독일 이론을 직수입하여 남용하고 있는 태도부터 고쳐야 한다. 왜냐면 '사회상규'에 관해 실정법상 규정을 두고 있음에도, 이 개념의 추상성과 이로 인한 왜곡 가능성을 강도 높게 비판하는 학계의 태도는 구성요건 해당성의 판단에 있어서 실정법 규정에도 없는 사회상당성의 기준을 무비판적으로 수용하려고 하기 때문이다. 더구나 우리 형법도 독일이나 일본처럼 형식주의 개념의 형법에서 출발하고 있다. 따라서 우리나라의 경우 실질적 범죄 개념을 채택하고 있는 중국과는 달리 아무리 사소한 신체에 대한 유형력의 행사조차 형법상 폭행죄의 구성요건에 해당할 수 있도록 구조화되어 있다. 이러한 문제에 관해 독일의 경우 우리 형법 제20조의 사회상규에 관한 규정과 같은 조문이 없기에 이론적으로 구성요건 단계에서부터 다소의 가치판단을 도입할 수밖에 없었다.

형법상 가치평가는 존재의 문제일 수 없고 공정과 정의로운 형법사상을 관철하는 규범의 문제이며, 더구나 죄형법정주의에 철저해야 할 형법은 규범을 이론보다 우선하는 것이 원칙이다. 다만 어떤 규범이 헌법상 위헌성을 내포하고 있는 경우를 제외하고.

또한 유(類) 개념으로서의 '사회상규에 위배되지 아니하는 행위'를 종(種) 개념으로서의 '사회상규에 위배되지 아니하는 행위'로 부당하게 사용할 수 있다는 주장 역시 옳지 않다. 왜냐면 사회상규 개념은 위법성 조각사유의 일반적 원리가 아니고, 단지 보충적 원리로서의 성격을 가지기 때문이다. 더구나 형법 제20조의 '사회상규에 위배되지 아니하는 행위'의 개념은 오직 하나의 기준일 뿐이지, 광의와 협의의 기준이 따로 있지도 않다.

따라서 이것을 정리하면 다음과 같다. 첫째로 형법 제20조에서 말하는 '사회상규에 위배되지 아니하는 행위'의 법적 성격은 모든 위법성 조각사유의 유일하고 일반적인 기준이 아니다. 그 이유는 '사회상규에 위배되지 아니하는 행위'가 법령이나 업무로 인한 행위 또는 정당방위나 긴급피난의 해당성을 포괄하는 위법성을 조각하는 일반적이고 통일적인 기준이 될 수 없기 때문이다.

둘째로 '사회상규에 위배되지 아니하는 행위'는 법질서의 전체적인 기준에 근거해서 직접 판단할 수 있는 기능을 가지는 것이 아니라, 전체 법질서의 배후 정신에 비추어 볼 때 사회생활상 광범위하게 허용된 관행이나 행위 양식에 속하느냐로 판단되는 것이다. 그러나 이와 같은 기준은 매우 불명확하므로 이를 합리적으로 제한하려면 다음과 같은 세 가지 점을 충분히 고려해야 할 필요가 있다.

① 그 행위가 사회생활상 이미 광범위하게 인정되는 관행이거나, 관행으로 보편화되고, 또 될 수 있는 행위 양식에 속하여 사회적으로 용납될 수 있어야 한다.

② 참작할 만한 행위 목적과 행위 수단 그리고 침해행위의 경미성 및 그 행위의 보충성 등에 비추어 볼 때 불법성이 사소하거나 무시할 수 있는 정도여야 한다.

③ 형벌은 인간이 참기 힘든 고통을 본질적으로 수반하기 때문에 형법은 관용주의와 보충성이라는 불가결한 근본이념에 구속받아야 한다. 형벌은 사회방위를 위한 최후의 수단이기에 사소한 불법성에 대해서는 굳이 형벌로 대응해야 할 정당성이 없는 것이다.

셋째로 형법 제20조의 '사회상규에 위배되지 아니하는 행위'는 형법 제21조 이하의 개별적 위법성 조각사유를 모두 포함할 수 있는 일반개념이라고 할 수 없다. 왜냐면 형법 제21조 이하의 개별적 위법성 조각사유는 각각 성립요건의 내용과 정도 그리고 인정 범위를 달리하므로, '사회상규에 위배되지 아니하는 행위'에 의해 위법성이 조각될 수 있는 침해의 정도와 범위가 동일할 수 없으며, 경우에 따라서는 그보다 심할 수도 있기 때문이다.

넷째로 '사회상규에 위배되지 아니하는 행위'의 허용범위는 개별적 위법성 조각사유로 인정될 수 없는 부분을 보충적으로 조정하는 성질에 그친다.

다섯째로 위법성 조각사유의 전제사실에 관한 착오에 빠진 피고인은 자신의 범법행위에 대해 형법 제20조 사회상규를 근거로 자기 행위가 위법성에 해당하지 않음을 주장할 수 있다. 왜냐면 형법 제16조 법률의 착오는 "자기의 행위가 법령에 의하여 죄가 되지 아니하는 것으로 오인한 행위는 그 오인에 정당한 이유가 있는 때에 한하여 벌하지 아니한다."라고 규정하고 있는바, 행위자가 형법 제20조 사회상규에 근거하여 죄가 되지 아니하는 것으로 믿었다면, 이 역시 법률의 착오에 해당하기 때문이다.

형법 제20조의 '사회상규에 위배되지 아니하는 행위'의 개념을 위와 같이 이해한다면, 대법원의 판결 가운데에는 다소

문제점을 찾아볼 수 있다. 예컨대 대법원은 "피고인의 범행은 … 불법 체포·구금으로 인한 신체에 대한 현재의 부당한 침해에서 벗어나기 위한 행위로서 그 행위에 이른 경위와 그 목적 및 수단, 행위자의 의사 등 제반 사정에 비추어 위법성이 결여된 행위라고 볼 것이다. 그렇다면 원심판결에는 정당방위 또는 정당행위에 관한 법리를 오해하여 판결에 영향을 미친 위법이 있다고 할 것이다."라고 판시하였고, 또한 "임신의 지속이 모체의 건강을 해칠 우려가 현저할 뿐더러 기형아나 불구아를 출산할 가능성마저도 없지 않다는 판단하에서 부득이 취하게 된 산부인과 의사의 낙태수술행위는 정당행위 혹은 긴급피난에 해당하여 위법성이 없는 경우에 해당된다."라고 설시하였다.

이와 같은 판례들을 살펴보면, 대법원은 개별적인 위법성 조각사유로 판단되는 사례들조차도 '사회상규에 위배되지 아니하는 행위'에 해당할 수 있다는 사고방식을 취하고 있다. 즉 대법원은 행위자의 행위가 개별적 위법성 조각사유에 해당할 수 있는 행위유형에 속하면, 그에 따라 개별적인 위법성 조각사유에 의해 처리할 뿐만 아니라, 또한 '사회상규에 위배되지 아니하는 행위'에 포섭되기 때문에 일반적인 위법성 조각사유에 해당할 수 있다고 판단한다. 그러나 대법원의 이러한 입장은 오해의 소지가 크다. 왜냐면 '사회상규에 위배되지 아니하는 행위'는 보편적이고 일반적 위법성 조각사유라고 이해하게 됨으로써, 형법 제21조 이하의 개별적 위법성 조각사유에 해당하는 문제까지 해결할 수 있는 기준으로 삼게 되어, 그 결과 개별적 위법성 조각사유의 검토는 중복된 작업이므로 불필요하다는 결론에 이를 수 있기 때문이다.

그런데도 위법성 조각사유의 전제사실에 관한 착오의 경우 행위자는 형법 제20 '사회상규 규정'에 근거하여 자신의 행위가 위법하지 않음을 주장할 수 있고, 이것이 받아들여진다면, 이와 같은 종류에 해당하는 법률의 착오에 빠진 행위자의 범법행위가 위법성이 조각될 수 있음은 물론이다.

제14장

형벌의 목적과 이로부터 파생된 원칙

2024년 11월 2일

국가는 개인이 삶을 영위하는 데에 불가피한 생명, 신체, 재물, 재산상 이익이나 가치 등에 대한 침해행위를 범죄로 규정한다. 그리고 이들에 대한 심각한 침해행위를 철저히 예방하기 위해서 국가의 형벌은 인간이 참기 어려운 정도의 처벌을 부과할 수 있다. 즉 형벌은 복수의 악순환에 대한 연결고리를 끊고, 더 이상 복수를 반복하지 않도록 하는 것이 그 일차적 목적이다(범죄 예방).

일정한 행위유형을 국가가 법률로 금지했음에도 불구하고 이를 무시하고 위법행위를 감행한 자에 대해서는 책임주의에 비례한 (복수에 버금갈 정도의) 고통을 그 범법자에게 되돌려주도록 하는 것이 다름 아닌 형벌이다. 어떤 범행에 대해서도 이러한 형벌을 통해, 범법자는 한편으로 처벌의 대상임을 국민에게 각인시키고, 다른 한편으로는 잠재적 범법행위를 미리 예방할 수 있게 한다(합리적 응보 관점 접목).

국가는 형벌권을 행사할 수 있는 유일한 주체이지만, 국가공권력은 현재 침해되고 있는 급박한 범행이나 위난의 현장에 즉시 달려가서 피해자를 곧바로 도와줄 수 없는 구조적 한계가 있다. 그럼에도 국가만이 급박한 범죄에 대한 방위권이나 퇴치권(退治權)을 행사할 수 있다면, 피해자는 돌이킬 수 없는 위험에 처하게 된다. 이와 같은 긴급한 상황이라면 국가는 범죄 피해자에게 복수에 버금가는 정도의 자력구제 방식인 정당방위나 긴급피난 등을 행사할 수 있도록 허용해 주어야 했다(정당방위나 긴급피난의 생래적 기본권). 오늘날 이러한 정당방위 등의 긴급권을 윤리적으로 제한할 수 있는지 여부는 논란을 낳고 있다. 정당방위 등의 행사가 윤리적 이유에서 제한하는 것이 정당할까? 일부 학자들은 그렇게 할 수 있다고 본다. 그런데 이러한 입장이 타당하려면 정당방위 등은 인간의 천부적인 자연권에 속한다고 할 수 없고, 국가의 시혜적 혜택이라는 관점에 서 있을 때라야 한다. 그러나 개인에게 주어진 정당방위나 긴급피난에 관한 긴급권의 행사가 국가의 시혜적 혜택이라는 입장에 동의하기는 어렵다. 그 이유는 다음과 같다. 형벌권은 사적 복수의 대안으로서 국가의 탄생과 함께 탄생한 것이기에 후천적이다. 게다가 국가형벌권은 언제 어디서 전면적으로 모든 사적 복수를 금지할 만한 법익 보호의 방위 능력이 없다. 개개인이 범법자로부터 부당한 범행에 급박하게 노출되었을 때, 국가공권력은 그 피해자를 위해 침해 즉시 방위할 수 있을까? 아니 그럴 수 없다. 바로 이 지점에서 각 개인은 즉시 일정한 요건 아래 이들 위험을 회피할 수 있도록 정당방위나 긴급피난을 할 수 있어야 한다. 따라서 정당방위 등의 권한은 국가가 베푸는 시혜적 혜택의 산물일 수 없고, 오히려 천부적인 자연권의 일종으로 이해되어야 한다. 그러므로 국가는 개인에게 부여된 정당방위를 윤리적 이유로 제한하지 말아야 할 것이다.

또한 중대한 범법행위로 법익 침해를 당한 피해자는 그 피해에 대한 예방의 책무를 지닌 국가로부터 충분한 보상을 받을 수 있어야 한다. 왜냐면 국민 개개인이 사적 복수를 대신해 형벌권을 국가에 이전 또는 위임했기에 피해가 발생한 경우 그 실질적 보장은 국가의 책무에 해당하기 때문이다.

오늘날 국내에서 발간된 대부분의 형법 교과서를 보면 형벌의 제1차적 목적이 무엇인지를 물으면서 그것은 범죄를 범했기에 그에 대한 응답으로써 응보에 있다고들 한다. 특히 이재상 교수가 그렇다. 그러나 무엇 때문에 그것이 제1차적이어야 하는지에 관한 자세한 언급은 드물다. 형벌이란 사적 복수로 야기되는 사회 혼란의 악순환이 되풀이되는 것을 막고자 중요한 법익 침해 행위에 대한 복수에 준하는 엄중한 고통을 부과하는 국가권력의 행사이다.

그러므로 형벌은 사적 복수를 대신하여 법익 침해 행위를 예방하도록 함으로써 사회방위를 하려는 목적을 가지고 있다는 점에서 형벌의 제1차적 목적은 응보가 아니라 범죄 예방에 있다고 말해야 한다.

물론 그런데도 행위자가 형벌로 금지하는 법규범의 침해, 즉 범죄를 범했다면 그 행위자에 대해서는 사적 복수에 버금갈 정도의 고통을 수반하는 벌칙을 가해야 한다. 이 경우 그것은 사적 복수와는 전적으로 다른 형태인 사전에 범행으로 명시되고, 이에 걸맞은 처벌을 규정한 죄형법정주의와 적법절차에 따라 부과되고 집행되어야 한다. 형벌은 복수에 상응하는 고통을 반드시 수반해야 할 필요성은 없지만, 책임주의에 걸맞은 고통의 부과, 다시 말해 형벌은 가해자가 피해자에 대한 범행의 책임이나 그 범행에 대한 비난가능성의 정도와 비례해야 한다. 그리고 책임의 개별화와 성향의 다양성이 인정되고 있는 오늘날에는 재범을 예방하고 사회 복귀에 최적화된 처벌이 요구된다. 다만 그렇다고 하더라도 행위자 책임의 범주를 벗어나는 형벌의 부과는 부당한 것이다. 따라서 책임주의에 입각하는 형벌의 부과는 형벌의 제2차적 목적에 불과하다.

제 15 장

예비·음모에 대한 형사처벌과 사상형법의 극복

2010년 10월 10일

2025년 7월 2일 보충

"누구도 생각만으로는 처벌되지 아니한다(Nobody should be punished for his thoughts)."라고 하는 사상은 지금으로부터 2000년 전, 로마의 법언에서도 나타난다. 이러한 사상은 오늘날에도 여전히 설득력을 갖는다. 그래서인지 1994년 3월부터 시행된 프랑스 개정형법은 범죄의 음모나 예비에 대한 처벌을 원칙적으로 삼가고, 오직 '헌정파괴음모(憲政破壞陰謀)'에 대해서만 처벌하고 있다.[18)]

18) 프랑스 형법 제412-2조는 '헌정파괴음모'의 죄를 두어 유일하게 음모를 처벌하고 있다(프랑스 형법, 2008년 법무부 발행, 166쪽). 그 밖에도 현행 프랑스 형법 제212-3조는 '반인륜적 행위 목적의 단체조직'을 처벌하여 실질적으로 반인륜적 범죄의 준비를 위한 모의행위 자체를 처벌하고 있다. 그러나 프랑스 형법은 단순한 개인적 법익침해범이나 사회적 법익침해범에 대해 음모뿐만 아니라 예비조차 처벌하지 않고 있다.

이에 반해 1953년 우리 제정형법(이하 형법)은 '범죄의 예비뿐만 아니라 음모'까지 처벌하고 있으며, 형법의 범죄유형 42개 가운데 약 30%에 해당하는 12개의 유형에 예비와 음모를 처벌하는 규정을 두고 있다. 이는 대륙법계의 국가에서 그 유례를 찾아볼 수 없을 정도이다. 여기서 '범죄의 음모'란 2인 이상이 범죄를 작당(作黨)하는 것으로, 이는 2인 이상이 범죄를 범하겠다는 의사(意思)의 합일(合一)에 불과하다. '범죄의 예비'란 범죄를 실행하겠다는 마음을 넘어서 범죄의 실행 준비 단계를 뜻한다. 범죄의 미수 단계인 실행의 착수 이전까지의 준비 단계이다.

한편 모든 국민에게는 헌법상 보장된 사상과 표현의 자유가 있다. 사상과 표현의 자유는 자유민주주의 국가 형성의 근간이기에 누구라도 예외 없이 향유할 수 있어야 하며, 타인의 권리를 침해하지 않는 한 충실히 보장되어야 한다. 이를 위해 기본권의 본질적 내용을 침해할 수 없음을 헌법 제37조 제2항은 명시적으로 규정하고 있다.

물론 사상이나 표현의 자유가 무조건 모두 헌법상 허용될 수 있는 것은 아니다. 인간의 존엄을 본질적으로 침해하는 전제주의나 반인륜적 행동강령을 요구하는 사상은 헌법상 허용될 수 없고, 형법상으로도 금지되어야 하기 때문이다.[19] 그러

19) 국회의 입법형성권의 내용과 한계에 관해 자세한 것은 헌법재판소 1989. 9. 8. 89헌가6 결정(헌집 1), 199쪽.

므로 어떤 사상의 표현이 형사처벌의 대상이 되려면, 한편으로 그러한 표현행위가 타인의 보호법익을 침해할 정도로 범죄 불법성의 실질을 갖추어야 하며, 다른 한편으로 금지된 범죄행위가 무엇인지 죄형법정주의의 명확성 원칙에 따라 구체적 구성요건의 표지로 기술되어야 한다.[20]

이러한 관점에서 볼 때 범죄의 음모나 예비 모두 기껏해야 범죄의 미수 단계에조차 해당하지 않는 범죄 실행의 착수에 도달하기 전 단계의 행동에 불과하다. 이러한 단계까지의 행위는 타인의 보호법익을 침해하거나 위태화함으로 인하여 가벌성이 긍정되는 행태와는 거리가 멀다. 뿐만 아니라, 범죄의 음모나 예비는 통상 일상생활과 외형상 본질적 차이를 구분하기 어렵다. 특히 범죄의 음모는 내심의 마음의 합치라는 점에서 외부에 표현되어야 하는 것도 아니다. 그렇다면 범죄의 음모에 관해서는 명확성의 요건을 확인하기 어렵다. 아울러 범죄의 예비 역시 일상생활에서 이루어지는 통상적 행위와 밀접하게 관련될 수 있기에 처벌할 범죄의 예비와 생활관계의 행동을 본질적으로 구분하기가 쉽지 않다. 이러한 요인으로 인하여 범죄의 음모나 예비를 처벌한다는 것은 죄형법정주의에 반할 우려가 크다. 따라서 범죄의 예비와 음모, 특히 범죄의 음모에 대해 형벌을 굳이 부과해야 할 불가피함과 정당성이 있는지는 형법의 최후수단성에 비추어 볼 때 지극히 의문이다.

20) 헌법재판소 1996. 12. 26. 93헌바65 결정(헌집 8-2), 785쪽 참조.

게다가 인간의 내심(內心)의 의사에 가까운 '음모'는 관련자의 자수가 없으면 파악할 수 없다. 따라서 수사기관은 '음모'의 여부를 확인하기 위해 고문 등 금지된 수단을 사용하려는 경향이 강하며, 만일 고문 등에 의해 강제로 이를 파악하게 되면 고문 금지 위반 등 적법절차를 어기는 것이 된다.

형법은 총칙 제28조에서 예비와 음모 행위에 대해 법률상 처벌 규정을 둔 경우에 국한하여 처벌할 수 있도록 하고 있다. 이와 달리 독일, 스위스, 오스트리아와 일본은 예비나 음모에 관한 규정을 총칙에 두고 있지 않다. 이들 국가는 한국보다 범죄의 음모에 대해 형벌 부과를 근본적으로 자제하거나 극도로 제한적인 경우로 국한하고 있다.

형법총칙에서 예비·음모를 처벌할 수 있도록 명시하고 있다는 것은 형법총칙의 성격상 예비·음모의 처벌이 예외가 아니고, 원칙이라는 점과 다를 바 없다. 형법의 이러한 태도는 언론과 표현의 자유를 보장하고, 그 본질적 내용을 침해할 수 없다는 헌법의 규정에 반할 수 있다. 따라서 형법상 예비 이전의 단계인 단순한 음모만은 처벌에서 제외되어야 마땅하다. 또한 예비죄 역시 공공질서를 위해 최소한에 그쳐야 할 것이다.

제 16 장

형사정책적 관점에서 사형제도 폐지의 정당성

2025년 5월 7일

형사정책적 측면에서 사형제도를 폐지해야 할 이유는 다음과 같다.

첫째로 사형제도의 존치가 범죄의 예방과 억제에 최선의 효과적인 방법일 수 없다는 점이다. 예컨대 자기가 사형을 받게 될 것이라는는 충분한 계산 아래에서 살인을 저지르는 경우는 지극히 예외적이다. 대체로 살인행위의 75% 이상은 취한 상태에서 흥분하여 우발적으로 범해지기 때문이다. 이처럼 대부분의 살인은 술에 취했거나 자제 능력의 저하로 인한 감정 폭발 등 인간의 인격성이 미약한 상태에서 저질러진다.

비록 계획적으로 범행했다고 하더라도 그는 살인에 대해 부과되는 형벌이 사형이라는 사실을 최우선으로 예상하거나 고려하지 않으며, 범행 후 어떻게 하면 수사망에서 벗어나 처벌을 면할 것인지 그 방법을 더 우선으로 생각한다. 때문에 사형이란 형벌이 가져다 주는 흉악범죄에 대한 예방이나 억제효과는 미미한 것이고, 그보다는 오히려 범죄를 저지르면 반드시 잡혀 법의 심판을 받게 된다는 의식을 심어 주도록 철저하고 빈틈없는 수사가 더 효과적인 것이다.

더욱이 종신형만 있고 사형제도가 존재하지 않는다고 해서 계획적인 흉악범죄의 빈도가 늘지는 않는다. 왜냐면 종신형을 각오하고 살인한 자는 실질적으로 죽음을 각오하고 살인한 경우가 십중팔구이기 때문이다.

그렇다면 오늘날 우리 사회에서 근절되지 않고 있는 흉악범을 예방하기 위해서 사형제도를 존치해야 할 필요가 있다는 여론의 형성은 막연한 억측에서 비롯된 것이지, 경험과학적 근거를 토대로 한 것이 아니다. 만일 사형제도가 가져다 주는 모든 역기능과 순기능을 충분히 교양하고 계몽한 후에 여론조사가 이루어진다면, 그 결론은 정반대가 될 가능성도 크다. 게다가 사형의 대체형벌로 절대적 종신형으로 처벌할 수 있도록 한다면, 그래도 사형제도를 존치해야 한다는 견해는 40%에도 못 미친다는 여론조사가 있다. 사형제도를 폐지하고 절대적 종신형을 가하더라도 살인 등 중범죄자가 실질적으로 증가하지 않고, 안정적으로 치안이 유지되고 있음을 외국의 수많은 사례에서 확인할 수 있다. 이러한 사실은 중범죄의 억제를 위해 사형제도가 불가피한 형벌이 아님을 입증하는 것이다.

둘째로 사형이 범죄 피해자 측에 일시적인 보상 감정을 줄지는 모른다. 하지만 집행을 당하는 자에게는 비인간적이고 야만스럽기 짝이 없는 잔인하고 가혹한 정신적, 육체적 고통을 가하는 것이 된다. 더욱이 그 직계존비속에게도 이들의 생애 동안 가슴을 후비는 상처를 남긴다. 형벌은 죄를 범한 본인에게만 미쳐야지 당사자가 아닌 부모와 형제, 배우자, 자녀 등 가족에게까지 인간적으로 참을 수 없는 고통을 가져다 주는 것은 결국 '형벌의 연좌제'와 다를 바 없다.

셋째로 형벌의 주된 목적 가운데 하나는 장래 일어날 수 있는 잠재적 범죄의 예방뿐만 아니라, 범인 당사자도 다시는 죄를 짓지 못하도록 하려는 데 있다. 그러나 어떤 범죄에 대해서도 범인에 대한 재사회화의 관점 없이 오직 응보나 일반 예방적 관점에서만 형벌을 내려서는 안 된다. 왜냐면 형벌의 목적에서 요구하는 책임형벌, 일반예방형벌 및 재사회화를 위한 형벌이라는 세 가지 요소는 범죄를 오직 범죄자 개인의 책임으로만 제한하지 않고, 정상적인 일반인도 위급 시에는 동물적인 속성을 극복하기 힘들며, 모든 인간은 생리적으로나 정신적으로 언제나 성숙하고 무결한 존재가 아니라는 점에 기초하고 있기에, 형벌에 있어서 재사회화의 관점은 불가결한 것이다. 그러나 사형은 형벌의 목적에서 볼 때도 특별예방적 관점이 철저히 배제된 것이므로, 극복되어야 할 것이 마땅하다.

넷째로 사형은 사형당한 당사자가 무고할 경우 그 오판을 바로잡을 기회를 박탈한다. 6·25전쟁 당시에 있었던 '한강교 폭파 사건'[21]에 관한 오판은 무고한 자의 희생을 강요하였다. 시간이 흘러 오판임이 밝혀졌지만, 그로 인해 희생된 사람의 생명은 되돌릴 수 없었다.

다섯째로 사형제도는 사법살인을 낳게 하는 근원이다. 국내에서 오판을 넘어 의도적인 사법살인에까지 이르렀던 '인혁당재건위 사건'도 그러했다. 모진 고문을 통해 사실관계를 조작했던 경찰과 검찰 그리고 조작된 범죄사실을 알거나 알 수 있었음에도 절대권력에 충성하고자 사실관계를 고의로 왜곡하고, 관련 법률도 고의로 왜곡 적용하면서 피고인들에게 사형이 선고되었다. 대법원에서 사형이 확정되자 다음 날 아침 전격적으로 이들에 대한 사형이 집행되었다. 사법살인의 주범은 하급심에서는 물론 대법원에 이르기까지 재판에 관여한 판사들이었고, 사건을 기소했던 자들 역시 사법살인의 공범이었다. 또한 집행을 명령했던 당시 법무부 장관도 살인에 한몫했다. 그 밖에도 조봉암(曺奉岩)에 대한 사법살인 역시 사형의 존치가 빚어낸 비극이었다. 따지고 보면 사형제도가 존치했기에

21) 1950년 6월 25일 이른 새벽, 남침을 개시한 북한은 문산과 파주 쪽에서 밀고 내려왔고, 수색 쪽으로 다가서면서 그중 일부가 김포를 향하여 한강을 넘어올 채비를 갖추었다. 당시 육군참모장 채병덕(蔡秉德) 소장은 북한군의 전차가 서울 시내로 들어왔다는 보고를 받고, 공병감인 최창식(崔昌植) 대령에게 한강교를 폭파하도록 명령하였다. 6월 27일 오후부터 폭파 준비를 마친 뒤 기다리고 있던 육군공병학교의 작업조는 공병감 최대령의 명령이 떨어지자, 이에 응하여 한강에 설치된 3개의 철교와 1개의 인도교를 폭파하였다.

가능했던 사법살인이었다.

여섯째로 독재정권의 유지에 도움을 주는 제도이다. 우리나라에서 사형제도는 권위주의 정권이 그들에 저항하는 민주적 인사를 탄압하는 도구로 악용되었다. 예컨대 이승만 정권에서부터 시작된 이러한 악행은 박정희와 전두환 정권으로 이어졌으며, 자유와 민주주의를 목청껏 부르짖었던 무고한 사람들에게 사법을 이용한 살인을 합법화하는 수단으로 교묘하게 변조했던 역사적 사실을 우린 결코 잊어서는 안 될 일이다. 그 역사의 수레바퀴를 멈추기 위해서라도 사형제도는 이 땅에서 이제 완전하게 사멸되어야 할 것이다.

제 17 장

1905년 제정된 형법대전과 죄형법정주의

2025년 1월 10일 보완

홍범14조(洪範十四條)[22]의 제13조에 근거하여 1905년 형법대전(刑法大全)[23]이 제정되었다. 이 법전은 종래의 편찬 형식이었던 육분주의(六分主義), 즉 육조(六曹)[24] 관부(官府)의 소관 사항을 기준으로 한 분류 방식을 극복하고, 근대형법의 편찬 방식인 단일법전 형식을 취해 범죄의 성립 및 형식의 종류에

22) 1895년 1월 7일(음력 1894년 12월 12일)에 선포된 것으로 청으로부터 자주독립, 근대적인 정부 운영, 왕실의 사무와 국정의 분리, 조세법정주의, 재정일원화와 예산제도의 확립, 지방 관제 개정, 인재 등용 확대, 죄형법정주의와 인민의 생명·재산 보호 등 근대적인 통치 방침의 근간을 세운 개혁강령으로 불완전하나마 우리 역사에서 최초의 근대적 헌법으로 평가되기도 한다.

23) 1905년 5월 29일 반포된 형법대전은 국한문 혼용체로 명시되었고, 5편 17장 680조로 구성되었다. 형법대전의 제정은 갑오개혁 당시 신식법률반포(新式法律頒布)의 예고에 유래한 것이며, 1895년(고종 32) 1월 17일, 국민에게 선포한 「홍범14조」의 한 내용인 '민법·형법 엄명제정(嚴明制定)'의 구체화 작업의 일환이었다.

24) 육조(六曹)는 이조·호조·예조·병조·형조·공조를 일컫는다.

관한 총칙 규정을 명시하고, 이에 기초하여 각 범죄에 대한 형벌 규정을 전개한 것이다. 형법대전은 대명률의 전근대적 체계를 극복하고, 근대적 체계로 수용된 최초의 체계적이고 독자적인 형법전의 모습을 담았다. 따라서 형법대전은 개혁적 형법전이자, 조선시대에 통용되던 육분주의 법전을 극복한 최초의 형법전이라고 말할 수 있다.

그럼에도 형법대전은 대명률의 범죄구성요건을 적지 않게 차용(借用)했기에, 대상 범죄에 대한 규율방식이 매우 구체적이고 세부적이어서 구태를 완전히 벗어나지 못했다. 예컨대 살인죄에 대한 형법대전의 처벌규정[25]은 1953년 제정된 형법보다 훨씬 많으면서도 처벌의 사각지대는 광범위하게 존재한다. 게다가 법관의 재량 여지없이 고정된 법정형 때문에 범죄의 불법성과 책임에 비례하는 적정한 양형이 구현될 수 없는 경우가 발생할 수밖에 없었다. 이러한 현상은 비단 살인죄에만 국한되지 않았다는 점에서 다음과 같은 문제이 발견된다.

첫 번째 문제점은 범죄구성요건이 지나치게 구체적이고 지엽적이라는 것이다. 이는 한편으로 법관에 대해 재판에서의 재량의 여지를 없앨 수 있어 죄형법정주의를 철저히 할 수 있는 면이 있지만, 다른 한편으로는 대상 사건에 적용될 타당한 법률 조항이 없는 경우가 야기될 수 있다. 즉 어떤 행위자가

25) 형법대전에서 살인죄 관련 조문은 제473조부터 제510조까지 총 37개의 구성요건으로 나열되어 있다.

살인하였지만, 피살자의 자책에 의한 경우나 피살자의 지나친 권한 남용을 막기 위해 혹은 다소간의 과잉방위나 과잉피난에 의한 살인의 경우에 적절하게 대응할 수 있는 형벌규정이 충분하게 마련되어 있지 않다. 아울러 촉탁이나 승낙에 의한 살인이나 살인 방조에 대해서도 형법대전은 말이 없다. 또한 형법대전에 명시되지 않은, 아예 아주 특이한 방법으로 살인할 때 처벌할 정조(正條)가 없을 수 있어 처벌의 사각지대가 발생하게 된다.

두 번째 문제점은 대상 범죄에 관한 형벌의 고착성이다. 어떤 범죄를 범한 자라도 행위 동기나 수단 또는 행위 방법을 비롯하여 가해자와 피해자의 관계 등 다양한 양형 요소들을 고려하여 선고형을 산정해야 마땅함에도, 형법대전은 법정형을 아예 선고형으로 고정시켜 놓았다.

형법대전은 이처럼 지나치게 세분화된 범죄구성요건과 이에 상응한 고정된 법정형만을 규율하고 있다. 물론 형벌을 양정(量定)하는 데에 있어서 사면이나 감형을 할 수 있는 규정을 두고 있기에,[26] 어느 정도 적정한 양형의 구현을 할 수 있는 여지가 있기는 하다. 그럼에도 모든 법정형이 원칙적으로 고정되어 있어 정상에 따른 적정한 양형을 가하기 어렵게 되어 있다.

이와 같은 문제는 모든 범죄에 대해 명확성을 해치지 않은 범위 내에서 범죄구성요건을 일반화하고, 그 법정형의 폭

26) 형법대전 제138조 이하 참조.

을 넓혀 법관으로 하여금 적정한 양형을 선택할 수 있도록 하였다면 상당 부분 해소할 수 있었을 것이다. 아니면 형법대전의 입법자가 모든 범죄에 대해 모든 경우의 수를 전부 체계적으로 정리하고, 이에 걸맞게 법정형을 정비했다면 역시 인율비부(引律比附)[27]를 피할 수 있었을 것이다. 그러나 죄형법정주의의 사상이 완전히 깃들지 않았던 당시의 사정으로 볼 때 이것은 거의 불가능해 보인다.

따라서 형법대전은 그 한계를 극복하기 위해 일정한 절차와 방법을 통하여 인율비부에 따라야 할 필요성에 봉착할 수밖에 없었고, 또한 인율비부에 의해 해결될 수 없는 처벌의 사각지대를 해소하기 위해 불응위율(不應爲律)[28]에 의한 처벌 규정을 두었다.

그래서 각종 범죄를 지나치게 세분화된 범죄구성요건으로 규율한 방식의 문제점을 해결하고자 유사한 범행에 대해 유추해석을 가능하게 하는 인율비부를 채택하였다. 그러나 인율비부라는 유추해석의 허용은 형법의 적용 대상과 범위에 대한 행위자의 적법행위 기대가능성을 토대로 한 책임주의를 희생하고, 재판관의 자의에 따라 처벌될 수 있다는 점에서 형법상 책임주의에 배치되는 용납될 수 없는 문제점이 나타난다. 형

27) 어떤 죄가 율문(律文)에 정한 조문이 없을 때, 사정과 조리를 고려하여 비슷한 조문과 서로 비교하여 더할 것은 더하고 뺄 것은 빼서 죄를 정하는 것.

28) 율령(律令)의 조항에 없는 범죄를 다스리던 규정으로 형법대전 제678조에 명시되어 있다.

법대전은 바로 이러한 책임주의 희생을 최소화하기 위해 인율비부의 허용을 다음과 같은 세 가지 방식으로 제한하였다.

첫째로 사형을 가할 수 있는 범죄에 대해서는 인율비부를 할 수 없도록 하였다.

둘째로 재판의 주체가 인율비부를 무조건 할 수 있는 것이 아니라, 당해 사건에서 적용할 정조(正條)가 없음을 확인하고, 당해 사건을 처리하는 데에 가장 적합한 조문을 찾아 그 조문으로 처결하는 것이 정당한 것인가를 상부에 보고하여 그 지시에 따라 처리하도록 하였다.

셋째로 재판의 주체가 자의(恣意)로 인율비부를 할 경우, 법 왜곡행위로 형사처벌의 대상이 되었다.

그런데 형법대전의 인율비부를 현대적 죄형법정주의에 대비하여 볼 때, 무조건 비난만 할 수 있는 것은 아니라고 생각된다. 왜냐면 오늘날 죄형법정주의는 범죄 성립에 관해 나름의 그 원칙이 지켜지고 있지만, 양형의 경우 범죄와 형벌의 상관관계는 언제나 철저한 균형을 이룬다고 말할 수 없고, 오히려 법관의 개인적 판단에 따라 상당히 다를 수 있음을 수없이 보아왔기 때문이다. 그런데도 인율비부를 허용하고 있는 형법대전은 결과적으로 행위자의 적법행위에 대한 예견가능성을 적지 않게 훼손했고, 이 때문에 형법상 책임주의는 지나치게 희화되었다.

한편 형법대전 제678조는 불응위율(不應爲律)에 의한 처벌 규정[29]을 둠으로써 선량한 풍속이나 사회상규 혹은 조리에 반하는 사회적 일탈행위에 대해 개괄적으로 처벌할 수 있는 규정을 두었다. 그 결과 반윤리적인 행위를 감행하거나 조리나 사회상규 혹은 선량한 풍속에 반하는 사회적 일탈행위를 형벌로 처벌할 수 있도록 하고 있다.

이처럼 형법대전은 인율비부와 불응위율을 허용하였다는 점에서 현대적 의미의 죄형법정주의 원칙을 무색하게 했으며, 현대적 형법전으로서 필요·충분한 성격을 온전히 갖추지 못했다는 비판을 면하기 어렵다.

29) 응위(應爲)치 못한 사(事)를 위한 자는 태(笞) 40이며, 사리(事理)가 중(重)한 자는 태(笞) 80에 처함이라.

제18장

일본 형법학에 관한 약간의 문제 제기

보아소나드(Boissonade)가 1876년 메이지[明治] 법부 초청으로 일본에 도착한 이래 그의 도움으로 1882년 일본은 근대 형법전(구 형법전)을 제정하게 되었다. 서구의 형법학 이론과 사상이 그에 의해 일본에 소개된 지도 어언 145년 이상의 긴 세월이 흘렀다. 그로 인해 축적된 형사판례와 형법이론이 넘쳐나게 되었고, 일본의 주변국, 특히 대만과 만주국 그리고 한국에 직·간접적으로 큰 영향을 미쳤다. 일본에서 형사법의 전문연구자는 법조 실무자를 제외하고도 2025년 현재, 800~900여 명 내외로 추산된다.

한국에서 근대 형사법의 최초는 1895년 '재판소구성법'이다. 이 법은 일본의 전례를 답습한 것으로 이미 이 시점에 일본의 직·간접적 영향 아래 근대적 형사법과 형법학이 형성되기 시작했다. 특히 일본인 법부 고문관 노자와 케에이치(野澤雞一)

는 1897년 서구적인 형법전의 모습으로 조선에 적용될 '형법초안'을 탈고했다. 이 '형법초안'은 실정법으로 제정되지 않았지만, 근대 형법전에 유사한 1905년 형법대전의 내용 형성에 크게 영향을 끼쳤다. 왜냐면 형법대전은 기존 대명률 체계의 법전, 즉 종래의 법전 편찬 형식이던 육분주의[六分主義: 육조(六曹) 관부(官府)의 소관 사항]를 기준으로 삼았던 분류 방식을 탈피하고, 근대법의 편찬 형식, 즉 단일법전 안에 범죄의 성립 및 형식의 종류에 관한 총칙 규정을 두고, 그에 기초하여 각 범죄에 대한 형벌규정을 전개했기 때문이다. 비록 형법대전의 핵심 내용 가운데에는 죄형법정주의를 무시하는 불응위율이나 신체형을 두고 있다는 점에서 현대적 의미의 형법전과는 거리가 멀긴 하지만.

그사이 일본은 1871년 독일제국 형법전을 모델로 1907년 신형법을 제정하고, 이듬해부터 시행되었다. 일본의 이 신형법(1908년 시행)은 1910년 강제 합병된 조선에서도 1912년부터 적용되었기 때문에, 일본 형법 자체가 우리에게 끼친 역사는 110년 이상을 넘었다. 게다가 극히 일부이기는 하지만 1900년대 초부터 일본을 통하여 근대 형법이론과 형법사상을 습득한 한국인 학자들도 있었다. 특히 장도(張燾)는 일본의 형법학을 한국에 소개하는 데 적극적이었다.

그러나 근대적 의미의 한국 형법전이 우리 손으로 처음 성안·제정된 것은 1953년이고, 2025년 현재의 시점에서 볼 때

이는 70여 년이라는 비교적 짧은 역사를 지녔다. 이에 더해 한국에서 형사전문의 법조인을 제외하고 형법학자는 아직 300명을 채 넘지 않는 실정이다.

일본 법원에 의한 형법 판례의 축적과 일본 형법학계의 형법상 제반 문제에 대한 논문은 양적인 차원에서 한국과 비교될 수 없을 만큼 괄목할 수준에 이르러 있다. 논문의 양적 차원에서 볼 때 일본은 독일과 견주어도 뒤지지 않는다고 할 것이다. 독일어권의 형사법학자도 최근 일본의 전문가 숫자에 미치지 못하는 형편이다. 사정이 이렇다면 일본 형법학은 한국을 비롯한 외국에 비해 그 나름의 독자성과 우월성을 확보하고 있다고 할 수 있다. 또한 형법상 각종 문제에 대해 우리보다 정치(整治)한 해결을 제시하는 일본 판례와 논문들이 많은 것도 사실이다.

그러나 한국에서 형사법을 전공하는 사람의 관점에서 볼 때, 일본 형법학에는 몇 가지 아쉬운 점이 눈에 띈다. 작금의 시점에서 일본은 한국보다 훨씬 오랜 근대형법에 역사적 기반을 두고 있고, 유럽에서 근대형법의 계수와 함께 그곳에서 연구한 형법학자도 적지 않았기에, 일본에서의 형법이론학과 형법입법론 및 형법사상은 한국을 비롯하여 아시아를 선도할 수 있어야 했다. 그럼에도 일본 형법학의 현주소는 다른 국가를 선도하기보다 국내용이라는 한계를 벗어나기 어려워 보인다. 몇 가지 사례를 들어 살펴보자.

1. 모든 형법상 출발점은 행위론에서부터 시작되어야 한다. 그런데도 일본에는 누구도 독자적인 형법상 행위론을 추구하지 않으며, 그래서 독자적인 행위론을 갖추고 있지 않다. 더구나 독일의 행위론은 행위주체와의 관계를 단절하고, 형법상 고유한 행위 개념이 전제되어야 한다는 믿음이 정확한 것인지 의문인데도 말이다. 게다가 형법 해석에 충실한 행위론에 관해 깊이 고민한 흔적도 찾아보기 어렵다. 행위론에 관해 그 실익이 무엇이냐고 하는 물음조차 찾아보기도 쉽지 않다. 모든 범죄는 형법상 행위 개념에서 비롯되며, 범죄의 수사도 형법상 행위가 존재해야 비로소 착수할 수 있고, 구성요건에 해당하는 행위, 위법한 행위 그리고 책임을 부담하는 행위조차도 행위 개념을 전제하고 있는데도 말이다. 이런 점에서 형법상 행위 개념이 무엇인가를 명백히 밝혀야 할 필요성이 대두된다.

일본의 학자들은 이 문제에 대해 무관심하거나 아니면 독일 이론을 단순 모방하는 데 그치고 있다. 게다가 대부분의 학자는 독일에서 주장되고 있는 사회적 행위 개념을 따르고 있다. 오늘날 사회적 행위 개념의 대표인 록신(Roxin)은, "형법상 행위 개념은 가치 개념의 중립성, 행위와 비행위 여부의 한계성 그리고 상위개념의 기능을 모두 갖추어야 한다."라고 주장한다.

그러나 록신의 주장은 사회적 행위 개념의 정의에 걸맞지 아니한다. 왜냐면 사회적 행위 개념에 따르면 한편으로 형법상 행위 개념은 전(前)구성요건적 행위여야 하고, 그런 행위 개념은 가치중립적이어야 한다고 주장하면서, 다른 한편으로는 형법상 행위 개념이 사회적으로 의미 있고 중요해야 한다는 것이 되어 서로 배치되기 때문이다. 그래서 록신의 입장이 아직도 일본에서 적지 않은 영향력을 보이는 것은 다소 의아해 보인다.[30] 형법상 행위란 단순한 존재론적 차원에 머물 수 없고, 사회적 일탈행위로서 구성요건에 해당할 만한 가능성을 가져야 한다. 그래야만 부작위도 형법상 행위 개념으로 파악할 수 있다.

더욱이 형법상 행위론의 실익은 행위주체의 범위를 확정하는 데 기여한다. 또한 형법상 행위는 행위주체와 밀접한 관련 속에서 찾아야 한다. 행위주체는 원칙적으로 사안을 장악하고 그것을 조정하거나 장악할 수 있는 능력을 전제한다. 특

30) 2009년 일본 형사법학회가 주최하여 500여 명의 형법 교수가 모인 도쿄대회의 자리에서 록신(Claus Roxin) 교수가 기조 발제자로 나섰다. 그는 형법상 기본원칙에 관해 널리 알려진 지극히 원론적인 얘기에 치중했고, 어떤 도쿄대 교수가 그의 행위론에 관한 비판적 질문을 하자, 이를 피하면서 자신의 행위론에 걸맞은 구체적 사례에 합당한 경우를 설명하는 것에 그쳤다. 록신의 행동은 비열해 보였다. 한편으로 자신의 Habilitation인 "범죄와 범죄지배(Täter und Tatgeherrschaft)"의 핵심 내용은 '정범이 되기 위해서는 사안을 장악하고 조정할 수 있는 능력자'로 파악하고 있는바, 이는 벨첼(Hans Welze)l의 목적적 행위론과 본질적으로 동일한 것이고,벨첼의 입장을 차용한 것에 불과하다. 게다가 사회적 행위론은 전구성요건적 행위이고 중립적이어서 가치를 갖지 않는다고 주장한다. 그러나 사회적인지 여부는 이미 가치적이라는 점에서 딜레마에 빠진 이론이다. 그럼에도 일본의 학자들은 더 이상 그 문제에 추궁하지 않았다. 게다가 일본 형법학자들은 그들의 고유한 행위론을 축적한 것으로도 보이지 않았다. 왜 일본은 자신들의 형법학에 관해 고유한 정체성을 무엇이라고 말하지 않는 것일까 하는 의문이 일어났다.

히 정범이 그렇다. 그렇다면 행위능력은 원칙적으로 행위주체가 될 수 있는 자격을 말하는 것이다.

필자는 형법상 행위를 '자신의 태도나 행동을 목적적으로 지배하거나 조종할 수 있는 인간이 사회적으로 회피했어야 할 위험을 야기하는 일탈행동'이라고 본다.[31)]

2. 형법의 기본원리는 책임주의에 철저해야 하고, 또한 책임을 기초로 삼아야 한다. 그런데도 인간은 무엇 때문에 책임을 지는가에 대해 한국뿐만 아니라 독일이나 일본의 학자들은 합리적인 근거도 없이 '달리 선택할 가능성을 가진다는 논거'로 의사(意思)의 자유를 의제(擬制)하고 있다. 이러한 전제는 올바르다고 할 수 없다. 인간의 사회적 일탈행위에 대한 형사책임의 근거는 다음과 같은 이유에서 찾을 수 있다.

① 우리가 책임의 전제로서 "자유의사가 인간의 육체, 특히 뇌의 구조 및 그 역할과 무관하게 존재하느냐?"라는 식으로 묻게 된다면, 이는 잘못된 질문이어서 올바른 대답을 할 수 없

31) 이에 관한 자세한 연구로는 필자,의 "형법상의 행위개념의 재구성', 『형법연구 Ⅰ』, 1쪽 이하: 한국 형법이 전제하고 있는 인간상은 과학적 지식에 기초하여 일정한 목표를 세워 그 목표를 실행할 수 있을 뿐만 아니라, 그러한 목표의 실행으로 야기되는 부수적인 제반 사정까지 일정한 범위에서 예견하여 그것을 회피할 수 있는 능력자이며, 더 나아가서 자기의 활동 범주에서 빚어진 결과에 대하여 사회적 책무를 부담하는 인격자이다. 그렇기에 형법상의 의미 있는 행위를 할 수 있는 능력자는 인간 모두가 포함되는 것이 아니라 목적적 행위지배가 가능한 인격 있는 행위능력자로 국한해야 한다. 이러한 능력자에는 자기가 목적하는 바를 실현할 수 있을 뿐만 아니라, 그 행위로 부수되는 제 사정을 참작할 수 있는 능력이 있으면 족하고, 그 행위가 사회적으로 어떠한 의미를 갖는지 알 수 있는 능력을 요구하지 않는다.

다. 이러한 잘못된 질문을 우리는 거의 200년 동안 무의미하게 되풀이하였다. 독일의 저명한 형법 교수 쉬네만(Prof. Dr. Schünemann)은 서울대학교의 강연에서 인간의 자유의사에 대한 문제를 제기하고 그 존재성을 규명하려고 한 바 있다.[32] 그는 인간의 문화 창조 능력과 언어 사용의 방식을 통하여 사물을 지배하는 언어구조 속에서 그 근거를 찾으려고 하였다. 이러한 지적은 언어를 구사할 수 있는 인간을 상정하였다는 점에서 타당하지만, 언어를 구사하는 능력이 자유의사에 근거한다는 전제에서 출발하는 부분은 수정될 필요가 있다. 왜냐면 자유의사를 인정하는 근거를 찾으려는 그의 노력은 잘못된 방향에서 묻고 답한 것으로 인간의 문화 창조 능력과 언어 사용 방식은 자유의사와 동일시될 수 없는 개념이기 때문이다. 오히려 인간에게 책임을 지우는 근거는 인간이 사회적 동물로서 문화창조와 사회평화를 추구하고 달성하도록 합리적 상황 인식과 그에 따라 올바르게 행동할 수 있는 능력이나 지능을 갖고 있느냐의 문제이다.[33]

32) Bernd Schünemann, "독일에 있어서 책임론의 새로운 전개"(미간행 논문: 서울대학교 법과대학에서 발표한 강연 논문), 4쪽 이하 참조.

33) 여기서 지능이란 지식을 쌓거나 사물을 바르게 판단하는 등의 지적인 능력을 말한다. 지능의 정의에는 여러 가지가 있으나 비교적 널리 알려진 것을 유형화하면, ① 추상적 사고력을 중시한 입장, ② 학습하는 능력, ③ 새로운 환경에 대한 적응성, ④ 조작적 정의, ⑤ 포괄적으로 정의하고자 하는 입장 등 5가지로 구분될 수 있다. ⑤의 입장으로 웩슬러(David Wechsler)에 의하면 "목적적으로 행동하고 합리적으로 사고하며, 그 환경을 효과적으로 처리하는 개인의 종합적·전반적인 능력"으로 이해한다. 형법상의 책임 문제와 관련된 지능개념에서는 ⑤의 개념이 가장 실용적으로 사용될 수 있을 것이다.

술에 취하면 육체만이 아니라 정신도 취하는 것처럼, 환경과 유전인자에 의존되는 인간의 자유의지는 환경과 유전인자로부터 완전히 자유로울 수 없지 않은가. 우리는 모든 성숙한 인간이 “목적적으로 행동하고 합리적으로 사고하며, 그 환경을 효과적으로 처리하는 개인적인 종합적·전반적 능력인 지혜”를 향유하고 있음을 과학적으로 인정하고 있다. 특히 이러한 지혜의 핵심 요소인 지능의 인자와 구조, 지능의 유전적 요인과 환경적 요인 그리고 지능의 발달에 대하여 현대 과학은 많은 부분을 입증하고 있다. 이에 따라서 지능(IQ) 검사를 비롯하여 과학적으로 지능을 측정하는 기술이 일상에서 이용될 정도로 축적되어 있다.

인간사회에서 목적적으로 조정할 수 있는 인간의 지혜는 사회 발전과 문화 창조의 원동력이 되는 현실에서 이제는 인간의 지혜가 자유의사를 대신하여 사회평화를 발전·유지해야 할 책무의 존재 근거가 되어야 한다. 다시 말해 책임의 근거는 인간이 자유의사를 가졌다는 가설에서 출발할 것이 아니라, 성숙한 인간이라면 인간다운 삶을 위해 사회적 책무를 준수할 수 있는 지혜나 능력을 지녔다는 데서 그 근거를 구해야 할 것이다. 그러므로 성숙한 인간은 제한된 범위 내이긴 하지만 사물의 인과 과정을 조종하고 지배하여 ‘행위’라는 작품을 형성하는 능력을 보유했고, 그 과정에서 야기되는 위험을 예상하고 그것을 회피하는 능력까지 겸비하고 있음을 부정할 수 없다. 인간은 이러한 능력을 바탕으로 과학적 지식에 기초하여 자신의 활동을 지배하거나 조절함으로써 문화 형성에 기여하는 활동을 할 수 있는 유일한 존재이며, 사회적으로 봐서 이득이 되는 활동뿐만 아니라, 악영향을 끼치는 활동도 가능한 이중적 존재이기도 하다. 그렇기에 인간은 문화 창달에 부정적인 영향을 줄 수 있는 사회침해적 행동을 회피할 수 있는 지혜를 가지고 있을 뿐만 아니라, 그러한 침해적 행동을 회피해야 할 책무도 지게 된다. 이와 같은 지혜와 책무에 근거하여 공동생활에 위험이 되는 행동을 회피할 수 있었음에도 위험을 야기한 자에게 불가피한 경우에 국한하여 최후의 수단인 형법적 대응을 강구하게 된다.

② 과학적으로도 우리의 마음은 육체로부터 완전히 자유로울 수 없다. 물질의 구성 성분에 바탕을 두고 있는 인식이나 마음의 기초는 사물이나 환경에 관한 정보를 감각기관에 의하여 인식의 중추인 뇌에 전달된다. 뇌로 전달된 정보는 다시금 뇌의 영역에 존재하는 해마에 의해 기억된다. 해마에 의해 형성된 기억은 측두엽에서 도서관의 장서 배열처럼 정보를 체계적으로 저장한다. 외부의 자극이나 측두엽에 저장된 정보를 통해서 야기된 문제를 해결하기 위해 판단이나 결정 등에 관해 전두엽에서 활발한 회의를 걸쳐 '운동 띠'의 앱을 통해 행동으로 나타난다. 이러한 일련의 정보 처리 과정에서 생성된

인식이나 지각을 깊은 내용의 언어로 표현할 수 있는 인간의 능력은 포유동물에 내재한 'FOXP2 유전자 변이'와 'NOVA1 유전자 변이'를 통해 얻게 된 것이다.[34] 신경세포를 오가면서 처리되는 정보가 지각이나 인식의 형태에서 언어적으로 표현되기 위해서는 그 전제로서 언어적 개념은 신경세포를 오가는 정보 처리로 생득된 인식이나 지각의 방식으로 형성된다고 보는 것이 자연스럽다. 그렇다면 의사의 내용인 마음뿐만 아니라 물질 모두 활동의 기초는 원자라고 할 수 있다. 그렇다고 마음과 물질의 상관관계를 단순히 인과과정으로 이해하려는 가설은 옳다고 할 수 없다.

3. 일본의 형법학계에는 사형폐지론자가 우리나라에 비해 상대적으로 적어 보인다. 물론 일본에서도 적지 않은 학자가 사형제도를 폐지해야 한다고 주장하고 있으나, 이들의 목소리는 그렇게 크게 울리지 않고 있다. 분명한 것은 사형 폐지에 적극적으로 동참하는 학자가 한국보다 훨씬 적어 보이기 때문이다.[35] 아마도 그 이유는 다음과 같은 두 가지 관점에서 이해될 수 있다. 그 하나는 일본 헌법이 잔인한 형벌 금지를 천명하고 있을 뿐이고, 한국 헌법처럼 인간존엄의 불가침성과 기

34) 이에 관해 자세한 것은 FOXP2 (naver.com) 참조.

35) 일본은 최근 해마다 적지 않은 사형을 집행하고 있지만, 형법 교수들의 집단적 사형 폐지 운동을 찾아보기 어렵다. 이에 반해 한국에서는 정부가 2008년 3월, 사형 확정자로 수감된 자들의 일부를 집행하려는 움직임이 있자, 이를 방지하기 위해 한인섭 교수와 필자가 중심이 되어 형법 교수 132명이 사형 집행 반대에 서명했고, 이를 법무부에 제출하였으며 결과적으로 당시 정부는 사형 집행을 보류하였다.

본권의 본질적 침해 금지를 두지 않고 있기에, 일본에서는 사람을 돌로 쳐 죽이는 방식이 아닌, 교수형(絞首刑)과 같이 비교적 덜 고통스러운 형식으로 사형을 집행하면 잔인한 형벌금지 원칙을 위배하는 것이 아니라고 볼 여지가 있기 때문이다. 다른 하나는 천황제를 유지하는 일본은 국가의 상징으로서 천황을 국민에 대한 봉사주체로 파악하지 않고, 오히려 국민이 국가의 상징인 천황을 위해 헌신해야 한다는 정서가 강하게 작용하고 있기 때문이다. 즉 상당수의 일본인이 천황을 국가와 동격으로 이해하고 있는 마당에 국가는 국민의 인권을 위한 수단으로 보기보다 국가 자체의 목적으로 보려는 경향이 강할 수 있다. 이러한 상황에서는 국가의 사회질서 유지 목적이 강하면 강할수록 사형제도를 얼마든지 허용할 수 있다.36)

36) 다만 일본의 최고재판소 판결문을 읽어보면, 그 형법학의 일반적 수준을 가늠할 수 있다. 남아프리카공화국의 헌법 결정문이나 헝가리 헌법재판소의 결정문과 비교해볼 때 인권의식과 법적 사고력이 너무나 대조적이기 때문이다. 일본에서 사형제도의 합헌성에 관한 전형적인 판결문[1948년(昭和23) 3월 12일]은 다음과 같이 판시하고 있다. "생명은 존귀이다. 한 명의 생명은 전 지구보다 중하다. 사형은 확실히 모든 형벌 중에서 가장 냉엄한 형벌이며, 또 정말로 부득이한 경우에 인정되는 궁극의 형벌이다. 그것은 말할 필요도 없이 존엄한 인간 존재의 근원인 생명 그 자체를 영원히 빼앗아 가는 것이기 때문이다. 현대 국가는 일반적으로 통치권의 작용으로서 형벌권을 행사하는 것에 즈음해 형벌의 종류로서 사형을 인정할지, 어떠한 죄질에 대해서 사형을 과할지, 또 어떠한 방법 절차로서 사형을 집행할 것인지를 법정하고 있다. 그리고 형사재판에서는 구체적 사건에 대하여 피고인에게 사형을 과할까 아니면 다른 형벌을 부과할 지를 심판한다." 이 판결문에 따르면 '사람의 생명은 전 지구보다 중하다고 하면서, 부득이한 사정 때문에 일본에서 사형은 합헌'이라는 것이다. 말도 되지 않은 논리이다. 일본 최고대심원은 더 나아가 법의식에 대한 정서 부족을 보여주기도 한다. 일본 헌법 제36조에 의한 잔인한 형벌금지 규정과 관련하여 사형은 잔인하지 않은 방식(예컨대 불필요한 정신적, 육체적 고통을 내용으로 하는 인도적으로 잔혹하다고 인정되는 형벌의 방법이 아닌 방식)으로 집행하면 위헌이 아니라고 판시하고 있기 때문이다. 그러나 살인 자체가 잔인한 형벌임은 초등학생도 알고 있다.

그러나 성실한 형법학자라면 다음과 같은 이유로 사형폐지론자가 되어야 할 것이다. 일본의 학자들은 성범죄자에 대한 화학적 거세를 반인권적인 것으로 보고 있다. 왜냐면 일본 헌법은 잔인한 형벌을 금지하고, 그래서 신체의 본질적 부분에 대한 절단을 용납할 수 없는 것으로 보기 때문이다. 그러므로 아무리 상습적인 절도범이라고 하더라도 절도범의 팔을 자르는 절단형(切斷刑)이 일본에서는 허용되지 않는다. 그런데 신체의 자유를 살펴보면, 신체 그 자체와 신체에 정신이 깃들어져야 비로소 신체의 자유를 가지는 것이고, 정신이 없는 신체는 시체에 불과하며, 신체의 자유는 결과적으로 인간의 생명을 전제할 때만 가능한 것이다. 그리고 무엇보다 신체의 절단형이 그렇게 잔인하고 인간존엄의 본질적 침해라면, 사람의 생명 박탈은 그 이상이지 결코 그 이하일 수 없다.

더욱이 국가는 윤리적 존재이다. 국가는 결코 거짓말을 하거나 사기를 쳐서는 안된다. 만일 국가 스스로 거짓말을 하거나 사기를 친다면 국민의 준법정신은 파괴되고 사회는 혼란스러워져 국가 존립을 위태롭게 하기 때문이다. 그렇기에 국가는 권위를 갖고 "절도하지 말라", "강도질하지 말라", "사기를 치지 말라", "사람을 죽이지 말라"라고 정언명령을 내리고, 이에 위반하면 지위를 가리지 않고 형벌을 가한다. 그리고 국가 스스로 절도나 강도, 사기 또는 횡령을 삼가야 함은 물론이다. 그럼에도 국가 자신이 사람을 죽이지 말라고 요구하면서 사람을 의도적으로 죽이는 사형제도를 허용하는 것은 그 자체가 모순이다.

혹자는 말한다. 사형이 살인범죄에 대한 억제효과가 있다고. 사형의 존치와 집행이 살인범죄 등 강력범죄의 예방효과를 가지려면 그 효과가 입증되어야 한다. 그러나 1988년과 2002년 UN인권위원회의 광범위한 조사 결과에 따르면 사형제도의 존치는 살인범죄의 발생 억제에 특별한 효과가 있음을 밝혀 내지 못했다. 우리는 사람의 생명에 대해 조심스럽게 다루어야 한다. 살인범죄와 같은 강력범죄의 예방효과가 확실하지 않다면, 의심스러울 때 사람을 죽이는 쪽으로 가야 할까, 아니면 살리는 쪽으로 가야 할까?

4. 일본의 형법총론 교과서나 필자 등이 번역한 『일본형법이론사의 종합적 연구』를 보면 일본에서는 죄형법정주의가 그리 철저하게 준수되지 않음을 볼 수 있다. 죄형법정주의는 범죄의 성립과 형벌의 부과는 국회에서 통과된 법률에 근거해야 한다는 것을 의미한다. 그러므로 법률에 근거하여 범죄의 성립과 형벌의 정도를 명시하지 않으면 죄형법정주의에 반하는 것임은 틀림없다.

그런데 일본에서는 지방자치에 의한 조례에 의해서도 형벌의 부과를 허용하고 있다. 그러나 조례는 비록 지방의회에 의하여 제정되었다고 할지라도 그저 조례일 뿐이며, 법률일 수 없다. 조례에 근거한 형사처벌을 인정하는 일본[37]이 오직 법률에 근거한 범죄의 성립과 처벌을 인정하는 철저한 죄형법정주의의 실행 국가라고 말할 수 있을까? 아마 일본 형법 제8조가 규정하고 있듯이 다른 법률뿐만 아니라 명령에 의해서도 형법총칙의 규정을 달리 적용할 수 있다는 점에서 일본은 여전히 죄형법정주의에 철저한 국가라고 변명할 수 있다. 그러나 법률이 아니라 조례나 명령에 근거하여 처벌할 수 있다는 점은 변하지 않은 진실이다. 불행하게도 이 문제점은 한국에서도 동일하다.

37) 최근 교과서를 보면 일본에서는 죄형법정주의를 다음과 같이 이해한다. 일본도 범죄의 성립과 형벌에 관한 것은 원칙적으로 협의의 법률에 한정된다(일본 헌법 제31조). 법률의 대표적인 것은 일본 형법(明治 40년 법률 제45호)이고, 이는 타의 형벌법규에 대한 기본법으로서 성격을 띤다(형법 제8조). 위임명령에 벌칙을 두는 것은 특별위임의 경우에 국한하여 허용된다.
그럼에도 메이지 헌법 아래에서 위임명령에 의해서 벌칙을 과하는 것은 일본에서 매우 널리 인정되고 있다. 특히 명령의 조항 위반에 관한 벌칙의 건(明治 23년 법률 제84호)에 의해 칙령 등에 광범위한 포괄적 위임이 인정되고 있다(또한 동년 칙령 제8호). 또한 일본 지방자치법 제14조 제5항은 '보통지방공공단체'는 법령에 특별한 정함이 있는 경우를 제외하고, 조례를 위반한 자에 대하여 "2년 이하의 징역 또는 금고, 100만엔 이하의 벌금, 구류, 과료 및 몰수의 형을 과하는 취지의 규정을 둘 수 있다."라고 하여 매우 넓은 범위의 포괄적 위임을 인정하고 있다. 이와 관련하여 일본 형법학자들에 따르면, "조례는 민의를 반영하는 지방공공단체의 의회 의결에 의한 성문법이기에 법률에 준하는 것으로서 실질적으로는 죄형법정주의에 반하지 않는다고 해석될 수 있다."라고 설명하고 있다.

제 19 장

개정 검찰청법 · 형사소송법의 문제점

2021년 10월

Ⅰ. 개정 검찰청법상 검사의 수사권 제한과 그 한계

1. 헌법은 권력분립에 의한 견제와 균형을 통해서 사법권, 행정권과 입법권의 남용을 상호 방지할 수 있도록 함으로써 국민의 기본권 보장에 기여하고 있다.

2. 헌법 제12조 제3항은 검사의 영장청구권을 인정하고 있다.[38] 즉 헌법은 체포 · 구속 · 압수 · 수색 등 강제처분 영역에서 국민의 기본권 보호 장치로 기능하는 검사의 영장청구권을 인정하고 있는바, 이는 기본권 침해 우려가 있는 모든 수사과정에 검사의 관여를 전제로 하는 것이다.

38) 검사의 영장청구권은 1961년 형사소송법 개정으로 처음 도입된 이후 1962년 제5차 개헌으로 헌법에 기본권 보호 장치로 명시되었다.

3. 검사제도의 목적은 형사사건에서 수사종결권을 통한 기소 여부를 평가 혹은 결정하는 데 있다. 그렇기에 수사종결권은 유죄의 여부를 평가하거나 판단한다는 점에서 사법적 정의 실현에 목적을 두고 있는 사법권의 핵심 영역이다.

4. 이러한 의미에서 수사종결권은 기소 여부를 결정하는 규범적 평가기능을 갖고 있다. 왜냐면 피의자에 관해 유·무죄를 평가하기 위해서는 일차적으로 그에 대한 공소 제기가 전제되어야 하는데, 그럼에도 불구하고 경찰에 의한 수사종결권 행사로 섣부른 '혐의 없음' 등으로 검사의 공소제기권을 박탈하는 것은 결과적으로 검찰의 기소권을 침해할 소지가 있기 때문이다.

5. 수사 개시를 한 경찰이 수사종결권까지 행사할 수 있도록 함은 이른바 규문주의적 수사관에 입각하는 것인데, 경찰의 위법하거나 부당한 수사에 관한 통제장치가 마련되어 있지 않다면 심각한 문제를 초래할 수 있다. 대부분의 대륙법계 국가에서는 경찰 수사에 대해 검찰의 통제나 지시 등을 받게 하는 탄핵주의적 수사 방식을 채택하고 있다.

6. 그러므로 수사종결권의 행사를 사법부나 준사법기관(검찰)이 아닌, 경찰이 주도적으로 행사한다는 것은 권력분립의 원칙상 용납하기 어렵다. 왜냐면 수사종결권은 결코 행정처분의 성격일 수 없으며, 경찰은 결코 사법기관이나 준사법기관에도 속하지 않기 때문이다. 이에 반해 검사는 타인의 기본권을 제한

할 수 있는 '영장청구권'을 가지며, 이와 함께 객관의무를 부담하고 있다는 점에서 준사법적 기관임은 이론의 여지가 없다.

7. 헌법재판소 역시 헌법은 "준사법기관의 지위를 지니고 신분이 보장된 검사로 하여금 사법경찰관리의 수사에 대한 지휘와 감독을 맡게 함으로써 경찰의 수사과정상 인권침해에 대해 능동적으로 대처하도록 하고 있다."라는 점을 명백히 인정한 바 있다.[39]

8. 따라서 검사에 대한 수사종결권 박탈이나 예외적인 범죄에서만 검사가 수사하도록 제한하는 것은 헌법상 보장된 권력분립의 원칙에 반할 뿐만 아니라, 검찰 수사권 행사에 관한 본질적 제한을 금지한 헌법 제37조 제2항 단서에 저촉될 수 있다.

9. 검사의 수사 대상 범죄 범위를 대통령령으로 정할 수 있도록 하는 것은 법령 제정에 직·간접으로 영향을 미치는 고위공직자나 정치인에 대한 수사를 손쉽게 차단할 수 있다는 점에서 헌법 제11조에서 천명한 평등원칙에 위반될 수 있다.

10. 이러한 점에서 검찰은 사회적으로 중요한 특정 범죄군에 대해 수사를 개시할 수 있도록 검찰청법에 이를 명시할 필요가 있다. 즉 검사가 수사할 수 있는 범죄의 범위는 부패범죄, 경제범죄 등 대통령령으로 정하는 중요 범죄 등이다.

39) 헌법재판소 2007. 3. 29. 2006헌바69 결정.

Ⅱ. 수사 개시 검사의 공소 제기 관여 불가

1. 개정 검찰청법 제4조 제2항의 검사직무 범위에는 수사검사에게 보고받고 결재를 한 검사가 포함되는지 여부 등 수사검사의 수사활동 범위가 불명확하다. 예컨대 수사 착수 및 기소 여부를 회부(回附)하는 데 보고받은 검사장이나 검찰총장의 지휘·감독을 받는 다른 검사가 기소 여부를 결정해도 되는지에 대한 명확한 기준을 세우기가 어렵다.

2. 그 결과 이런 현상은 한편으로 피고인에게 매우 유리한 지위를 보장하는 결과를 초래할 수 있고, 다른 한편으로는 범죄피해자에게 지나치게 불리한 상황을 야기할 수 있다. 이와 같은 문제점은 공정·정의에 철저한 기반을 두어야 할 형사사법의 근본원칙에 반한다.

3. 2012년 1월 1일부터 수사검사의 수사 결과에 대한 책임감을 제고(提高)하기 위해 판결서에는 공판 관여 검사와 '기소한 검사'의 성명을 기재(형사소송법 제40조 제3항)하도록 하고 있는바, 수사검사와 기소검사가 분리되는 경우 책임 소재가 불분명하게 되어 위 법률의 취지에 역행한다. 수사검사가 공소 제기 여부를 결정하고, 또한 수사검사가 공판 관여 검사의 역할을 충분히 수행하기 위해서도 수사검사가 공판검사를 담당하는 것이 사법정의의 실현에 더 큰 도움이 된다.

4. 검사제도는 형사사건에서 수사종결권을 통하여 기소 여부를 결정하는 역할이 핵심인데, 법률로 검사의 수사종결권

뿐만 아니라 공소 제기 권한을 제한하는 것은 검사제도의 본질에 반한다.

5. 고위공직자범죄수사처 소속 검사와 다른 법률에 근거한 특별검사에게는 위 규정을 준용하지 않고 있는바, 검찰청 검사와 달리 이들을 특별히 취급할 불가피한 이유가 없다는 점에서 헌법 제11조의 평등권 원칙에 위배의 소지가 있음은 물론이다.

6. 이러한 점에 비추어 검찰청법 제4조 제2항에 관해서는 다음과 같이 개정되는 것이 바람직스럽다.

제4조(검사의 직무) ② 검사는 자신이 수사 개시한 범죄에 대하여 공소를 제기할 수 없다. 다만, 사법경찰관이 송치한 범죄에 대하여 그러하지 아니한다(신설).

Ⅲ. 일부 송치사건 보완수사 범위 제한

1. 형사소송법은 이의신청, 시정조치 미이행, 불법구금 의심으로 인한 송치사건에 대하여 '동일성을 해치지 않는 범위 내'에서 보완수사 범위를 제한하고 있다. 여기서 이의신청 사건은 사법경찰의 불송치결정에 대해 불복하는 사건이고, 시정조치 미이행 사건은 사경 수사의 위법성이 의심되는 사건이며, 불법구금 의심 사건은 신체에 대한 직접적 인권 침해가 의심되는 사건이다.

2. 그러나 이들 사건이야말로 경찰 수사의 문제점이 제기될 수 있는 대표적인 경우에 해당하므로 검찰의 철저한 보완수사가 더욱 요구되는 분야라고 할 것이다.

3. 그런데도 이들 사건에 대하여만 동일성을 해치지 아니하는 범위 내에서만 보완수사를 할 수 있도록 차별한 합리적 이유가 없어 보인다.

4. 해당 사건의 동일성이라는 개념은 명확하고 확정된 개념이 아니며, 형사소송법상 논란이 있다. 이와 같은 불명확한 '해당 사건과 동일성'이라는 요건 아래에서만 수사를 개시할 수 있다면 검사가 실체적 진실을 밝히기 위해 열심히 수집한 증거들은 동일성에 일부만 관여되어도 위법수집증거가 될 수 있어 무죄가 선고되는 결과를 초래할 수 있다. 다시 말해 동일성 기준을 엄격히 하면 할수록 범죄만 존재하고, 범죄자는 없는 경우가 적잖게 발생할 수 있는바, 이것이 형사사법의 정의에 부합하는지는 매우 의심스럽다.

5. 따라서 제196조(검사의 수사) 제2항을 "검사는 사법경찰관으로부터 송치받은 사건에 관하여 해당 사건과 동일성을 해치지 아니하는 범위 내에서 수사할 수 있다."라고 개정하는 것이 올바르다.

제20장

‘산업기술의 유출방지 및 보호에 관한 법률’에 근거한 위임입법의 내용과 한계

2023년 11월 12일

1. 법규범의 추상성과 보편성

모든 법률(명령, 조례와 위임입법 포함)은 추상적이고 일반적으로 규정되어야 한다. 왜냐면 어떤 법률도 그 적용 대상을 오로지 구체적인 특정 행위자에게만 국한할 수 없으며, 모든 사람에게 동일한 기준으로, 즉 같은 것은 같게, 다른 것은 달리 규정해야 하기 때문이다. 또한 금지규범의 대상이 대물(對物)에 관한 것이라면 규정 역시 성질상 대물적인 것에 국한해야 하며, 기술적(技術的)인 내용에 관한 것이라면 기술적 금지의 내용만을 담아야 하는 것이 원칙이다. 그렇게 규율해야만 성질이 다른 것은 다르게 규정해야 한다는 입법의 근본원칙에 부합하기 때문이다.

그렇기에 대물에 관한 금지규범의 내용이 대물적인 것을 넘어서 기술적인 것까지 규율하게 된다면, 사회 일반에 대해 금지규범의 혼란을 초래할 수 있게 된다. 왜냐면 규범의 적용 대상자가 올바르게 선택할 행동 형성의 기능을 저해할 수 있다는 점에서 안정된 사회 시스템의 구축을 방해할 수 있기 때문이다. 따라서 어느 행위가 형벌과 관련될 때 법률의 추상성과 일반성은 더욱 철저히 준수되어야 하는 원칙으로 작동되어야 한다. 그렇게 해야만 규정의 준수가 철저해질 수 있다. 더구나 형벌은 인간에게 참기 어려운 고통을 주고, 처벌을 받게 되는 자는 전과자로 낙인찍히기에 달리 사회방위를 할 수 없을 때 최후수단으로만 적용되어야 한다는 점에서 더욱 그렇다.

2. 위임입법의 한계

위임입법은 복잡하고 다양한 사회현상에 신속하고 적절하게 대응하기 위해서 요구된 입법방식이다. 하지만 위임입법은 법치국가원칙, 의회주의와 민주주의 등의 원칙에 구속되어야 하므로, 다음과 같은 한계를 지켜야 한다.

포괄적 위임의 금지: 법률에서 위임명령에 규정될 사항을 정함에 있어서는 구체적으로 그 범위를 확정해야 하고, 포괄

적으로 위임해서는 안 된다. 포괄적 위임은 국회 입법권의 포기를 의미하는 것이므로 허용되지 않는다.

국회전속적 입법사항의 위임 금지: 헌법에서 특정 사항을 법률로 규정하게 한 경우에 그 사항은 반드시 국회가 법률로 정해야 하며, 이를 행정부가 정하도록 위임할 수는 없다. 예를 들어 죄형법정주의, 조세법률주의 등에 관하여 법률로 규정할 것을 명시하고 있는 것이 여기에 해당한다.

처벌규정의 위임 금지: 헌법상 죄형법정주의의 원칙으로 인하여 벌칙을 명령으로 규정하도록 일반적인 위임을 하는 것은 허용되지 않는다. 하지만 근거법률이 구성요건의 구체적인 기준을 설정하고, 그 범위 내에서 세부적인 사항을 정하도록 하거나, 형벌의 종류와 상한을 정하고 그 범위 내에서 구체적인 것을 명령으로 정하게 하는 것은 허용된다.

내용의 한계: ① 수권의 범위 내에서 ② 상위명령에 직접 또는 간접으로 저촉되어서는 안되며, ③ 규정하고 있는 내용이 가능하고 명확함으로써 예측 가능성이 있어야 한다.

3. 산업기술의 의미

'산업기술의 유출방지 및 보호에 관한 법률'(이하 '산업기술보호법') 제2조 제1항은 산업기술을 다음과 같이 정의하고 있다.

'산업기술'이라 함은 제품 또는 용역의 개발·생산·보급 및 사용에 필요한 제반 방법이나 기술상의 정보 중에서 행정기관의 장(해당 업무가 위임 또는 위탁된 경우에는 그 위임 또는 위탁받은 기관이나 법인·단체의 장을 말한다)이 산업경쟁력 제고나 유출 방지 등을 위하여 이 법 또는 다른 법률이나 이 법 또는 다른 법률에서 위임한 명령에 따라 보호하도록 정한 것을 말한다. 즉 산업기술은 제품이나 용역을 만들거나 제공하는 데 필요한 모든 기술적인 정보를 포함하며, 이러한 정보는 행정기관의 장이 법률이나 명령에 따라 보호 대상으로 지정할 수 있다.

4. 위임입법의 죄형법정주의

독일 등 대륙법계의 국가에서는 법률에 근거해서만 형벌을 부과할 수 있음을 천명하고 있다. 대륙법계의 이와 같은 계통을 계수한 일본은 예외적으로 명령에 근거한 형벌의 부과가 가능하고, 일본 형법을 계수한 우리 형법 역시 명령에 의한 형벌 부과를 허용하고 있다. 이렇게 된 사정은 1907년 형법 제정 시에 일본은 천황제의 국가였고, 천황의 칙령은 법률과 거의 동격이었다. 그러나 일본과 달리 모든 권력은 국민으로부터 창설되는 우리나라에서 법률과 동격의 명령은 헌법상 불가능하며, 헌법 제13조 제1항과 형법 제1조 제1항도 형벌 부과 법률의 경우 범죄와 형벌은 오로지 국회에서 제정된 법률에 근거해야 한다는 원칙, 즉 죄형법정주의에 철저해야 한다고 명시하고 있다. 따라서 형법 제8조는 법률이 아닌 명령이나 법규명령에 의해서도 범죄와 형벌이 달리 될 수 있음을 규정하고 있다는 점에서 헌법상 위헌성을 부담하고 있다. 예외는 원칙에 반한다는 의미에서 형법 제8조의 이런 위험성은 최소화되어야 하며, 위임명령에 근거한 처벌은 매우 엄격해야 한다.

산업기술보호법 제14조에 따르면 산업기술 유출을 금지하고 있고, 이를 위반할 경우 같은 법 제36조에 의해 형사처벌될 수 있다. 그러므로 같은 법에서 위임한 시행규칙 등 법규명령은 죄형법정주의의 원칙에 따라야 한다. 죄형법정주의의 원칙에 입각할 때 형벌과 관련된 위임입법 규정은 추상성과 일반성을 갖추어야 한다.

법규명령은 상위 법률인 산업기술보호법에서 기술하고 있는 '산업기술의 개념'에 관해 직접 또는 간접으로 저촉되어서는 안되며, 산업기술의 개념을 규정하고 있는 내용이 가능하고 명확함으로써 예측 가능성이 있어야 한다.

그런데 해당 법규명령은 첨단기술의 유출을 금지할 목적으로 규정되었으면서도, 첨단기술로 포섭할 수 없는 유체물인 '균주'를 포함하고 있다. 이는 위임입법의 한계를 벗어난 것이다.

5. 결 론

산업기술의 한 종류로서 규율대상인 ‘첨단기술’이 아닌 ‘균주’라는 유체물을 첨단기술로 규정하고 있는 위임입법은 ‘같은 것은 같게, 다른 것은 다르게’ 규정해야 한다는 원칙에 반하며, 따라서 이는 형법체계상 위임의 한계를 벗어나 실질적 죄형법정주의에 반한다.

제21장

『삶의 굴레』의 서문

2023년 8월 31일
부산 송도탑스빌 2706호 연구실에서

나는 누구며, 무엇을 할 수 있는 능력을 지니고, 어디로 향하여 어떤 방식으로 살아야 올바른 삶인지를 묻기 시작했을 때가 초등학교 4학년 시절이었다. 그런 물음의 동기는 4학년 도덕 교과서에 실린 석가모니의 말씀 가운데 다음의 구절을 읽고서였다: "꽃은 피면 쉬이 지고, 사람은 나면 이슥고 죽는다." 즉 사람이 태어나면 누구나 반드시 죽는다는 사실을 알고 나서였다.

'사람은 이슥고 죽는다'라는 구절에서 나도 언젠가 반드시 죽게 될 존재라는 점을 절실히 깨닫게 되자, 오늘 하루를 허투루 보내서는 안된다는 것을 분명히 자각하게 하였다. 그 이전까지는 동네 어르신들이 이승을 등지고 저 먼 세상으로 떠나는 모습을 여러 차례 지켜보았음에도, 그들은 그저 나이 들어서 늙었기에 그런 것이고, 나는 아직 젊기에 충분히 오랫동안 살 것이라고 착각했다. 그래서인지 돌아가신 분들이 그토록 살고 싶어했던 '내일'이 나에게는 오늘 현재였으나 그 삶에 그리 충실하지 않은 경우가 다반사였다. 언젠가 죽을 수밖에 없다는 사실을 절실히 깨닫지 못했기 때문이었다.

반드시 죽을 수밖에 없는 존재라는 사실의 깨달음은 장래 어떻게 살아야 할 것인지에 관한 대답을 찾게 하였다. 그래서 죽음을 수시로 인식하고, 그렇게 함으로써 현재를 붙들고 최선을 다하기로 결심했다.

어떻게 살아야 할 것인지에 관해 대답을 찾는 데에는 시간이 오래 걸리지 않았다. 어제 죽어갔던 이들이 그토록 살고 싶어했던 현재를 치열하게 살아가면서 건강한 사회의 형성을 위해 마중물 역할을 하는 데 인생의 목표를 두었다. 그리고 건강한 사회는 누구나 인간적 삶을 제대로 누릴 수 있는 환경을 갖추고, 자유와 평등 그리고 정의가 살아서 숨 쉬는 곳이어야 한다고 생각했다. 이를 위해 한편으로 권력에 아부하지 않고 고달프더라도 양심에 비추어 정당하고 공정한 태도를 준수하고 행동하고자 하였다. 다른 한편으로는 매월 벌어들인 월급 중에서 30% 내외를 어렵고 힘든 사람들을 위해 조건 없이 사용하고자 했다. 배우고 싶어도 돈이 없어 포기하려는 사람들, 치료하면 살 수 있음에도 병원비가 없어 치료를 포기할 수밖에 없는 소외자들, 돈이 없어 사기꾼이 되어야 할 운명에 처한 사람들에게 그들을 외면하지 않고 소액이지만 도와 주려고 했다. 그러나 아무에게나 자선하지 않았다. 내가 신뢰하고 믿을 수 있는 분들에게 한정했다. 이런 일을 월급 받기 시작한 1984년 가을부터 시작했으니 39년이 되어간다.

이러한 두 가지 목표를 두고 생활했던 내 삶의 단면을 기록으로 정리한 것이 다름 아닌 『삶의 굴레』라는 책이다. 이 책에는 나와 내 삶에 큰 영향을 미친 분들에 관해 이런저런 생각을 담았고, 동행하였던 제자들과의 이야기 그리고 여행기와 법률시평을 실었다. 이와 유사한 단행본은 이미 『인간적인 법을 찾아서』(1997), 『인간의 존엄과 권력』(2007)과 『인간적인 삶을 찾아서』(2020)라는 이름으로 출간했다. 이것들 외에 지금껏 220여 편의 논문을 발표했고, 이를 묶어 『형법연구 I』부터 『형법연구IX』까지 단행본의 출간으로 햇빛을 보았다. 하지만, 특별히 내세울 만한 것은 거의 없다.

출판 사정이 어려운 요즘 흔쾌히 『삶의 굴레』를 출간해 주신 피앤씨미디어 박노일 사장님께 진심으로 고마움을 느낀다.

제22장

『인간적인 법을 찾아서』의 서문

2024년 6월 11일

송도해수욕장이 훤히 내려다 보이는 송도탑스빌에서

"내가 누구인가의 모습은 나의 일상적 삶을 통해서 나타난다." 그렇다. 왜냐면 내가 누구인지를 파악할 수 있는 구체적인 모습은 내가 지금껏 살아왔던 실상을 설명하지 않고서는 현재 나의 모습을 제대로 그려낼 수 없기 때문이다. 그래서 스스로 끊임없이 질문했다. 나는 누구며, 현재 어디에 있고, 무엇을 위해 어떻게 해야 할 것인지를?

그런 마음으로 형사법과 법철학을 전공한 필자는 인간적인 법의 실현을 위해 무엇을, 어떻게 해야 할까를 고민하고, 해답을 찾으려고 노력하였다. 대한변협신문, 동아대학교 학보사와 일반 언론매체 등에서 법률시평 원고 청탁을 받을 때마다 이들 지면에 그 고민의 흔적을 남겼다. 특히 "개인의 자율성을 충분히 보장하면서도 사회관계로부터 고립된 개인을 방치하지 않는 건강한 사회의 건설 필요성"과 "왜곡되지 않은 실체적 진실의 발견과 그 바탕 위에서 정립할 수 있는 정의의 구현 방식"을 주된 내용으로 기고하였다. 이 기고문들을 엮어 『인간적인 법을 찾아서』라는 단행본으로 1997년 출간되었다.

그 사이 '인간의 존엄과 인권의 보장'에 관한 다양한 측면에서 바라본 글들을 여러 언론매체 등에 기고했고, 이들을 모아 2006년 『인간의 존엄과 권력』을 발간했다. 다시금 13년의 세월이 흐른 2019년 법률시평과 연구활동, 여행기와 지인들에 대한 단상 등을 엮은 『인간적인 삶을 찾아서』와 2023년에는 필자의 삶에 관련된 이런저런 글들을 모아 『삶의 굴레』를 출간하였다.

『인간적인 법을 찾아서』가 출간된 지도 이제 27년의 세월이 흘렀지만, 내용 면에서 크게 달라진 부분은 없다. 다만 오탈자의 교정이 필요했고, 내용의 일부를 약간 보완했다. 또한 "내 마음의 '게스트하우스'", "'정의'와 '정답'에 대한 태도", "수구꼴통과 사이비 진보를 넘어서"와 "전봉준과 동학운동" 그리고 김신 전 대법관과 김진환 전 서울지검장 등 법조인과 법학자에 관한 몇 편의 글을 추가했다.

필자는 건강한 사회 형성을 위해 마중물의 역할에 기여하고 싶었다. 그래서 그런지 "인간은 존엄하며, 그렇기에 인간 개개인이 자유롭게 꽃피울 수 있는 사회의 형성에 기여해야 할 책무를 진다."라는 생각에 충실하고자 했다. 이를 위해 다음과 같은 사상적 내용을 실천하려 했다.

첫째로 세상사(世上事)에는 사물의 본성에 따라 자연법칙이나 자연적 섭리가 물 흐르듯 존재해야 하기에, 평화롭고 건강한 삶의 형성이 가능한 인간 사회에는 공정성이나 정의의 실현이 전제되어야 하며, 그것은 반드시 실현되어야 한다고 여겼다.

둘째로 이제껏 수많은 정의론이 배분의 문제만을 중시했으나, 나눌 무엇이 없으면 정의로운 배분은 불가능하다. 정의로운 배분을 위해서는 배분할 수 있는 그 무엇의 생산을 소홀히 해서는 안된다. 따라서 정의로운 배분은 각자의 능력과 책무에 따라 정의롭게 이루어져야 하지만, 지속 가능한 배분과 그 몫이 풍부할 수 있도록 배분할 것의 확대 재생산을 전제해야 한다. 더욱이 정의는 개인적인 문제라기보다는 사회관계적이다. 혼자 있을 때 정의 개념은 아무짝에도 쓸모가 없기 때문이다. 그러므로 "정의(正義)는 올바른 배분을 통해서 사람과 사람 사이의 긴장관계를 최소로 줄이려는 것이자, 인간관계를 배려와 상생관계로 최대한 확보하려는 활동"이라고 보아야 한다.

이상과 같은 사상과 생활신조를 말과 글 그리고 행동을 통해 실천하려고 노력하였다. 여기서 강조했던 주장의 일부는 물론 한낱 아우성으로만 그칠 때도 없지 않았지만. 그래도 뜻을 말하고 밝혀 같은 생각을 가진 분들과 함께 힘을 규합하여 개개인이 자기의 능력을 최대한 꽃피울 수 있는 건강한 사회의 형성을 위한 마중물 역할을 하고자 노력했던 것이다.

본서를 출판하는 데 도움을 준 분들이 많다. 이들 중에서도 교정 실력을 유감없이 발휘한 서울대학교 법학전문대학원 고명수 교수에게 고마움을 전한다. 더불어 경제적 실익도 없는 이 책을 출판해 준 피앤씨미디어 박노일 대표님께도 깊은 감사를 표하고 싶다.

제23장

『형법연구 X』 서문

2025년 6월 1일
세계일주 크루즈 여행 중,
대서양의 카나리아 제도에 입항을 앞두고

통상적인 아프리카인이라면 그들의 마음속에는 '우분투(Ubuntu)' 정신이 넘쳐난다고 한다. '우분투'란 "당신이 있기에 내가 있다."라는 뜻이다. 이 말인즉슨 "상대를 배려하여 나와 함께 상생함으로써 나도 상대로부터 존중받고 배려받을 수 있다."라는 상호간 상생의 정신을 의미한다.

젊은 시절의 넬슨 만델라(Nelson Rolihlahla Mandela)는 백인이 지배하던 남아프리카공화국에서 흑인에 대한 백인들의 차별적 통치에 저항했다는 이유로 종신형을 선고받았다. 이 때문에 그는 27년이라는 오랜 기간 수감생활을 보냈다. 차별에 대한 그의 투쟁은 열광적인 지지를 받았다. 이에 힘입어 그는 당시 남아프리카공화국 수반이었던 '클레르크(Klerk)'[40]의 백인 정부와 끈질긴 협상으로 아파르트헤이트(Apartheid: 인종격리정책)를 1993년 종결시켰다.

만델라는 1994년 4월 27일, 남아프리카공화국 최초로 흑인 참여의 자유로운 총선거에 의하여 남아공의 대통령이 되었다. 그는 백인들에게 복수하지 않고, 오히려 백인들과 상호 상생의 길을 택했다. 그의 이러한 '우분투' 정신 때문에 남아공은 백인의 통치가 끝나고 흑인들이 집권했음에도 다른 아프리카 국가와는 달리 백인에 대하여 노골적인 차별 정책을 시도하지 않았다.

우리 국민도 '우분투' 정신과 꽤 닮아 있는 '정(情)'이라는 정서를 달고 산다. 여기서 '정'이란 한마디로 정의하기 어렵지만, 타인을 배려하며 함께 어울리고 상생하는 정서나 마음가짐으로 풀이할 수 있다. 이러한 '정'의 문화가 넘쳐나는 우리나라에서 성숙한 국민이라면 누구나 자신의 통찰력으로 사회적 행위규범을 올바르게 파악할 수 있고, 상대방 역시 사회적 행위규범에 따른다는 믿음을 갖게 된다. 우리는 이러한 믿음에 근거하여 건강한 사회 형성을 위해 사회적 행위규범에 어울려야 하는 깊은 책무를 짊어지고, 이를 이행해야 도리라고 여긴다.

40) 1989년 남아프리카공화국의 대통령이 된 클레르크(Frederik Willem de Klerk)는 백인과 흑인을 분리하는 정책인 아파르트헤이트를 완화한 인물이다. 종신형으로 감옥에 있던 만델라를 비롯해 다른 흑인 지도자를 석방하고, 인종 격리 및 차별 정책을 철폐하는 일에 앞장선 단체인 아프리카민족회의를 합법화하는 등 민주화를 위해 노력했다.

이러한 이유로 우리나라에서 보통의 인간은, 사회적으로 요구되는 행위 준칙을 거스르지 않는다. 그래서 그런지 우리 사회에 좀도둑이나 절도가 비교적 흔하지 않은 편이다. 심지어 다액의 현금이 들어있는 지갑조차도 다중이 모인 자리에 아무렇지 않게 탁자 위에 올려놓아도 손을 대는 사람이 거의 없다. 이런 의미에서 우리는 건강한 사회를 형성할 책무에 충실한 국민이라고 말할 수 있다. 즉 우리나라 국민은 비교적 자신의 행위를 사회적 규범의 틀 내에서 적절히 조종해 나가며, 타인과 상생하고 건전한 사회 형성을 위해 각자에게 어울리는 책무를 지닌 인격체임을 자부한다.

사회에 대한 이러한 책무의 부담은 우리 모두, 즉 인간을 존엄의 대상으로 삼아야 할 이유에서 비롯된다. 국가는 존엄한 인간에게 기본권을 충분히 누릴 수 있도록 보장해야 하고, 각 개인은 타인의 기본권을 침해하지 않은 한, 자기 개인적 능력을 충분히 발휘할 수 있으며, 국가는 각 개인의 본질적 인권을 제한하거나 박탈해서는 아니 된다는 원칙이 도출된다.

형벌은 장래의 잠재적 범죄를 예방하기 위한 수단이란 운명을 지녔기에, 형벌을 받게 되는 수형자에게 참기 어려운 고통을 부담하게 할 뿐만 아니라, 그에 대한 전과자란 딱지를 안겨주는 역기능도 적지 않다. 이러한 역기능을 최소화하기 위해 사회방위가 힘들 때 형벌은 최후수단으로써 사용되어야 한다. 따라서 형법은 여백과 관용의 정신이 지배되어야 한다.

이러한 사상의 바탕 아래 『형법연구 X』에서는 건강한 사회 형성을 위해 무엇을, 어떻게 할 것인지에 관해, 특히 다음의 주제를 깊이 고민하게 되었다. 형법상 행위 개념은 행위주체의 범위에 관한 문제이자, 사안을 장악하고 지배할 수 있는 인간의 주체적 능력을 전제로 삼는다. 이에 착안하여 서술된 "형법상 행위개념에 관한 상념"을 비롯하여 모든 범죄는 행위반가치와 결과반가치가 결합한 불법성을 본질적 내용으로 삼고 있음에 반해 위법성은 그러한 불법성의 수준이 사회적으로 용납할 수 없을 정도여서 처벌할 만한 수준의 불법성을 뜻한다는 "범죄행위의 불법성과 위법성"을 쓰게 되었고, 술에 취한 사람은 육체만 취하지 않고 정신도 취한다는 점에서 형이상학적 자유의사란 개념은 형법에 적합하지 않으며, 인간의 의사능력은 지각과 인식의 과정을 거쳐 개념화하는 등 점진적으로 발전해 나간다는 점을 논증한 "자유의사와 책임"을 다루게 되었다. 또한 법률의 착오에 해당하는 "위법성 조각사유의 전제사실에 관한 착오"는 사안에 따라 형법 제20조 사회상규에 의하여 처벌이 조각될 수 있으며, 이에 따라 법률의 착오가 언제나 책임만을 조각할 수 있다는 전제는 틀릴 수 있음을 지적했다. 그리고 신의칙의 원칙이나 사회상규 혹은 조리가 형법상 부진정부작위범의 경우 보증인적 작위의무를 발생하게 한다는 학계나 판례의 견해가 잘못임을 지적하는 "부진정부작위범에서 작위의무의 발생 근거와 한계" 등을 포함하여 "형벌의 존재 근거와 내용", "죄형법정주의와 형법의 해석", "헌법상 사형제도 폐지의 정당성", "형법총칙과 각칙의 관계", "횡령죄의 주체와 부동산 명의수탁자의 지위", "독일, 일본 그리고 한국의 형법상 재산 관련 범죄의 특성", "피고인에게 불리한 판례의 변경과 소급효금지원칙", "친족상도례의 개정방안에 관한 연구" 등 모두 23편을 서술하였다.

이들 연구에 새로운 인식과 발상의 전환을 하게 해준 신동운 교수와 김신 전 대법관에게 깊은 감사를 전한다. 아울러 다양한 주제에 관해 깊은 토론으로 책의 완성도를 높여 주었을 뿐만 아니라, 필자가 썼던 논문들 대다수를 꼼꼼하게 읽고 수정해 준 부산과학기술대학교 이덕인 교수에게 고마움을 갚을 길이 없다. 그의 탁월한 법학 실력이 언젠가 빛을 발할 것으로 확신한다. 아울러 인하대학교 법학전문대학원 최준혁 교수와 서울대학교 법학전문대학원 고명수 교수도 필자의 글을 읽어 보고, 문제점을 지적해 준 점에 깊이 감사드린다. 필자가 저술한 다수의 책을 출판해 준 피앤씨미디어 박노일 대표님께도 역시 고마움의 인사를 전하고 싶다.

제 2 편

인물 탐색

제24장

선상에서의 기적, 황오열 원장님과 이신혜 여사님의 선행

2025년 6월 18일
노르웨이의 베르겐(Bergen)을 떠나면서

Ⅰ.

세계일주 여행은 젊었을 때부터 꿈꾸던 삶의 중요한 일정이었다. 70세 중반에 접어든 나이에 걸맞게 호텔처럼 편안하게 여행하는 방법을 찾았다. 그러던 중 우연히 '피스보트'에서 진행하는 세계일주 크루즈 여행 프로그램을 알게 되었다. 그때가 2024년 8월이다. 일정과 항로를 살펴보니, 내가 한꺼번에 전 세계를 돌아보며(비록 북반구에 한정할지라도), 그것도 아직 가보지 못했던 운하인 수에즈와 파나마를 비롯하여 인도의 코친, 이집트의 포트사이드와 아이슬란드, 코스타리카 등지를 구경할 수 있는 절호의 기회였다. 곧바로 계약을 체결하였다.

Ⅱ.

2025년 4월 22일 아침 부산 김해공항에서 2시간 남짓 비행 후, 도쿄의 나리타[成田] 공항에 도착했다. 공항에서 시외버스 편으로 요코하마로 향하여 1박 후, 이튿날 오전 9시쯤 크루즈에 탑승했다. 운동시설, 수영장, 사우나실 그리고 도서관과 인터넷 등의 편의시설을 확인해 봤다. 생각보다 좁고 작았으며, 여러 사람이 사용하기엔 적합하지 못함을 느꼈다. 무엇보다 와이파이(Wi－Fi) 사용은 거의 세계 어느 곳이나 공짜인데, 이곳은 유료란다. ‘Peace’란 표기에서 알 수 있듯이 명색이 세계평화를 선전하고 활동한다는 명목으로 운영한다는 NGO이니 실비에 불과한 비용이겠지 안이하게 생각하였다. 그래서 한 달 동안 쓸 요량으로 10기가를 10만원가량에 구입하여 사용해 봤다. 고작 8일밖에 사용하지 못했다. 다시금 30기가, 10기가 2개를 동시에 구입했지만, 약 40일 정도만 쓸 수 있었다.

크루즈에서의 불편함이 이발료라든지 곳곳에 도사리고 있지만, 마음에 든 것도 적지 않게 많다. 무엇보다 여행할 때마다 짐을 싸 들고 다닐 필요가 없고, 별도로 교통편을 이용하지 않아도 며칠 지나면 또 다른 국가에 와 있게 된다. 입국 절차도 국내만큼은 아니더라도 쉽다. 특히 14층 뷔페를 시도 때도 없이 찾아가 식음료 대부분을 무료로 먹거나 마실 수 있다. 또한 5층과 6층, 7층 그리고 8층에서도 연구할 수 있는 공간이 마련되어 있어서 좋다. 7층 갑판에 설치된 500m가량의 산책 코스 또한 크루즈의 특권이었다. 하루 10번 이상 돌았다. 그것도 부족하여 10,000보를 더하여 하루 총 17,000보가량을 움직였다. 7층 갑판에서 아침 해가 뜰 때와 저녁에 수평선 너머로 지는 모습은 육지에서 보기 힘든 장관이었다. 해가 지고 뜨는 멋진 그 광경을 찍기 위해 적지 않은 시간을 기다리기도 했지만.

Ⅲ.

부산의 '송도해수욕장' 인근에 있는 '송도탑스빌' 43평(실평수: 28평 내외) 연구실에서처럼 크루즈 선상에서도 논문을 쓰거나 법률시평, 특정인에 관한 그의 삶과 법사상 등을 꾸준히 작성했다. "생명, 마음 그리고 해석학적 방법론"이란 논문은 『형사법연구』 제37권 제2호에 특별기고 형식으로 게재하기로 했다는 소식을 받았다. 그 밖에도 "김영환 교수의 삶과 법사상", "존경하는 마음의 친구 최병선", "삶의 그렝이질" 등을 썼다. 이 3편의 글은 올 9월 출간 예정인 『정의의 굴레』에 실을 예정이다. 그 밖에도 "형법총칙과 형법각칙 관계"에 관한 '한국형사법학회'의 논문투고 요청으로 작성했던 논문을 최근의 경향을 보완하여 학회 관계자에게 보냈다. 8월 하순에 출간일이 잡힌 형법 연구서인 『형법연구X』의 2차 교정을 끝내고, 출판사에 넘겼다.

그사이 종래부터 아팠던 허리의 통증이 참기 어려울 정도로 심해졌다. 25일 아침에 일어나니 허리에 상당한 통증이 느껴지고, 허리를 굽혀 양말을 신을 수 없을 정도였다. 운동을 하면 아픔이 완화되든지 사라졌던 이전의 경험으로 더욱 열심히 뛰고 걸었다. 왠 걸, 시간이 지나도 낫기는커녕 더 아프기만 했다. 26일에는 오랜만에 아픈 허리를 참아가며 사우나를 했다. 치료가 되리라는 예상으로. 자고 일어났더니 통증은 더욱 심해졌다. 아프기 전까지 평소 매일 17,000보 이상을 걸었는데, 25일에는 14,667보로 줄어들고, 26일은 고작 4,800여 보만 걸었다. 걷기도 힘들었지만, 도대체 잠을 잘 수도, 앉아 있을 수도 없을 정도로 통증은 점점 심하게 다가왔다. 잠을 10번도 더 깨었다. 게다가 몹시 추위를 느끼는 상황에서 고열일 수 있을 것 같다는 생각이 들었다. 의사의 도움이 절실한 지점으로 귀착한 것이다.

Ⅳ.

5월 27일 아침 일어나자마자 오늘은 무조건 크루즈 선내 병원에서 진찰을 받기로 마음먹었다. 우선 통역을 하는 최지은 선생님을 찾아가 자초지종을 설명했다. 흔쾌히 도움을 주었다. 함께 병원을 찾아가 의사 선생님을 만났다. 최선생님이 유창한 일본어를 구사하여 나의 상태를 설명했다. 의사는 아픈 부위를 만지고 누르고 두드려 보기도 했다. 혈압, 체온, 혈액, X레이, CT 촬영을 마친 후, 아마도 신경 부위에 염증이 있어서 열이 나니, 항생제를 경구용과 주사제로 치료해야 한다면서 처방을 내려주었다. 병실에 누워 링거를 맞으면서 주사제로 항생제를 투여했다. 그리고 내일 오후 2시에 다시 같은 치료를 해야 한다고 설명했다. 경구용 항생제는 하루 4번씩 한 번에 2알을 먹었다. 먹을수록 설사가 심해졌다. 열은 다소간 떨어졌지만, 통증은 별반 차도가 없어 보였다.

4월 28일, 병원에서 다시 CT 촬영을 했다. 별다른 증상을 발견하지 못한 모양이다. 주사로 항생제를 맞고, 아울러 링거를 2시간가량 맞았다. 진료가 끝날 무렵 의사는 테네리페에서 정밀검사를 받든지, 아니면 귀국하는 것이 어떠냐고 물었다. 통역인과 함께 병원에 가느냐고 물었더니, 그렇지 않고, 소견서를 써줄 테니 그걸 가지고 가서 치료를 받아보라고 하였다. 그럴 바에야 내가 젊었을 때 유학했던 독일 병원으로 가겠다고 고집을 부렸다. 그 덕분에 끝내 테네리페에서 MRI 등 정밀검사를 받지 않아도 되었고, 또한 당장 귀국해야 할 부담도 없게 되었다. 걷기가 너무 힘들어 이날은 고작 635보만 걸었다.

V.

그사이 치료를 거듭 받으면서 이틀이 지나갔다. 열이 내리고 허리의 통증은 종전보다 개선되었지만, 참기 어려운 고통은 여전히 지속되었다. 그런 상황에서 C719호인 나의 객실(Cabin)로 전화가 왔다. 낯선 사람의 목소리라고 느끼는 순간, 본인을 황오열이라고 소개했다. 황선생님[1)]은 피스보트에 탑승한 지 얼마 후, 한국인 승객들이 자기 소개를 할 때 고향이 전남 고흥군이라 하여 동향임을 이미 알고 있었다. 선생님의 사모님(이신혜 여사)이 마침 신경통증완화제 주사를 2개 갖고 있어서 선뜻 그것을 처방해 주겠다는 제안이었다. 꿈 같은 호의였으나, 처음엔 망설였다. 무엇보다 이여사님 본인이 불가피한 경우를 대비해서 가져온 상비약이기 때문이다. 이때 마음보다 몸이 앞선다는 것을 절감했다. 견물생심이랄까. 나의 몸은 그 처방이 절실하다고, 그래서 맞아야 한다고 몸부림치고 있었다.

그날이 5월 30일 오후 1시 40분경이었다. 오후 2시부터 4시까지 선내 병원에 예약이 있으니, 오후 4시 넘어서 방문해 달라고 부탁했다. 4시 30분쯤에 침실을 누군가 노크했다. 직감으로 알았다. 황원장님일 것이라고. 직감은 틀림이 없었다. 그는 들어서자마자 몇 가지 질문을 던지고서 내 엉덩이에 주사

1) 그는 1948년 전남 고흥군 금산면에서 출생했다. 연세대학교 의과대학에서 성형외과 전문의 자격을 취득한 성형외과 전문의 제1세대 출신으로 한국에서 성형외과의 개척에 힘썼다. 환갑을 넘기자, 그 직을 곧바로 그만두고, 각국을 여행하면서 지혜로운 인간은 어떻게 행동하는가를 몸소 보여주고 있다.

를 놓았다. 그러면서 크루즈용 침대가 너무 푹신하니, 허리를 받치는 부위에 타월 수건을 3겹으로 해서 깔고 자라고 한다. 주사를 맞으면서 곧바로 나을 거야 마음속으로 되새김했다. 주사를 맞고 30분쯤 후, 며칠째 제대로 식사를 하지 못해 식당으로 아픈 몸을 끌고 갔다. 저녁을 간단히 먹었다. 돌아와 곧바로 잠이 들었다.

오랜만에 잠을 푹 잤다. 평상시처럼 새벽 무렵 잠에서 깼다. 그렇게도 아픈 통증이 온데간데없이 사라졌다. 이건 기적이다. 과학적인 것은 시간을 요하는데, 그래서 차츰차츰 좋아지는데, 자고 일어나자마자 그토록 심했던 허리 통증이 거짓말처럼 사라져 버렸다. 그렇게 기쁠 수가 없었다. 정말이지 5일(120시간)만에 살 만하다는 기쁨을 누렸다. 참기 어려운 허리의 통증은 아파본 사람만이 매시간 그것의 절실함을 느낄 수 있을 것이다. 힘든 고통에서 해방된 자유, 이루 말할 수 없을 정도로 기뻐 이 소식을 곧바로 원장님께 전하고 싶었다. 그러나 새벽 4시이니 그분을 깨우는 결례가 될까 봐 기다렸다.

그런데 필자가 전화로 감사의 인사를 전하기 전에 원장님께서 안부를 묻는다. 나의 대답, “기적이 일어났습니다. 감사합니다. 원장님.” 그 주사, 한 방으로 충분할 것 같았는데, 원장님은 또 다른 계획이 있었다. 두 번째 주사를 맞으란다. 아무리 생각해도 그건 도리가 아닌 것 같았다.

그럼에도 원장님은 5월 31일 오후 3시 전후해서 찾아온다고 일방적인 통보를 했다. 오후 3시 30분쯤 원장님께서 두 번째 주사를 놓았다. 1차 주사로 허리 통증이 대부분 사라졌지만, 여전히 허리를 굽히거나 걷는데 약간의 통증이 남았다. 2차 주사로 모든 통증은 사라지고 활동하는 데 아무런 지장이 없을 정도가 되었다. 뛰어다니고 싶을 정도로 회복된 것이다. 걷는 것을 삼가야 함에도 6월 1일은 통증도 없이 7,869보를 걸었다.

세상에 이런 일이! 황원장님께서 필자에게 기적을 베풀었다. 고마움을 넘어 그것은 진한 감동이었다. 더욱이 황원장님의 사모님인 이신혜 여사님[2)]이 그 주사제를 본인의 치료를 위해 준비하였음에도, 필자의 치료를 위해 자신의 치료제를 선뜻 내어놓은 것이다. 확실히 그녀는 양반의 고장인 안동 출신이 틀림없었다.

Ⅵ.

황원장님의 기적적인 치료는 따지고 보면 그 사모님의 역할이 결정적이었다. 허리 통증이 심하다는 애길 사모님이 강피터베다니 선생님의 부인에게서 듣고, 그것을 황원장님께 전

2) 그녀는 경북 안동 출신으로 시인이자 화가이다. 공동으로 4권의 시집 출간 후, 2024년 4월 이신혜 이름의 단독 시집 『그리움은 함께 보낸다』를 출간했다. "가을이 왔네요", "시월의 노래", "당신 오신 날 기다리겠소" 등 주옥 같은 내용을 담았다. 작가의 표현에서, "그리움은 사랑과 이별, 죽음과 삶, 과거와 현재, 자신과 타인, 꿈과 현실 등 나의 삶에 스며들어 있습니다. 그리움은 때로는 아름답고, 때로는 슬프고, 때로는 달콤하고, 때로는 쓰립니다."라는 싯귀가 와닿는다.

했다. 또한 신경통증 치료제조차 이신혜 여사님이 한국에서 준비해 온 것이라 한다. 극심한 신경통 증상으로 남다른 고생을 했던 이여사님은 자신에게 너무나 소중한 상비약을 아무런 이해관계도 없는 나에게 선뜻 내어 주셨다. 그분은 남을 위해 자기 스스로 헌신하는 희생정신이 몸에 밴 사람임을 알 수 있는 대목이다. 게다가 신경통증완화제로 경구용까지 3일분이나 필요할 때 복용하라고 주셨다. 잠잘 때 허리 밑에 타월을 깔고 자면 효과가 탁월하다는 경험담도 알려 주었다. 그 얘길 듣자마자 곧바로 실행에 옮겼다. 걸을 때도 발 뒤꿈치 쪽부터 땅에 닿아야 한다는 점을 누누이 강조하고, 보폭을 좀 더 길게 하라고 하는 등 걷는 자세까지 몇 번이고 시범해서 보여 주었다. 그 이후부터 의식적으로 걸을 때 뒤꿈치가 먼저 땅에 닿도록 걷게 되었다. 또한 건강 때문에 자신이 읽고 또 읽어서 많이 해진 『100세 허리』란 책을 건네주면서 읽어 보라고 권한다. 꾸준히 읽으면서 실천하고 있다.

요즘 세상에 어느 누가 별로 보잘 것도 없는 나에게 허리통증 완화에 좋다는 갖가지 비법과 경험을 이렇듯 아낌없이 전해 주겠는가. 그런 의문의 세상인데, 이여사님은 천사임에 틀림이 없었다. 그 점을 입증하는 또 다른 일도 일어났었으니까!

6월 11일 새벽에 갑자기 복통이 시작되면서 설사가 멈추지 않았다. 크루즈가 그날 아침 프랑스 '르아브르(Le Havre)'에 입항하면 '몽생미셸(Mont-Saint-Michel)'에 14명이 단체로 가기로 예정되어 있어, 그 일정을 포기하기도 미룰 수도 없었다. 아침에 죽을 약간 먹고 방으로 돌아와 준비하려고 일어났다. 몇 발을 걸었더니 그곳에 황원장님 내외분과 강피터베다니님 내외분이 계셨다.

지나가는 말로 새벽 복통 이야길 했더니 이신혜 여사님께서 잠깐 기다리고 있으란다. 잠시 후 여사님은 지사제 4회분과 환약이 가득한 약통을 주셨다. 받자마자 그 자리에서 지사제를 복용하고, 하선하여 단체관광에 합류했다. 새벽부터 그렇게 힘들게 했던 복통은 언제 그랬냐 하는 식으로 사라졌고, 심하디 심했던 설사도 멈추었다. 아침을 거의 굶었던 나는 연어로 만든 점심을 오랜만에 맛있게 먹었다. '몽생미셸'로 가는 내내 졸음이 몰려와 꾸벅꾸벅 졸다가 갑자기 잠에서 깨었다. "몽생미셸에 거의 다왔나 보네" 하는 생각이 들어서 가이드에게 그렇게 말했더니 그렇단다. 조금 지나 오른쪽 저 너머에 '몽생미셸'의 모습이 다가왔다. 웅장하고 신비스러운 자태로. 와! 하는 감탄사가 절로 나왔다. 이여사님께서 '몽생미셸'을 볼 수 있게끔 기적을 베풀었음에 틀림이 없다는 확신을 했다.

Ⅶ.

나는 과학을 신봉하고, 신의 존재를 믿지 않는다. 신은 신화로서 우리의 상상력에 의해 빚어진 산물에 불과하다고 여기기 때문이다. 다만 종교도 건강한 사회를 형성하는 데에 큰 역할을 할 수 있다는 점에서, 사회의 훌륭한 자산이라고 여긴다. 인권을 존중하고 타인을 배려하며 약자를 억압하지 않고 모두를 동등하게 대우하는 그러한 마음가짐을 강화하는 종교는 필요하다고 여긴다.

마찬가지로 사회적으로 선한 영향을 미치고, 그래서 우리가 사는 사회가 더욱 성숙하여 개개인의 인격을 최대한 꽃피울 수 있도록 노력하는 분들도 없지 않다. 크루즈 선상에서 그런 두 분을 발견했다. 절망에 빠져 매 순간 견디기 어려운 고통에 시달려야 했을 때 황오열 원장님과 이신혜 여사님의 선한 행위는 기적의 선물이었다. 절망의 상황을 극적으로 벗어날 수 있었던 두 분의 선행은 기적이 아닐 수 없었다.

두 분 덕분에 이젠 하루 평균 14,000보 내외를 걷고 있으며, 6~7시간을 책상에 앉아 일할 수 있는 일상을 되찾게 되었다. 독일의 '함부르크(Hamburg)'와 노르웨이의 '베르겐'에서는 시내 구경을 자유롭게 하면서 20,000보 이상을 거뜬히 걸을 수 있게 되었다. 건강을 되찾게 해주었으면서도 나에게 아무런 대가도 바라지 않은 이 두 분의 선행, 정말이지 기적을 일으킨 감동 그 자체이다.

제25장

존경하는 마음의 친구 최병선

2025년 5월 21일

남아공의 포트 엘리자베스(Port Elizabeth)에서

I.

1962년 2월 12일, 전남 고흥의 백양초등학교 제21회 2반의 졸업사진을 담임 이강영 선생님과 함께 찍었다. 1956년 3월 입학할 때 2반에 재학한 학생은 모두 61명이었다. 그러나 정작 졸업사진에 찍힌 2반의 얼굴은 48명뿐이다. 사진 값을 낼 수 없어서 찍지 못했던 친구들과 일부러 찍지 않았던 김동진을 포함하면 2반의 졸업생은 대략 57여 명이다. 1반까지 포함하면 110명이 조금 넘을 뿐이다. 120여 명 넘게 입학했는데도.

사진을 찍은 지 얼마 후인 2월 24일(토요일) 졸업식 행사가 학교 강당에서 거행되었다. 재학생 전원과 부모님의 일부도 참석했다. 후배들이 졸업식의 마지막을 장식하는 노래를

선창했다. '빛나는 졸업장을 타신 언니께'로 시작되는 졸업식 노래의 제1절을 마칠 무렵 마음이 울렁거렸다. 그래도 참을만했다. 졸업생인 우리가 이어서 제2절 "잘 있거라, 아우들아, 정든 교실아. 선생님, 저희들은 물러갑니다."를 합창할 때쯤 모두 목이 메었고, 노래가 중반을 넘어서 후반부로 들어가자마자 일부는 눈물만, 일부는 소리 내서 울기 시작했다. 급기야 모든 졸업생이 큰 소리로 울었다. 좌우간 슬퍼졌다. 익숙했던 칠판, 책상과 의자, 우리가 몸소 꾸몄던 교실, 넓은 운동장 그리고 우릴 가르쳤던 낯익은 선생님들. 무엇보다 더 이상 만날 수 없게 될 친분이 두터웠던 친구들. 이 모든 상황이 떠오르면서 한없는 슬픔이 엄습했다.

이런 슬픔은 졸업식을 마치고 며칠이 지나도 가시지 않았다. 내겐 그 당시 또 하나의 슬픔이 숨어 있었기 때문이다. 그건 다름이 아닌 내가 존경했던 후배이자 마음의 친구 최병선을 더 이상 만날 수 없게 되었다는 사실이었다.

Ⅱ.

병선을 알게 된 것은 아주 어렸을 때도 아니고, 초등학교에 입학할 때도 아니다. 같은 마을에 살지 않았기 때문이다. 그와 이야기를 나눈 것은 내가 초등학교 4학년 때이니, 그가 초등학교 3학년이던 시절이다. 멀리 떨어진 학교(약 4km)를 둘다 같은 방향으로 오가다가 우연히 만나 이런저런 얘길 나누게 되었다. 그러다가 우리는 서로 죽이 맞음을 알게 되었다. 그는 나보다 1년 아래였으나 둘의 대화는 처음부터 별 막힘이 없었다. 그가 나의 동기였던 최동선처럼 천재이거나 천재일 수 있다는 생각이 그때부터 들었다. 내게는 약간의 암기력이 있어서인지 역사에 관심이 많았고, 국사뿐만 아니라 세계사, 더 나아가서 세상사를 파악하고 이야기함이 무척이나 즐거웠으며, 책에서 읽었던 내용이나 이들 내용의 조합을 통해서 형성된 생각이 머리에서 술술 흘러나왔다. 그런 내용을 그에게 말하면 병선은 곧바로 이해하며 맞장구로 받아 주었다. 그에게 하나님께서 사물의 핵심을 쉽게 파악하고 사유할 수 있는 특별한 지적 능력을 부여했음이 틀림없다고 느꼈다. 나보다 어렸지만, 그는 근본이나 본질을 파악하려는 능력이 매우 강했고, 똑똑했다. 그런 두뇌의 소유자이다 보니 그는 탁월한 질문을 내게 자주 하곤 했다.

다음의 경우가 전형적이었다. 병선이 내게 던진 결정적 질문의 첫째는 사람이 죽으면 영혼의 나라가 있다고 하는데, 그런 나라에서 살게 되는 사람은 속세의 그것과 달라질 것인데, 그것이 무엇일까? 두 번째 질문은 현재를 살고 있는 나 자신이라는 존재는 누구이며, 어디에 있고 어디로 가야만 할 것인가?

그땐 그걸 모르니까 며칠을 넘어서 몇 달, 몇 년을 고민하고 궁리했다. 아직도 그 질문에 대해 확실한 대답을 할 수 없다. 다만 두 번째 질문에 관해서 오늘의 내가 누구인가는 어제까지 형성된 나의 모습이나 인격이지 않을까 믿는다. 그래서 오늘의 참된 나의 존재를 형성하기 위해 매 순간을 붙잡고 최선을 다하는 삶을 살아야 한다고 생각하게 되었다. 그는 그런 질문들을 통해 나에게 어떤 삶이 진정한 가치를 갖게 하는지를 깨닫게 하는 데 결정적 도움을 주었다.

우리는 종교에 관한 얘기도 곧잘 했다. 그것은 석가모니부터 시작되었다. 죽음의 의미와 현생에 관한 얘기들도 서로가 아직 초등학교 학생이었지만 진지하게 의견을 나누었다. 특히 “꽃은 피어도 곧 지고, 사람은 나도 이윽고 죽는다.”라는 석가모니 말씀이 우리 둘 다의 마음속에 깊게 꽂혔다. 이 말씀엔 우리는 언젠가 죽음이란 현실을 마주하게 되는데, 그 죽음을 슬기롭게 맞이하기 위해서는 어떻게 살아야 할까를 고민하게 했다. 여기서 서로 공감했던 부분은 “다른 사람들을 위해 배려하고, 베풀 수 있는 마중물이 되도록 하며, 어제 죽어갔던 분들이 그토록 살고 싶어했던 내일이란 날을 결코 허투루 보내서는 안 된다.”라는 것이었다. 이렇게 공감대를 갖던 사이다 보니 그와 이런저런 얘길 나누는 것 자체가 즐거움이요, 행복이었다. 여름철 어느 때는 시원하기로 소문난 ‘달국재’라는 곳에서 시간 가는 줄 모르고 이야기를 주고받기도 했다. 그런 만남의 시간은 졸업할 때까지 이어졌다.

나로도에 소재한 중학교에 입학하고, 학교 생활의 적응기가 끝날 무렵인 나는 그가 보고 싶기도 하고, 또한 너무도 얘기하고 싶어서 1962년 5월, 모교인 백양초등학교를 찾아갔다. 쉽게 찾을 수 있었다. 그는 철봉에 매달려 운동을 하고 있었다. 철봉에서 내려오질 않고, 오히려 자신이 잘하는 묘기를 열심히 보여주었다. 한참을 지켜본 후에서야 철봉에서 내려온 병선과 이런저런 얘길 나누었다. 그날을 끝으로 나는 한동안 그를 만날 수 없었다. 그가 초등학교를 전체 수석으로 졸업하고 중학교를 순천(順天)으로 유학하게 되었으며, 그 후 곧바로 서울 정동(貞洞)에 소재한 역사와 전통을 자랑하는 명문 배재고등학교에 진학하는 바람에 서로 마주칠 일이 거의 없었기 때문이었다.

Ⅲ.

집안의 가세가 기울어 상급학교에 진학할 수 없었던 나는 부모님과 조카들의 생계를 책임지는 생활을 3년 넘게 했다. 나로도 바닷가에서 어부들을 상대로 한 장사를 3년쯤 했을 무렵 전남대학교 수의학과에 다니던 조정제 선배가 내게 찾아와, 고등학교를 졸업하지 못해도 대학에 갈 수 있는 길이 있음을 알려 주었다. 즉 '고등학교 졸업자격 검정고시'라는 제도에 관한 설명이었다. 그러면서 3개월 뒤, 전남대학교에서 그 시험이 있다고 전했다. 이 얼마나 듣고 싶었던 이야기인가!

3개월 후에 12과목 시험을 쳤고, 다행히 합격이 되었다. 그때가 1968년 5월이다. 그 이후 서울에서 대학에 다니게 되면서 북아현동(北阿峴洞)에 살았던 병선을 다시 만날 수 있게 되었다. 그와 만난 지 이미 오랜 시간이 지났음에도 우린 여전히 죽이 맞았다. 만나기만 하면 몇 시간씩 불교를 중심으로 다양한 주제에 관해 이야기했다. 당시 그는 불교에 깊이 심취된 상태였다. 그래서 그는 동국대학교 불교학과에 입학해 있었다. 강의실에서 배운 내용이나 서적을 통해서 익힌 불교의 참된 모습을 찾아서 헤매고 있을 때, 병선은 현실에서 마주친 불교 신봉자들의 삶과 생활 태도에 깊은 실망감을 느꼈고, 끝내 대학을 자퇴해 버렸다.

나는 그의 의견을 존중해 주었다. 왜냐면 그는 불교의 참된 교리인 사물에 집착하지 않고, 사물의 본성 그 자체를 편견 없이 바라보며, 불의나 부정적 행태를 경멸하고, 인간은 선한 행동을 실행해야 할 책무가 있다고 굳게 믿었기 때문이다. 가족은 그의 행동에 어떻게 대응했는지 알 수 없지만, 그래도 식구들은 그를 믿었을 것으로 보였다.

대학 자퇴 이후 얼마 지나지 않아 그는 고향으로 돌아와 농사일에 몰두했다. 농사는 거짓이 없으니까, 그의 적성에 맞았을 것이다. 왜냐면 거기엔 왜곡과 불의가 스며들 여지가 없고, 서둔다고 해결되지 않을 뿐더러, 시기와 절기도 사물의 이치에 따라 맞아떨어지기 때문이다.

그사이에 나는 독일 유학을 떠나게 되었다. 떠나기 직전 서울대학교 부근의 하숙집에서 그를 만났다. 여러 이야기를 하던 중 나의 유학 목적을 묻기에 대뜸 서울대학교 법대 교수가 되어 서울대학교 총장을 해보겠노라고 농담했더니, 그것을 진정으로 생각하고, 후일 만나기만 하면 서울대학교 총장을 해야 하는데 어떻게 된 것인지 묻곤 하였다.

독일에서 유학하는 동안 나는 법학을 포함하여 역사, 철학 등 이런저런 분야에 다양한 관심에 빠졌다. '교수자격과정'을 이수하려 했으나, 그럴 여건이 형성되지 않아 1984년 9월 1일 귀국했다. 귀국 후 동아대학교에 자리를 잡자마자, 그가 보고 싶어서 찾아 나섰다. 전남 장성(長城)에서 젖소 농장을 한다는 얘길 듣고 곧바로 달려갔다. 가던 날이 장날이라고 광주시외버스터미널에서부터 비가 억수처럼 쏟아져 내렸다. 장성읍에 도착하니 더욱 세차게 비바람이 몰아쳤다. 3시간쯤 지나서야 비는 더 이상 내리지 않았고, 마을버스 편으로 그의 농장을 찾아갔다. 순박한 병선의 모습은 여전했고, 평소 나를 친자식처럼 친절하게 대했던 그의 어머니도 거기서 만날 수 있었다. 반갑고 기뻤다.

우리는 만나자마자 얘기 보따리를 풀었다. 밤새 이야길 나누었다. 그 핵심 내용은 우리가 어렸을 때 다짐했던 삶의 태도와 행동 원칙을 반복하였을 뿐이었다. 다만 이를 논증하는 방식은 종전보다 훨씬 풍부해졌지만. 그리고 다시금 거의 40

년이나 헤어져 있다. 물론 그사이 간혹 안부를 묻고 만나기는 했지만, 예전처럼 깊은 대화를 나누지는 못했다. 그럼에도 나는 그가 누구인지, 어떤 철학을 갖고서 살았는지를 다소라도 이해한다고 자부한다.

그는 어렵고 고달픈 사람을 만나면, 그 사람의 편이 되어 주었다. 특히 IMF 사태 때에는 자기 건물에 세들어 장사하는 사람들을 배려하고 그들을 위해 최선을 다하였다. 비록 자신은 그로 인해 큰 손해를 보았고 졸지에 어려운 형편이 되었지만, 그것을 희생으로 감당했다. 최병선은 그것을 확신하며 행동해야 할 사람의 도리라고 봤기 때문이다.

전해 들은 얘기 중에 그가 어느 날 외투를 입고 출근했다가 그 외투 없이 집으로 돌아왔는데, 그것을 본 부친이 사유를 물으니, 추운 날씨에 떨고 있던 사람을 못 본 척할 수 없어서 벗어 주었다고 얘길했다고 한다. 그의 부친 역시 대단하였다. 그런 상황이라면 아들을 호되게 꾸짖었을 법도 한데, 그저 그랬느냐고만 했을 뿐이었다.

사람들은 의문을 제기할 수 있다. 버스나 택시 운전을 해서라도 삶에 보탬이 될 수 있도록 해야 하지 않냐고? 이 질문에 나는 다음과 같이 대답할 수 있을 것 같다. 그가 만일 택시 운전을 하던 중에 거리에서 힘든 사람이나 거동이 불편한 장애인을 본다면, 대가 없이 그들을 태워다 줄 것이라고. 혹은 택시 승객이 차비가 없어 쩔쩔맨다면 이때도 역시 그냥 태워

주었을 것이라고. 아니면 자기의 운전으로 혹여 사람이 다치기라도 한다면, 자기책임을 끝까지 인정할 사람이라고. 왜냐면 병선은 그렇게 하는 것이 그의 책무이자 도리라고 믿고, 그래서 그렇게 행동할 것이라고 확신하기 때문이다.

Ⅳ.

그는 탁월한 지적 능력과 성실함으로 어렵지 않게 목사나 신부님 혹은 스님이 되어 그 분야에서 대인배적 역할을 묵묵히 수행할 수 있었음에 틀림없다. 그러나 그는 그런 것조차 모두 버렸다. 욕심 없이 사는 삶, 소유의식 역시 남들보다 근본적으로 희박해 보인다. 아니 없다고 함이 더 적확할 것이다. 법정 스님이 '무소유'라고 했던가. 아마 이에 적합한 인물을 찾는다면 그것은 내 마음의 친구 최병선이 최적이라고 생각한다.

자리에 연연하지 않고, 재산을 탐하지 아니하며, 명예욕조차 차버린 사람이 나의 후배인 병선이다. 최근 로마 교황이었던 프란치스코(Franciscus PP)가 임종할 때 썼던 편지의 핵심 내용을 보면서, 그건 병선에게 딱 들어맞는 말씀이라고 여겼다. "세상의 일들은 저마다의 순리로 흐릅니다. 우리가 할 일은 그 흐름 안에서 조금의 여백을 내어주는 일입니다. 조금의 양보, 조금의 배려, 조금의 덜 가짐이 누군가에겐 따뜻한 숨구멍이 됩니다. 그리고 그 따뜻함은 세상을 다시 품게 하는 온기가 됩니다."

그렇다. 오늘의 나를 형성하는 데 결정적 도움을 주었던 존경하는 후배로서 누구도 도저히 따라갈 수 없는 높은 윤리적 덕목을 그는 스스로 항상 실천하고 있다. 어렸을 적 서로 나누었던 대화와 꿈을 병선은 여전히 간직하고 산다. “꽃은 피어도 곧 지고, 사람은 나도 이윽고 죽는다.”라고.

제 26 장

인장(仁藏) 송광섭 교수에 관한 생각

2025년 4월 4일

Ⅰ. 들어가면서

송광섭 교수의 정년은 2025년 8월이다. 1학기가 끝나면 정년에 해당하는 만 65세를 넘기게 된다. 그의 부친은 몰락한 양반집 장남으로 20대에 법대를 졸업하고서 '문관고시'에 합격한 엘리트였다. 그래서 이미 20대에 면장을 역임하였다. 모친도 전주여고를 졸업했던 재원이었고, 미술에 깊은 조예가 갖고 있어 대상도 여러 번을 탔던 탄탄한 실력자의 화가였다. 이런 부모님의 재능을 물려받아 1960년 4월, 막내아들로 태어났다.

필자는 1992년 무렵, 송교수가 누구인지 그의 논문 "과학적 수사방법과 PRIVACY 보호"[3]를 통해서 간접적으로 알게 되었다. 그를 처음 대면했던 것은 1994년 7월 2일. 연세대학교

3) 『동산 손해목 박사 화갑기념 논문집』, 1993년 3월, 711쪽 이하.

법과대학의 어느 세미나실이었다. 그날 그는 형사법학회 춘계 학술행사에서 "위법하게 수집한 증거의 증거능력"[4]로 주제 발표를 하였다. 한정환 박사의 "구성요건적 착오와 금지착오의 구별"의 발표에 뒤이어, 두 번째의 발표자로 나선 그는 어딘지 모르게 자신감이 넘쳐 있었다.

당시뿐만 아니라 지금도 적지 않은 학자들의 발표는 통상 자료를 읽어 나가는 방식인데, 그는 자료를 참고용으로만 사용하고 학회 참석자들을 정면으로 응시하면서 자신의 견해를 명확하게 밝혔다.

학문에 관한 그의 자신감 있는 태도와 나름의 논리 전개가 마음에 와닿았다. 그래서 그의 주제 발표를 열심히 들었고, 부산으로 오는 '새마을호 기차'에서 다시 한 번 주제 논문을 읽어보았다. 그때 느꼈던 바는 그가 우리 형사소송법을 체계적으로 이해하고 있을 뿐만 아니라, 헌법적 가치관점의 틀 내에서 해석하고 있다는 것이었다. 그의 학문적 태도는 깊은 울림으로 내 마음에 다가왔다. 그는 장차 형사소송법 분야에 큰 획을 그을 사람이라는 믿음이 갔다.

그에 관한 신뢰와 믿음이 있었기에 연세대에서의 발표 이후, 그를 만날 기회가 있을 때마다 그는 도대체 어떻게 해서 형사법을 헌법적 측면, 사회학적 측면과 형사정책적 측면 등 다양한 방향에서 검토하게 되었는지를 알고 싶어 이런저런 질

4) 이 논문은 『형사법연구』 제7호(1994년 12월), 138쪽 이하에 실려 있다.

문을 했고, 대부분 기대 이상의 대답을 들었다.

그와 나눈 학문적 문답의 역사는 그 이후로 근 30년 이상 이어졌다. 2024년 10월, 그는 부산 송도에 있는 필자의 연구실까지 찾아와 이틀 동안 진지하게 서로 묻고 답했다. 의심스러운 점을 되묻곤 하였다. 그는 첫인상과 달리 광범위한 주제들에 관심을 두고, 이를 두루 섭렵하였을 뿐만 아니라 분야마다 깊이 파고들려고 노력하였다. 그의 성향은 오늘날 한국의 형사법학자에게서는 쉽게 찾아보기 힘든 모습이었다.

아마도 다양한 방면에 관한 그의 깊은 관심이 '법무부 법무자문위원회 형사소송법개정 특별분과위원회'에서도 절실히 요구되지 않았을까? 그래서 그는 2009년부터 2024년 현재까지 위원회의 중추적인 역할을 담당하며 활동을 계속하게 되었을 것이다.

Ⅱ. 그는 누구인가

그가 지금껏 내게 전한 얘기들을 나열해 보자면 참으로 많다. 그것들을 듣고 있노라면 때론 슬프기도 하고, 때론 그와 함께 행동했어야 함에도 함께 하지 못해 후회되는 점도 있다. 그가 언급한 이야기 가운데 중요한 몇 가지 들자면, 몰락한 양반 가문의 후예이며, 어려운 가정생활, 대학 입학에 결정적인 역할을 했던 예비고사의 실수로 인한 좌절, 특히 이로 인해 의

대를 진학할 수 없었던 일, 군에서 좋아했던 형님이 죽음을 맞이한 참담함, 이를 접한 부모의 몸부림을 자식으로서 차마 볼 수 없었고, 고인이 된 형님의 몫까지 부모께 효도해야 한다는 절박한 심정과 어려운 가정형편으로 재수를 할 수 없었던 사연들, 차선으로 택한 지방대에서의 법학 공부, 대학 1학년 때 문학, 연기, 음악 등 광범위한 분야에서 경험했던 다양한 활동, 사법시험 준비와 포기, 대학원 입학과 조교 생활, 지도 교수님과 관계, 교수 임용 과정에서 빚어진 말할 수 없었던 서러움, 일본 유학의 행운, 방대한 자료를 갖춘 일본 대학에서의 형사법 연구 활동, 우리에게 대단한 것으로 여겨졌던 '일본 형사법학의 이론'이 거의 모두 독일에서 받아들였다는 사실의 파악, 언론매체에 각종의 사안에 관한 법률·예술논평과 문학논평, 뉴질랜드에 유학했다는 사실, 각종 사회 현안에 대한 입장발표 등을 비롯해 참으로 다양했다.

특히 1970~1980년에 걸쳐 그가 대학에 다닐 때 실천했던 것으로 '교련 반대운동', '익산공단 노동자 지원 투쟁', 함석헌(咸錫憲) 선생 초청 강연 날에 원광대 본관 앞에서 마이크 잡고 학생들을 모아 익산역과 경찰서 앞까지 '독재반대투쟁 행진'의 선도 등이다. '전두환의 12·12사태' 때는 목숨을 부지하기 위해 3개월간 산속에 숨어 들어가 지내기도 하였고, 다행히 '노출되지 않은 운동권 활동'을 주로 했기에 퇴학만은 간신히 면하기도 하였음을 담담하게 말했다.

필자가 알거나 알게 되었던 법률가나 법학자의 대부분은 입만 살아 있었고, 행동까지 뒤따르는 사람은 그리 많지 않은 편이다. 심지어 상당수 법조인이나 법학자는 권력자에게 자발적으로 빌붙어 기생하려 하기까지도 서슴지 않았다. 히틀러 시대의 독일 법학자들도 예외는 아니었다. 특히 형법학자들 거의 모두는 아무런 말도 하지 못했고, 극히 일부인 라드브루흐(Gustav Radbruch) 등 10여 명만이 불법적인 히틀러 정권에 참을 수 없어 외국으로 망명했을 뿐이다. 이와 달리 킬(Kicl) 학파의 학자들, 예컨대 그 가운데 대표자인 게오르그 담(Georg Ferdinand Gustav Dahm)은 히틀러의 권위주의를 숭배하는 등 극단적 반인륜의 극치를 보여주었던 나치의 행태까지 칭송해 댔다. 일본도 예외가 아니다. 반인권적 사상이 짙은 치안유지법을 형사법 교수들의 대부분이 지지했고, 심지어 진보적인 학자로 여겼던 마키노(牧野)마저 그랬다. 다만 미노베 다쓰키치(美濃部達吉)와 다키가와 유키토키(瀧川幸辰) 등 지극히 일부만이 반대했다. 우리나라는 어떠했는가? 박정희 군사쿠데타에 반기를 들었던 황산덕(黃山德) 교수는 동아일보를 통해 줄기차게 박정희의 권위주의적 정권에 비판을 가했다. 그랬던 그가 독재정권에서 장관 자리를 제의하자, 곧바로 비판을 멈추고 꼭두각시 노릇을 자임하게 되었다. 게다가 사법살인의 희생자들인 '인혁당재건위' 사건의 피해자들에게 일말의 가책도 없이 사형을 집행하게 했던 장본인이기도 하였다. 대다수의 교수들은 박정희 정권에 불평이 가득했지만, 당시의 분위기로 아무런 언급도 하지 못했던 것이다. 그와 같은 상황에서도 처음부터 박정희 정권에 빌붙어 온갖 혜택을 누린 학자가 적지 않았음을 똑똑히 기억하고 있다.

이러한 점을 감안할 때, 인간 송광섭은 언론매체를 통해 비판적 법률비평의 방식뿐만 아니라, 직접 몸으로 저항하며 실천했다. 인권의 보장과 정의의 실현, 법치국가원칙, 죄형법정주의 및 적법절차의 준수에 엄격하고, 국가공권력에 대해서는 단순한 수사적 언급을 넘어 실천과 행동으로 대항하는 모습을 보여 주었다.

또한 그는 모교인 원광대학교에서 다양한 형태의 본부 보직을 맡으면서 대학의 발전에 크게 기여했다. 2002년 12월부터 원광대학교 발전위원회 사무처장을 역임했고 대외협력처장, 산학협력단장, 신문방송사 주간 교수, 개교 60주년 기념사업준비 위원장 등을 맡으면서 모교의 발전을 위해 혼신의 힘으로 뛰었다.

그는 교내활동에만 국한되지 않았다. 위에 언급한 법무부 법무자문위원회 형사소송법개정 특별분과위원회 위원 이외에도 한국비교형사법학회 회장을 비롯해 다음과 같은 여러 외부활동도 소홀하지 않았다. 중요한 몇 가지만 언급하자면 다음과 같다.

법제처 명예법제관
대검찰청 검찰수사심의위원회 위원
전주지방검찰청 형사상고심의위원회 위원
전주지방검찰청 신상정보공개심의위원회 위원장
전주지방검찰청 군산지청 제3기 검찰시민위원회 위원장
전주지방검찰청 군산지청 형사조정위원회 위원, 위원장
전주지방법원 민사·가사 조정위원
전주지방법원 소송구조변호사지정위원회 위원
군산·익산 범죄피해자지원센터 법률전문위원
전북특별자치도 지방소청심사위원회 위원

Ⅲ. 그가 저술한 단행본과 논문 그리고 각종의 비평문과 시론

송광섭 교수는 주로 형사정책과 형사소송법에 관한 단행본을 출판했다. 논문 역시 주로 형사정책과 형사소송법에 관한 쟁점을 다루었다. 형사실체법에 관해서는 명예에 관한 죄, 형벌의 본질, 부작위범에 관한 연구, 원인에 있어서 자유로운 행위, 우리나라 환경범죄의 현황과 그 대처방안, 예술의 자유와 문학작품의 음란성에 관한 새로운 이념적 논의, 재건축 관련 범죄의 형법이론적·형사정책적 대응방안 등에 관심을 기울렸다.

지금껏 작성한 논문의 수만 해도 70건을 훌쩍 넘는다. 교내에서 맡은 보직뿐만 아니라 법무부 형사소송법개정 특위 등

교외에서 다양한 직책을 맡으면서도 이렇게 많은 논문을 작성했던 것이다.

전공 분야에 관한 저서나 논문에서 그의 한결같은 주장은 다음과 같다.

첫째로 헌법과 헌법정신을 넘어서는 형사법의 이론이나 해석 혹은 적용은 위헌이기에, 언제나 헌법이나 헌법정신을 바탕으로 형사사법을 입안해야 하고 이론을 세우며, 해석과 적용 역시 헌법과 헌법정신의 틀 안에서 이루어져야 함을 강조한다.

둘째로 형사법 영역에서의 핵심 가치는 법치국가원칙과 그에 걸맞은 책임주의, 죄형법정주의, 적법절차와 무죄추정의 원칙이며, 이러한 원칙들은 결코 희생될 수 없는 대원칙이라고 여긴다.

셋째로 형사실체법 영역에서 해석과 운용을 할 때는 언제나 형법의 최후수단성과 보충성의 성격에 비추어 처벌의 사각지대를 해소하려는 사법적극주의에 반대해야 하고, 형법은 여백을 가져야 할 운명이며, 그 여백 또한 형법의 본질적 존재이유라고 본다.

이러한 사상을 근간으로 형사법 논문이나 저서를 작성한 그는 통상의 형법학자와 많이 다른 면모를 보여주었다. 문학, 예술, 사회, 도덕, 성, 노인, 복지, 청소년, 약물 등 다양한 주제를 관통하는 그의 해박한 지식은 이 시대를 살아가는 일반 독자들에게 현명한 가치관을 제공했을 것이다. 이와 같은 그의 탁월한 능력은 통상의 학자들에게서는 기대할 수 없는 대단한 일이다. 그가 썼던 작품의 수가 너무 많아서 2000년 이후에 언론매체에 게재된 제목만 여기에 제시한다. 이들 제한된 것의 제목만으로도 그가 무엇을 말하려고 했는지를 곧바로 파악할 수 있기 때문이다.

> "기러기 아빠의 성공! 또는 슬픔!", "할 일 많은 원대신문", "대학신문 그리고 주간교수", "도덕적 요구와 철저한 자기관리", "바보같이 사는 삶", "유시유종 시종여일", "과거, 현재, 미래를 위한 새해 덕담, 조화로운 생각과 행동", "마음 도둑잡기", "우리가 함께 이로워야 좋은 사회", "말실수와 유감, 죄송, 사의", "케리에게 박수를, 우리에게 희망을", "고령화 사회에서의 노인문제", "대립과 반목을 넘어 희망의 빛을 …", "'있을 때 잘해' 잘 사는 우리나라", "새 출발을 위한 바른 역사 만들기", "등록금 부담은 최소, 교육의 질은 최고", "사랑! 그 아름다운 법", "삶의 진정한 가치와 빈자리의 흔적", "짧은 세월 길게 사는 이유", "개혁이 혁명보다 어렵다", "돌아가는 마음, 돌아오는 마음", "잊혀지나! 5·18 정신", "사람의 말 : 信 : 믿음", "어린이·어버이·스승의 마음", "활짝 핀 꽃처럼 사랑의 말을", "희망적인 4·15 선거혁명", "여성 만세, 남성 만세", "총선에서의 민심의 승리", "정치공황과 유권자의 심판", "친일진상 규명과 남은 자의 의무", "새학기! 그 즐거운 시작", "졸업, 또는 시작을 위해서", "새해를 맞이하며", "'법대로'가 한심한 정치판", "국민의 힘으로 바로 잡아야", "개성 존중과 성숙한 비판의식", "아름다운 추억 만들기", "스와핑에 대한 염려", "가까워도 멀어

도 안 되나", "'바람난 가족' 지킴이", "진실과 왜곡 사이에서", "흔들림 없는 바른 원칙과 기준", "갈등조장의 함정", "원광대학의 경쟁력 강화를 위한 지혜와 노력", "내실 있고 앞서가는 2학기", "2003년 1학기 성공과 희망", "새만금과 금수강산", "Easy man의 유연성", "마음의 창을 열자", "만들어 가는 스승의 모습", "꼭 너 같은 아이만 낳아라."

이들 작품에 등장하는 '조화', '배려', '헌신', '사랑', '진실', '법치', '희망', '성공', '유연성', '개성', '존중', '여유', '비판의식', '5·18 정신', '원칙'과 '지혜' 등의 단어는 결국 건강하고 성숙한 선진사회의 형성에 꼭 필요한 요소이다. 성숙한 사회의 형성을 위해서는 위에 언급되는 용어들이 몸에 체화되도록 습관화할 필요가 있음을 송교수는 다양한 방식으로 표현하였다.

Ⅳ. 나가면서

언젠가 송광섭 교수에게 정의가 무어냐고 물어본 적이 있다. 그랬더니 그는 "우리 사회의 구성원 각자가 자신의 직역에서 맡은 바의 직무를 철저히 함으로써 사회가 점진적으로 개선되고, 이를 통하여 개개인의 능력을 꽃피울 수 있게 함에 있다." 라고 대답하였다. 듣고 싶었던 얘기였다. 그리고 지나온 행적을 살펴보면 그는 그렇게 되도록 꾸준히 실천했던 사람이었다.

송교수는 2025년 8월 말, 정년퇴임하게 된다. 그는 이 사회가 자유와 정의가 넘치는 곳이어야 한다는 신념으로 지금껏 달려왔고, 또한 그렇게 실천했다. 그래서 불의에 관해 참지 않고, 분노하며 행동했다. 부모님에 대한 효도 역시 남다른 진정성을 보여 주었다. 부친과 모친 두 분이 돌아가실 때까지 술과 담배를 삼가고 몸소 극진하게 모셨다. 그의 은사인 명형식 교수님뿐만 아니라 제자와 동료 그리고 선배 교수에게도 인간적 도리를 끝까지 다했다.

뿐만 아니라 형사법이란 학문 분야에서도 법치국가원칙에서 벗어난 잘못된 판례나 학설에 철저한 비판을 가하고, 선배들의 학설이나 이론에 맹목적으로 추종하지 않고 자기 나름으로 재해석하려고 했다.

그는 이처럼 학문 세계에서뿐만 아니라 학회와 사회활동, 부모님과 제자들과의 관계 속에서도 언제나 자신의 직분을 충실히 이행함을 최대의 덕목으로 여겼다. 그것은 아마도 자신이 생각하는 '정의의 실천 방식'이기 때문이었으리라. 노부모에 대하여 오래도록 성심을 다해 보양했던 태도뿐만 아니라 대학 은사, 선후배, 동료와 제자들과의 관계에서 마땅히 행해야 할 도리를 제대로 실천한 사람은 그리 많지 않을 것이다. 만일 그런 사람 가운데 꼽으라고 한다면 송광섭 교수는 당연히 포함되어야 마땅하다고 생각한다.

제 27 장

문채규 교수의 정년을 기념하며

2024년 2월 15일

1. 들어가면서

문채규 교수는 테니스를 아주 잘 친다. 그의 실력은 통상의 수준을 넘어선다. 유일한 즐거움이 학문 연구와 테니스가 아닌가 하고 생각될 정도다. 그가 안동대학교에 재직하고 있을 때부터 대학의 교원 테니스 대표로 활약했고, 그것도 최상급인 A급 선수였다. 노련한 테니스 실력만큼 그는 이론적 탁월성을 겸비한 형사법학자이다. 그와 2005년 가을 무렵, 경남고등학교 인근의 코트에서 테니스를 쳤다.

그날따라 평소와 달리 자주 피곤해하는 필자의 모습을 지켜 보더니, 잠시 쉬었다가 경기를 다시 하자는 것이다. 그리고서는 다가오더니 심각한 표정으로 병원으로 당장 가서 진찰을 받아 보라고 권유했다. 혹시 심장에 이상이 있는지 알아보란다. 그의 말에 따라 전남대학교 병원에 갔더니, 담당 의사는 지금 관상동맥 3개 중에 2개가 막혀 있어서 시술이 급하다고 한다. 문교수 덕분에 곧바로 관상동맥 시술을 받아 필자는 살 수 있었고, 지금도 살아 있다. 그러니 그는 필자에게 분명 생명의 은인이다.

2. 그의 인성

인성은 어떨까? 고인이 된 심재우 교수, 김일수 교수와 배종대 교수 이 세 분께서 들려준 그의 한결같은 인품은 '남을 위한 헌신과 배려'였다. 필자 역시 그렇게 느꼈다. 그는 남들에게 부담되는 일은 무조건 삼갔으며, 선후배뿐만 아니라 주변의 사람들을 위해 희생이 필요할 때 서슴없이 자기 자신을 희생하였다. 언젠가 김일수 교수가 문 교수에 관해 이런 얘기를 들려준 것으로 기억한다. 모교 출신을 고대에 형법학자로 초빙하려고 하는데, 이미 내정된 사람이 있어서인지, 그분을 제외하고는 누구도 서류를 넣지 않았다고 한다. 그렇게 되면 최소한 복수의 지원자 중에서만 초빙하도록 되어 있는 기준이 충족되지 않아 결과적으로 교수를 뽑을 수 없게 된다. 그래서 제자 여러 명에게 부탁했지만, 누구도 선뜻 그 뜻을 따르려 하지 않았다고 한다. 문채규 교수를 제외하고는. 문교수는 바로 그런 사람이었다.

그는 남들에 대한 뒷말을 한 적도 없었고, 그래서 들은 적도 없다. 게다가 다른 사람이 자기에게 가하는 비난이나 비판도 인내한다. 카네기(Carnegie)의 저서인 『인간관계론』에서 가장 강조한 부분이 남에 대한 비난이나 뒷말의 금지인데, 문교수는 그것을 알고 그랬는지 아니면 모르고 그랬는지 알 수 없지만, 좌우간 그랬다. 반면에 다른 사람에 대한 칭찬을 하는데 인색하지 않은 그런 사람이다.

3. 그의 학문

형사법의 쟁점에 관해 끊임없이 연구하고 이를 발표하는 것이 그의 주된 관심 대상이자, 그의 삶에서 중요한 일이었다. 탁월한 역량이 발휘된 수많은 연구논문을 발표했고, 훌륭한 논문들 덕분에 당시 350명이 넘는 회원이 소속된 '한국형사법학회'에서 2001년 처음으로 제정한 논문상인 '정암(定庵)학술상'을 받은 첫 번째 주인공이 되었다. 수상 논문은 "형법 제15조 제1항에 대한 새로운 해석론의 시도"(『형사법연구』 제16호 게재)로 2001년 12월 15일 수상했고, 당시 상금은 무려 500만원이나 되었다.

그가 최근까지 발표한 논문은 93편이며, 단행본도 『로스쿨 형법각론』(공저) 등 5권에 이른다. 실용적이고 학문적인 그의 대표적 논문을 나열한다면 다음과 같다. "형법 해석의 방법론", "행위 중에서 변경이 있는 경우 적용법규의 문제", "형법 제15조 제1항에 대한 새로운 해석의 시도", "구성요건착오와 금지착오의 구별", "방법의 착오와 착오유형적 정체성", "구성요건적 착오의 한계와 인과과정의 착오", "법률의 부지와 금지착오", "소극적 구성요건표지론이론을 위한 변론", "형법 제27조(불능범)의 '위험성' 표지", "부진정부작위범에 있어서 상응성 요건의 허와 실", "방조범의 불법과 중립적 행위에 의한 방조", "예비죄의 공범 및 중지", "공동정범의 본질론에 대한 재검토", "재산범죄 일반의 기본 쟁점", "재산범죄에서 구성요건의 해석원리로서의 법질서의 통일성", "사기죄의 본질 및 구성요건 구조와 처분의사", "횡령죄의 주체와 부동산명의수탁자의 지위", "배임죄의 주체에 관한 판례이론의 분석과 검토", "공동주거에 대한 주거침입죄", "검사의 부당한 불기소처분에 대한 법적 통제와 기소편의주의의 미래" 등. 이들 논문은 후배와 제자들이 그 깊이를 음미하고, 타당성에 깊이 공감하여 그의 정년 기념논문집 『형법학의 주요문제』에서 해제(解題)를 달았다.

그의 법학방법론과 법사상은 다음과 같이 요약될 수 있다. 형법 해석에서 '법문언의 가능한 의미'와 '규범원칙'을 구별하고, 유추금지원칙을 강조한다. 이러한 접근은 형법 해석에서 일어날 수 있는 의도적인 오해를 방지하고 형벌권의 적정한 적용을 도모한다.

문교수는 형법 기초이론에서 '구성요건적 행위'와 같은 주요 개념을 강조하며, 금지착오와 구성요건 착오의 구별에 대한 논의를 통해 형법 적용의 원칙을 세웠다. 그는 또한 '소극적 구성요건표지이론'을 통해 법체계 내에서의 일관성을 중시했다.

4. 나가면서

문교수의 은사인 심재우 교수님은 문교수를 '동양의 칸트'라고 불렀다. 제자에 대한 칭찬에 인색한 것으로 유명한 심교수님의 말씀이다 보니, 그것이 빈말일 수 없다. 원칙을 준수하고 약속을 반드시 이행하는 것으로 봐서도 그는 하여간 칸트를 쏙 빼닮았긴 하다.

필자가 2024년 2월 정년을 맞이하기 이전에 그를 위한 기념행사에 약간의 지원을 하고 싶다고 그의 제자에게 살며시 전언한 바 있다. 그 이후 2023년 12월 중순 어느 날 문교수의 제자들과 함께 모인 자리에서 그의 제자가 내게 전하길 "허일태 교수가 관여하는 기념행사에는 전혀 참여할 생각이 없으니 그리 알아 달라고 엄명하였다."라고 한다. 그는 이렇듯 남들에게 부담 주는 일을 극도로 삼가했다.

문채규 교수는 1998년 여름, 필자와 함께 '한국비교형사법학회'를 창립하는 데에도 깊이 관여하였다. 그는 아무런 군말 없이 학회 창립에 필요한 부분에 대해 정성을 다해 도움을 주었다. 후일 회장직을 역임하기 전부터 학회의 상임이사를 오랫동안 맡아오면서 학회의 창립과 유지 및 발전에 큰 역할을 했다. 또한 학회 초창기인 2000년대 초에는 편집위원장을 맡아 학회지의 위상을 높이는 데도 크나큰 기여를 하였다.

그런 그가 내년(2024년) 2월 65세로 정년을 맞이한다. 문교수를 존경하는 제자들이 많다. 이들이 모여 각자 스승의 논문 가운데 한 편씩을 읽고 그 깊이를 음미하여, 단행본을 편찬하기로 결의했다는 얘길 들었다. 그래서 필자도 학회지에 실렸던 문교수의 논문인 "횡령죄의 주체와 부동산명의수탁자의 지위"를 읽고 느낀 소회를 쓸 예정이었다. 그런데 그의 논문을 자세히 읽고 나니, 견해가 약간 다른 부분도 있어서 그것을 비판적으로 검토함은 동료에 대한 도리가 아니라는 생각이 들었다. 그래서 형법상 행위 개념에 관한 논문으로 대체했다. 이 논문의 의도는 우리나라 대부분의 형법학자가 형법상 행위 개념을 행위주체와의 관계에서 찾지 않고, 오로지 행위 자체에서 찾으려는 태도뿐만 아니라 행위 개념을 순수한 존재론적 관점에서 판단하려는 잘못된 믿음을 밝히는 데 있다. 필자는 형법상 행위 개념을 정범의 개념과 불가분의 관계에 있다고 믿기 때문이다.

형법학계의 신사(紳士)이자 학문의 깊이뿐만 아니라 격조 높은 논증 그리고 존경할 만한 인품을 지닌 문교수는 형사법에 관한 학문 활동을 함께 했던 나의 동료이자, 생명의 은인이기도 하다. 문교수에게 다시 한 번 감사함과 고마움을 전한다.

제 28 장

민영성 교수의 정년에 즈음한 상념

2025년 1월 12일

필자는 1976년 부산대학교 대학원에 입학하여 법학, 그것도 민법을 전공했습니다. 당시 김용욱 교수님은 문학과 관련된 법학적 소양을 심화시켜 주셨고, 정권섭 교수님은 신학과 관련된 법학적 소양을 터득할 수 있도록 배려해 주셨습니다. 서주실 교수님으로부터는 헌법을, 최재훈 교수님에게 법철학 수업을 들었지만, 형법을 담당했던 김봉태 교수님의 강의는 한 번도 듣지 않았습니다. 아니 듣지 않으려고 했습니다. 왜냐고요? 그것은 인혁당재건위 사건과 관련이 있습니다. 무고한 사람들을 사법살인하는 분야가 왠지 너무 싫었기 때문입니다. 다만 그랬던 필자가 사법왜곡을 이 땅에서 일소하기 위한 방법을 찾고자 박사학위 논문의 주제를 삼았다는 점은 역설적입니다. 좌우간 부산대학교에서 석사를 받았다는 사실에 근거해 독일에서 그 주제로 박사학위를 취득했습니다. 그때가 1984년 7월 15일입니다.

그해 가을 동아대학교 법과대학에서 대학원 시절 그렇게 싫어했던 형사법 과목을 강의하는 신세가 되었습니다. 그사이 대학원 1년 선배이자, 김봉태 교수님의 첫 제자인 이경호 박사가 한국해양대학교에 교수로 임용되었습니다. 당시 민영성 석사는 아직 박사과정에 있었지요. 박사과정의 지도교수인 김봉태 교수님은 양반의 품성으로 학문보다는 품성을 중시해서인지, 몇 편의 논문만을 남겼습니다. 그러나 그의 탁월함은 그 몇 편의 논문에서도 크게 빛을 발했습니다. 다만 아쉬운 것은 제자들의 지도에 관심이 별로 없었고, 이 때문에 그의 제자들은 거의 독학으로 형법을 연구했지요.

필자 역시 부산대학교에서의 석사과정 시절, 학문적 행운을 가져다 주었던 분은 교수님들이라기보다 오히려 지기(知己)인 이종률이었습니다. 이 친구로부터 위로만 보지 말고, 아래로도 살펴보아야 한다는 삶의 태도를 배웠습니다. 물론 필자가 중학교 2학년 때 가족의 사업 실패로 극심한 가난이 찾아와 몸으로 절실히 느낀 점도 크게 작용했지요.

약간의 시간적 간격을 두고 부산대학교에서 박사과정을 다녔던 민영성 석사도 거의 독학으로 형사법을 전공했을 겁니다. 게다가 주변에 함께 연구하는 신진학자들이 거의 없었던 상황이었고요. 이는 학자로 대성하기엔 치명적인 환경입니다. 이런 환경을 극복하고자 그는 참고자료가 많은 일본의 형사법 관련 문헌에 깊게 천착했습니다. 그러면서도 영미권과 독일어권의 자료를 찾아 홀로 읽고 이해하는 데 오랫동안 열과 성을 다했습니다. 이러한 각고의 수련 끝에 "형사증거개시(刑事證據開示)에 관한 연구"라는 논제로 1993년 8월, 부산대학교 대학원에서 박사학위를 취득했습니다.

어떤 분야를 오랫동안 성실히 한 발짝, 한 발짝 깊게 들어가서 질문하고 탐구한다면 높은 경지에 이르게 됨은 상식입니다. 바로 이러한 전형(典型)이 민영성 교수께 해당한다고 저는 믿습니다. 민교수는 박사학위 취득 후, 모교인 부산대학교에서 재임하게 되었고, 꾸준하게 논문을 작성하고 후학의 교육에 진심을 다했습니다.

한편으로 그는 박사학위 취득 후부터 최근까지 꾸준히 매년 평균 3편씩 모두 90여 편의 논문을 발표하였습니다. 또한 5권의 단행본까지 출간했지요. 그의 논문 다수는 학술등재지에 실렸습니다. 이 가운데 몇 편만을 들어보면 다음과 같습니다. "공범자의 자백과 보강증거에 관한 판례의 비판적 검토"(『형사법연구』, 2001. 6), "형사증거개시제도의 바람직한 운용방향"(『사법』, 2008. 3), "피해자의 양형절차에의 참가와 의견진술"(『저스티스』, 2006. 8), "형사소송법상 집중심리제 도입에 따른 변호인의 방어준비에 관한 연구"(『인권과정의』, 2009. 5) 등.

다른 한편으로는 제자 가운데 박사학위를 취득한 분이 5명입니다. 부산대학교가 아무리 국립이라지만, 오늘날 우리 현실에서 지방대 출신의 박사가 교단에 자리를 잡는 것은 쉽지 않은 일입니다. 그러나 그의 제자 가운데 경남대 하태인 교수(현재 영남형사판례연구회 회장)와 김병수 교수를 비롯하여 4명이 현직 교수로 재임하고 있습니다. 이는 제자들의 역량이 뛰어나서도 그랬겠지만 민교수가 제자들의 학문적 성장에 혼신의 힘을 다했기 때문일 겁니다. 뿐만 아닙니다. 그가 지도한 제자 가운데 성적이 부진한 학생을 특별관리(학업계획서를 제출케 하여 정기적으로 점검하고 취약 부분에 대해서는 개별지도를 꾸준히 함)하여 법학전문대학원 입학정원 120명 중에 90등 이하의 학생을 3명이나 변호사 시험에 합격시켰습니다. 더욱이 검사 지망생의 경우는 상대적으로 취약한 성적을 낸 형사정책 분야에 대해 개별지도로 5명을 합격시켰습니다.

이에 더하여 법학전문대학원 원장 재임시에는 로클럭(재판연구원) 합격자 수가 전국 1위를 차지하였고, 각종 경시대회 가운데 가장 권위 있는 '가인 법정변론대회'(대법원 주관)의 형사재판 분야에서 2년 연속으로 우승하는 전무후무한 기록을 세웠고, 이 외에도 여러 경시대회에서 우수한 성적을 거두는 데 그의 숨은 기여가 있었습니다.

필자가 1998년 8월, 한국비교형사법학회를 창립할 때, 그는 창립의 주역으로서 참여하였고, 2003년부터 2005년까지 학회의 총괄간사를 역임했습니다. 학회의 총괄간사는 본디 젊은 학자 가운데에서도 뛰어난 분이 맡기 마련입니다. 민교수가 40대 초반의 나이에 총괄간사를 맡았다는 점은 그 당시 벌써 학문적 차원에서 전국적인 인지도를 얻었음을 보여줍니다. 이러한 까닭으로 그는 부산대학교에서 '학봉학술상'을 제1회와 제2회 연이어 수상하였고, 부산대학교의 프리미어교수상(Best Researcher)을 받기도 하였습니다.

게다가 2006년 1월부터 2007년 12월까지 2년 동안 영남형사판례연구회 회장을 맡아 학계와 실무(검찰)가 참여하는 학술행사에서 매달 2개의 중요판례를 발표하는 시스템을 처음으로 정착시켜 학계와 실무의 융합에 기여하였습니다. 또한 연구회의 편집위원장을 맡아 100회 발표기념논집을 '형사법의 쟁점과 판례'라는 이름으로 2009년에 발간하는 데에도 결정적인 역할을 담당하였습니다.

그 밖에 부산대학교 법학연구소 소장을 맡아 10여 차례의 국내 학술대회와 5차례의 국제학술대회를 개최하였으며, 두 차례 편집위원장을 맡아 『법학연구』가 유수의 대학 학술지로 자리매김하는 데 일조하였습니다.

뿐만 아니라 일본의 형법학회, 비교법학회와 비교소년법학회에서 여러 차례 발표한 바 있고, 오사카와 삿포로변호사회의 초청강연 등을 통하여 우리나라의 법제도를 적극적으로 알리고, 일본의 저명학자와 실무자들과 학술 교류의 장을 넓히는 데 노력하였습니다.

끝으로 그는 부산고등검찰청 형사상고심의위원회 위원장과 검찰시민위원, 부산고등법원 국선변호운영위원회 위원, 부산광역시 대부업분쟁조정위원회 위원장 등을 맡아 지역사회의 발전에 기여했습니다.

그는 형사법 학계에서 주목받는 학자로, 주로 형사소송법, 형사정책, 증거법 등을 연구하면서 공판중심주의를 강조하고, 공정한 재판과 피고인의 방어권 보장에 관심을 기울였습니다. 또한 형사증거개시제도의 개선과 증거법의 적정한 운용 방향에 대하여 탁월한 연구를 수행했습니다. 아울러 형사사건에서의 시민 참여와 오판의 구제를 위한 재심 절차의 중요성을 강조해 왔습니다.

더구나 그는 평생을 좌골신경통으로 고생한 와중에서도 지금껏 제자들에게 부끄럽지 않은 스승이 되어야 한다는 일념으로 연구와 교육, 행정 그리고 사회봉사를 위해 한평생 매진해 왔습니다. 이런 그를 우리 시대의 바람직한 교수의 상을 지닌 '탁월한 교수'라고 평가하고 싶습니다.

이제 오는 2월 말이 되면 민영성 교수는 정년을 맞게 됩니다. 많은 제자를 배출하고, 수많은 연구업적을 쌓았으며, 학술행사에 적극적으로 참여하고 헌신했습니다. 법학전문대학원 원장과 법학연구소 소장으로서 그리고 검찰과 법원에 대해 학자로서의 핵심 직분을 오랫동안 담당했습니다. 민교수의 이러한 업적은 우리 사회를 더욱 건강하게 만드는 초석이 될 것이라 믿습니다.

이처럼 탁월했던 민영성 교수, 당신과의 인연은 저에게 큰 축복이었습니다. 감사합니다.

제 29 장

근대 한국 형사법의 태동과 장도(張燾)

2024년 7월 3일

최초의 서구적 형식을 갖춘 근대법전은 1894년에 제정된 재판소구성법(裁判所構成法)[5]이다. 당시 조선은 사회질서의 확립과 왕권 체제를 강화하려는 차원에서 입법의 근대화가 강력하게 요구되었다.[6] 이를 위해 1894년 6월 15일 법부령(法部令) 제7호로 법률기초위원회를 구성하였고, 이 위원회에서 우리보

5) 이 법은 1894년 3월 25일 법률 제1호로 공포된 최초의 근대법전으로, 그 내용은 66개의 조문으로 이루어졌는데, 법원 종류의 근대화 및 종래 행정관이 재판하던 것을 전속적 직위를 가진 판사가 재판을 하도록 하였고, 검사 역시 법원의 직원에 속하였다.

6) 1905년의 형법대전을 반포할 때 참정대신 민영환은 다음과 같은 조칙(詔勅)을 발표하였다. "형법은 정치의 필수로서 국가 존립을 위하여 먼저 취해야 할 일이다. 우리나라의 전헌(典憲: 모범)은 처음부터 완비되지 않은 것은 아니었으나, 과거와 현재의 제도가 다르고, 제도의 존폐가 無常하여 사람이 범하는 범죄는 더욱 많아지고 유사(有司: 직무)의 의현(疑眩: 의심스러워서 마음이 어지러움)은 더욱 심해지니 짐이 심히 개탄하여 이에 先王의 成憲을 本으로 하고 외국의 規例를 참고하여 王의 典을 만들어 刑法大全이라고 명명하고 국내외에 알려 영원히 드리워 무궁케 하니 庶民은 외피(畏避: 두려워하여 회피함)해야 할 것을 알게 되는 遵奉하기에 쉽게 될지라. 오호 항상 공경할 일이로구나."

다 앞서 근대적 법체제의 형식을 갖추고 있었던 일본의 예에 따라 형법, 민법, 상법, 치죄법(治罪法), 소송법을 제정하기 위한 법안을 기초하도록 하였다.

법률기초위원회는 위원장 1인과 위원 6명으로 구성되었는데, 위원장에는 법부(法部)의 이재정(李在正), 위원에는 민사국장(民事局長) 서위순(徐胃淳), 형사국장(刑事局長) 장박(張博), 검사국장(檢事局長) 신재영(申載永), 한성재판소(漢城裁判所) 판사 한창수(韓昌洙), 법관양성소장 피상범(皮相範), 5품의 현영운(玄暎運)으로 구성되었다.[7] 이들에 의해 각종 법률의 기초 작업이 진행되었을 것으로 보이나, 이에 관한 자료는 지금까지 알려진 바가 없다.

형법 제정의 경우도 법률기초위원회가 구체적으로 어떤 내용의 형법전을 구상하였고, 이를 실현하기 위해 무엇을 어떻게 하였는가에 관해 알 수 없다. 다만 법률기초위원회와는 별도로 일본인의 주도로 형법초안(刑法艸案)이 작성되었으며, 그 내용이 오늘날까지 알려져 있을 뿐이다.

1895년 4월에는 조선 주재 일본 공사 이노우에 가오루(井上馨)의 추천으로 호시 도오루(星亨)가 법부아문(法部衙門: 오늘날의 법무부)의 고문관(顧問官)에 임명되어 조선의 내정개혁에 관여하였다.[8] 1897년에는 호시가 조선의 형법초안에 대한 작업을 담당하였다. 호시는 이 형법초안을 완료하지 못한 채 일본으로 귀국

7) 이에 관해서는 김효전, 『근대한국의 법제와 법학』, 326쪽 이하.
8) 정긍식, "한말법률기초기관에 관한 소고", 『박병호교수 환갑기념논집(II)』, 1991, 255쪽.

하였다. 그의 후임 고문관이었던 노자와 게이치(野澤鷄一)는 호시가 추진하다 중단한 형법초안을 완성하였으며,[9] 법률기초위원회의 위원 현영운(玄暎運)은 이 형법초안의 작업 초기부터 마무리에 이르기까지 관여하였다. 아울러 그는 일본어로 최초 작성된 형법초안을 한글로 번역하는 작업도 도맡았다.

1897년의 형법초안 내용을 살펴보면, 1882년 제정된 일본의 구형법(舊刑法)과는 달리 1871년 독일 형법[10]의 영향을 받았다. 그래서 그런지 형법초안은 프랑스 치죄법(1809)의 영향을 받았던 일본 (구)형법에 비해 더욱 발전된 이론과 체계를 갖추었다. 즉 일본 (구)형법은 예컨대 살인죄의 조문을 추상적으로 규정하지 않고 대명률과 유사하게 세분하여 정하였음에 반해, 독일제국의 형법처럼 "타인을 살해한 자는 …형에 처한다."라는 형식으로 명시하였다. 그러나 이 형법초안은 당시 러시아와 전쟁하게 된 일본의 사정(러일전쟁[11])으로 조선에 대한 내정간섭이 소홀하게 되자 정식의 법전(法典)으로 채택되지는 못하였다.

일본의 내정간섭이 다소 약화되자, 조선 정부는 시대정신에 걸맞은 형법전의 제정 작업을 추진하였다. 그 체계는 1871년 독일 형법을 상당 부분 수용한 것이었다. 그러나 형법전은

9) 형법초안에 대해서는 정긍식, "형법초안 해설", 『법사학연구』, 제16호, 한국법사학회, 182쪽 이하 참조.
10) 동 초안의 제1조를 보면, "本法으로 罰하는 犯罪를 分하야 二種으로 한다. 1. 重罪, 2. 輕罪. 重罪는 제12조에 기재하는 刑으로 형벌을 부과하는 범죄를 말함. 輕罪는 제13조에 기재하는 刑으로 형벌을 부과하는 범죄를 말함."이라고 서술되어 있다. 이 제1조만 보더라도 형법초안은 1871년 독일 형법의 영향을 크게 받았다.
11) 1904년 2월부터 1905년 10월까지 러시아와 일본 사이에 일어난 전쟁.

내용 면에서 중국의 대명률 체계를 완전히 극복하지 못한 채 형법대전(刑法大全)[12]으로 1905년 4월 29일 반포되었다. 따라서 이 형법대전은 구시대적 사고방식에서 벗어나지 못해 죄형법정주의와 책임주의가 철저히 관철되지 못하였다. 예컨대 인율비부(引律比附)와 불응위율(不應爲律)을 두어 유추해석을 허용해 명확성의 원칙을 손상시킨 것이 그 대표적인 문제였던 것이다.[13] 그럼에도 형법대전은 고유의 전통적 범죄들을 근대적 형법사상의 여러 원칙과 접목하려고 시도한 것으로 구시대 최후의 법률이면서 근대형법의 요소를 가미한 최초의 형법전으로 볼 수 있다.

형법대전은 제정된 지 얼마 지나지 않아, 다시 대폭적인 개정을 통하여 독일 형법의 내용을 더욱 더 수용하여 현대 형법전으로 거듭나려는 노력을 기울였다.[14] 하지만 1912년 한일병탄 이후인 '조선형사령'에 의하여 1908년부터 시행된 일본 신형법전(新刑法典)이 한국에 적용됨으로써 형법대전의 운명은 끝났다.

12) 예컨대 형법대전 제1조에 따르면, "本 法律은 一般 人民犯罪에게 施用함이라." 제2조: "犯罪한 者가 本 法律에 正條가 無한 境遇에는 引律比附하야 處斷하되 死刑에는 比附함을 得지 못함이라."

13) 그러나 이 점에 관해 오늘날의 죄형법정주의와 실질적이고 본질적으로 전혀 다른 모습이었느냐 하면 그렇지 않은 부분도 적지 않다. 이에 대해서는 허일태, "형법대전의 내용상 특징", 『형법연구 Ⅳ』, 2009, 46쪽 이하 참조.

14) 장도(張燾)에 의해 편집된 형법대전개정초안(刑法大全改正草案)을 보면, 1871년 독일형법과 흡사한 부분이 많다. 예컨대 제1조와 제2조에 따르면, "본 법률은 重罪와 輕罪되는 행위를 罰함. 犯罪 後의 法律을 因하야 刑의 變更이 有한 경우에 判決이 確定되기 前에는 新舊各法을 比照하야 其最輕한 者를 適用함."이라고 규정하고 있다.

한편 1908년에는 한국에서도 형법총론 교과서가 발간되었다. 그 저자는 일본 유학파였던 장도(張燾)[15]로, 그는 이 책에서 진화론에 근거한 형법이론이 대세를 이루었다. 당시의 세계적 추세, 특히 일본의 오카다(岡田) 박사가 주장했던 형법사상에 따라 논리 일관된 형법이론과 사상을 따랐다. 예컨대 그의 형법체계는 당시 발달한 서구와 일본의 신파계열 형법사상과 내용을 대부분 그대로 수용하였으며,[16] 형법의 기본사상에 관해 어떠한 입장을 취할 것인지에 관해 당시 활발하게 논의되었던 다양한 견해들, 다시 말해 순정주의(純正主義: 형벌의 목적을 정의 실현에 둠), 필요주의(必要主義: 형벌의 목적을 최대의 이익 실현에 둠), 절충주의(折衷主義: 형벌의 목적을 정의와 이익

15) 그는 1876년 5월 7일 무관 출신 장도근(張厚根)의 아들로 출생하여 한학(漢學)을 공부하다가 1895년 3월 조선 정부에서 일본에 파견하는 관비(官費) 유학생으로 도쿄로 갔다. 도쿄에서 경응의숙(慶應義塾) 보통과(普通科)에 입학하여 1년 3개월간 수학한 후 1886년 도쿄법학원(현재 일본의 중앙대학(中央大學) 전신)에 입학하여 3년간 법률학을 공부하였다. 1899년 7월 졸업 후 일본의 대심원(大審院), 동경공소원(東京控訴院), 동경지방재판소 등을 두루 다니면서 사무 견습을 하고, 같은 해 10월에 실습사무를 마쳤다는 필습증명서(畢習證明書)를 받고 다음 달 귀국하였다. 1900년 2월 광흥학교의 교사가 되어 형법 등을 강의하였고, 1905년 3월에는 보성전문학교의 강사로서 법학통론과 형법을 담당하였다. 1905년 7월 평리원(平理院) 검사로 임명되고, 11월에는 법률기초위원을 겸임하였으며, 1906년에는 한성재판소 판사로 임명되고, 9월부터는 법관양성소의 교관을 겸임하여 형법을 담당하였다. 저서로는 『형법총론』 외에, 『신구형법대전(新舊刑法大全)』을 편찬하여 당시 한국에서 시행되었거나 시행되고 있는 모든 형사법전뿐만 아니라, 1897년에 작성된 형법초안까지 편집함으로써 일반인들도 당시의 최신 형사법의 접근에 큰 도움을 주었다.

16) 그의 『형법총론』(1908년)의 제1편에는 범죄론을, 제2편에는 형벌론을 기술하고, 제1편 제1장에는 범죄의 정의, 범죄 요소의 개의(概意), 제2장에는 범죄의 일반요소를 서술하고, 그 내용을 범죄의 주체와 객체, 정조(正條), 의사(책임능력), 소위(所爲), 무권리(無權利)를, 제3장에는 범죄의 종류로 중죄와 경죄를 구분하였다. 그리고 제2편의 형벌론에는 제1장에 총론이라는 제목을 두고 형벌의 정의 등을 설명하고 있으며, 제2장에서 사형제도를 논하고 있다.

실현에 둠), 진화주의(進化主義: 형벌의 목적을 적자생존의 계속과 번영에 둠)를 비교적 치밀하게 기술하고, 자신은 오카다(岡田)와 같이 진화주의를 취하였다.[17]

사형제도에 관한 그의 견해는 “사형제도는 이론적으로 폐지해야 하나 사회적으로 용납할 수 없는 불치의 반인륜적 범인이 현실적으로 존재하고 있으므로, 그런 범인에 한정하여 예외적으로 사형시킬 필요가 있다는 점에서 실무상의 관점에서 예외적으로 사형제도의 존치가 요구된다.”라는 견해를 밝혔다. 이는 오늘날에도 사형폐지론을 부정하는 일부 학자들이 흔히 주장하는 방식으로, 에둘러 사형제도에 찬성하는 그의 학문적 태도에 진정성을 느끼기 어렵다.

또한 그가 저술한 교과서의 특징 가운데 하나는 작량감경의 근거와 내용에 대해 매우 구체적이고 체계적으로 기술하고 있다는 점이다.[18] 그리고 작량감경의 이유를 “범죄와 형벌의 권형(權衡)을 보유케 하기 위함에 있다.”[19]고 한다. 이에 반해 현행 형법 제53조는 “범죄의 정상에 참작할 만한 사유가 있는 경우에는 그 형을 감경할 수 있다.”[20]고 명시하고 있을 뿐, 그 근거와 어느 정도로 형을 감경할 것인지 여부에 대해서는 일

17) 장도, 『형법총론』, 1908, 16쪽 이하.
18) 위의 책, 414~428쪽.
19) 위의 책, 414쪽.
20) 현행 형법[법률 제20908호] 제53조 규정에서 과거 표제였던 ‘작량감경’이라는 일본식 표현은 ‘정상참작감경’으로 바꾸고, 조문 내용도 ‘작량하여’에서 ‘범죄의 정상에 참작할 만한 사유가 있는 경우에는’으로 개정했다(2020년 12월 8일 전문 개정).

체의 부가적 설명이 없다. 즉 일본 형법처럼 “필요적 감경 규정을 적용한다.”라는 것을 명시하지 않았다.

그럼에도 우리 법관들은 해당 조문을 근거로 피고인에게 필요에 따라 광범위한 재량에 의해 법정형의 하한 이하로 형을 선고하고 있다. 이는 법치국가원칙 사상, 특히 죄형법정주의의 관점에 크게 반할 소지가 있다. 오늘날 대부분의 형법 교과서도 여전히 작량감경의 문제를 소홀히 다루고 있다는 점에 비추어 보면, 장도의 형법이론은 매우 실용적인 관점에 서 있다고 할 것이다. 다만 그의 형법사상이나 형법이론이 자신의 독자적인 입론에 근거한 것이 아니라 1890년대 이후에 기술된 일본의 교과서 저술자들의 사상, 특히 1894년에 저술된 오카다(岡田)의 형법총론 교과서[21]에 나타난 사상을 광범위하게 수용한 결과였음은 부정하기 어렵다.

21) 오카다가 1894년에 출간한 『日本刑法總論 總則分野』는 1,134쪽이나 되는 방대한 분량의 교과서로 형법사상을 진화론의 입장에 따르고 있다.

제30장

유병진 판사의 사상적 배경과 법사상

Ⅰ. 사상적 배경

유병진은 일본이 한반도에서 식민지화를 왕성하게 진행 중이던 1914년에 태어났다. 일제의 강점 후반 함경남도의 관리로 일하였기 때문에, 일제 치하의 민족적 상황을 누구보다 잘 체감하고 있었다. 더구나 그는 1938년 일본에 학도병으로 끌려갔기 때문에 나라 없는 설움을 깊이 느끼고 있었으며, 그로 인해 민족에 대한 의식이 남달랐다. 그래서인지 그의 저서 『재판관의 고민』에서는 깊고 강한 민족주의 사관(史觀)이 엿보인다.

> "피, 그것은 응결성(凝結性)을 가진다. 한군데에 뭉치려는 뭉침의 본능과 자타(自他)를 구별하는 분별성(分別性)을 가진다. 내가 바로 네요, 네가 바로 나인 것이다. 뭉침의 본능은 나아가서는 민족의 분자적 고립을 부인한다. 웅치면 살고, 흩어지면 죽는다. … '피'의 분별성은 민족의 고유성을 외친다. … 36년 동안 왜놈들은 대한민족을

자기 민족에 동화시켜버리려고 창씨와 개명까지 강요하지 않았던가! 그러나 그들은 기름과 물조차 헤아리지 못하는 어리석음만을 남기고 말지 않았던가! … 민족의 '피'에 숨어 있는 이러한 생리적 본능. 이것이 바로 조국애요 민족애인 것이다. 그런데 민족이란 사회적 집단을 구성하기 때문에 거기에는 필연적으로 정치적 결합이 요청되는 것이며, 이를 움직이고 있는 것은 민족의 공통된 정치적 감정인 것이다. … 이러한 피, 아니 공통된 정치적 감정은 그 자체의 자연적 환경과 제도, 풍습 및 문화의 공통성만으로써 이를 유지시키고 발전시키고 고무시킨다. … 그러나 이것은 오로지 민족 자체의 자연적 환경, 즉 지역에 의존하지 않으면 안 된다. … 그리하여 이 '피'와 국토는 바로 민족주의에 있어서의 불가피적인 일일 것이며, 이에 대한 인간의 확신이야말로 민족의 본능인 것이다. 본능은 본능인 까닭에 정(正)일 것이며, 그러한 의미에 있어서 이러한 확신이야말로 민족의 지상명령이요 인류의 지상명령일 것이다."

유병진이 일본의 메이지대학(明治大學)에서 1939년부터 43년까지 법학을 배웠다는 것은 당시 서구의 보편적 법사상과 법이론까지 깨우쳤다는 것을 시사한다. 왜냐면 그의 유학 시점은 일본이 서구로부터 법학을 계수한 지 60여 년이 넘어선 때이자, 법학의 상당 부분에 있어서 일본도 유럽 선진국과 어깨를 나란히 할 수 있는 상태로 발전해 있었기 때문이다. 그는 일본에서 깨친 서구의 법사상을 통해 독일의 나치와 일본의 군국주의로부터 체득하게 된 전체주의적 사상을 극도로 혐오하면서 법치국가원칙에 근거하여 사회적 부정의를 배격하고 정의로운 사회 실현을 위해 노력하고자 하였다. 그의 사상은 『재판관의 고민』에서 찾아볼 수 있다.

> "… 우리는 사회적 부정의에 대하여 의분(義憤)의 눈물을 흘려야 할 것이요, 사회악에 대하여 광정(匡正)의 정열을 기울이야 할 것이다. 그 의문이나 정열의 앞에 무슨 안주지(安住地)가 있을 것이며 무슨 책임 전가가 있을 것인가. 거기에는 오직 결단과 용기로써 진리의 옹호에로의 과감한 돌진이 있을 따름이다. 이러한 돌진만이 도리어 법을 살리는 소이(所以)인 것이요, 국가 · 사회에의 최대봉공인 것이다."

법치국가원칙에 근거한 그의 진솔한 생각은 다음과 같은 문장에서도 드러난다.

> "… 법이란 생활현실에 알맞아야 할 것이요. 이를 무시하는 한 벌써 법은 그 목적을 배반할 것이다. 과연 법의 토대는 인간의 사회생활 자체인 것이며 따라서 법은 그 토대에 수반되지 않으면 안 될 것이다. … 그러한 의미에서 생활현실에 부합하지 않는 법이란 벌써 그 가치가 없는 것이요, 이것은 마치 사상(砂上)의 누각(樓閣)과도 마찬가지인 것이다."[22)]

1945년 해방을 맞이한 그는 고향이 있는 북한에서 공산주의의 속성과 현실을 체험하고, 이에 대해 노골적인 반감을 드러내게 되었던 것도 그의 사상 형성에 있어 빼놓을 수 없는 사건이었다. 공산주의에 대한 그의 생각은 『재판관의 고민』에 잘 나타나 있다.

22) 신동운(편), 『재판관의 고민』, 법문사, 2008, 104쪽.

즉 "… 아니, 나는 공산주의 세계에서 살 수 없을까? 나는 다시 한 번 나의 성격을 툭 털어놓고 돌이켜 보았다. '자유 없는 세계, 독재정치, 무지(無知)한 정치', 이러한 세계에서는 그들 틀의 속에 들어가서 소위 지도자연(指導者然)한 지위에 있기 전에는 사람다운 생애를 보낼 수 없겠지. 아니 그러한 지위조차 불안을 벗어낼 수 없는 모양이지. 아니다. 양심의 가면(假面)이란 견딜 수 없는 한 가지의 죄악이다. 아, 나는 금덩이를 준다고 하더라도 공산 지배 하의 생활은 원할 수 없었다. 일생을 억압 밑에서 살 수 없기 때문이다."[23]

더구나 6·25전쟁의 체험은 그로 하여금 국가관과 개인의 책임에 대해 많은 것을 생각하게 하였다. 그 속내를 들여다보자. 피난 과정에서 이승만 정부에 대한 불신은 커져만 갔다. 1950년 6월 27일의 심경을 그는 다음과 같이 고백하고 있다.

"만사는 끝났다. 피난의 시기도 놓쳤다. … 한심과 울분이 쏟아질 뿐이었다. 국군은 약 1개월 전에 국방장관은 우리에게 진격의 명령을 내린다면 며칠 안 되어 북한을 휩쓸 것이라고 호언하지 않았던가! 우리 국군은 현대 장비를 갖추었다고 하지 않았던가! 그런데도 탱크 한 대도 없었단 말인가! … 놈들의 전면적 침공에 대한 하등의 징조도 몰랐단 말인가! … 그런 형편에 서울은 문제없다고 허언장담이란 웬 말이었던가! 일반 시민에게 솔직한 전황 보고라도 하였더라면 그 대부분은 이미 피난이라도 하였을 것이 아닌가![24]

23) 위의 책, 43쪽.
24) 위의 책, 39~40쪽.

뿐만 아니다. 정부는 국민 몰래 수도를 대전(大田)으로 옮긴 후 6월 28일, 대전방송국을 통해 "서울 상공에서는 미군 비행기 100여 대가 인민군을 폭격하여 이를 전멸상태에 이르게 하였다. 한편 국군은 이미 반격 태세를 갖추어 있으며, 일량일(一兩日, 하루 이틀) 간에 서울을 탈환할 수 있을 것이니 국민 여러분은 안심하라."는 거짓 성명을 반복하는 것을 목격하며, 그가 느낀 자괴감 뒤에는 분노가 뒤섞여 있었다.[25)]

Ⅱ. 유병진의 법사상

1. 지반에 터 잡는 자연법론자

자연법론자는 존재론적이고 객관주의 철학 그리고 존재에 주목하는 법학자를 말한다. 여기서 존재론은 존재에 대한 신뢰감에 근거한 입장이며, 인식 문제를 대상으로 삼지 아니한다. 또한 존재가 사물의 질서와 형성에 관한 근본 원천을 내부에 품고 있으며, 사물뿐만 아니라 '관계'에 있어서도 '자연적' 질서가 객관적으로 존재한다고 신뢰하는 견해이다. 이에 반해 법을 인간의 피조물에 지나지 않는 것으로 보는 주관주의자는 객관적으로 정당하고 존재론적으로 공정한 자연법을 찾을 수 없다고 단언한다.

따라서 법을 본질상 우리들의 사고로부터 독립하여 존재

25) 위의 책, 49쪽.

하는 실재(實在)라고 이해하고, 또 법의 존재를 믿는 자만이 진정한 자연법론의 숭배자가 될 수 있다.[26] 그 결과 형식적인 법이나 법률은 곧바로 정의일 수 없으며, 사물의 본성에 어울리고, 우리 인간들의 보편적 관점에서 볼 때도 언제나 정당하고 타당한 원칙이나 원리를 핵심 내용으로 삼는 법률만이 정의에 부합한 법이나 법률로 평가될 수 있다.

이러한 관점에서 자연법론을 살펴볼 때, 유병진 판사는 순정의 자연법론자임에 틀림없어 보인다. 그 이유는 다음과 같다.

첫째로 그는 자신의 저서 『재판관의 고민』에서 사회적 정의가 존재하고 있음을 분명히 밝히고 있으며, 이를 실현하기 위해 불의에 항거하고, 사회악에 대해 정열적인 용기와 결단으로 극복할 것을 주문하고 있다.

둘째로 "법과 현실 – 법률실무가가 지니는 근본과제"라는 그의 논문에서는 부역자처벌법의 불법적인 문제점을 명확하게 파악하고, 비록 불법적 법률이 존재할지라도 정의이념(正義理念)과 책임원칙에 철저히 부합하도록 해석함으로써 악법의 성격을 지닌 법률의 악법성(惡法性)을 극복하려고 노력하였다. 이에 따라 그는 자유법 사상을 이론적 도구로 삼아 적극적으로 이를 전개하여, 당시 활개 치던 장후영(張厚永) 선생의 현

26) 같은 입장으로 Arthur Kaufmann/허일태(역), 『법철학입문』(개정판), 2003, 36~37쪽 참조.

실주의 법학,[27)28)] 특히 "정의는 영구불변한 것도 아니며, 또한 생활 현실과 유리된 존재여서는 아니 된다."라는 내용을 핵심으로 하는 현실주의 법학의 맹점을 철저히 분석·비판하였다.

여기서 잠깐 자유법 사상의 내용을 살펴보자. "자유법 사상의 핵심 내용은 19세기의 고전적 법실증주의의 법적 도그마를 반대하고, 어떠한 법질서를 막론하고 해석자가 정의롭게 보충해야 할 자유로운 영역이 존재한다."[29)]는 것이다. 이러한 자유법 운동자의 핵심 주자는 칸토로비치(Hermann Kantorowicz)[30)]였다. 그에 의하면 "국가법과 병존하는 혹은 국가법에 선존(先存)하는 법으로 국가법과 동등한 가치의 자유법이 있다. 이 자유법이란 그 사회를 구성하는 사람들의 법적 의견, 사법판결, 법학에 의해 형성된 것이다. 자유법은 국가법으로부터 독립되어 있을 뿐만 아니라, 오히려 근원이 된다."[31)] 즉 자유법 사상은 우리의 사고와 독립하여 존재하며, 그것은 우리가 찾아야 할 정의의 원천이 되는 객관적인 가치 질서가 존재한다고 믿는

27) 장후영, "법현실주의법학에 대하야", 『법정』, 제6권 제12호(1951. 12), 3~5쪽.
28) 그가 말한 현실주의 법학이란, "법은 한번 제정되면 그대로 고정되고 마는 것이지만 우리의 생활현실은 나날이 변천해 가는 것이므로 고정된 법과 끊임없이 변천해 가는 생활현실 사이에 넓어져 가는 간격, 즉 법과 생활현실과의 유리…를 법의 가치적 해석과 현실적 운용으로써 완화 내지 말소시켜야 한다."라는 입장이다.
29) 법적 도그마란 법을 단지 실정법규로만 구성된 것으로 보고, 실정법규를 절대적인 정의규범으로 파악하는 견해이다. 그러므로 법을 순수 논리적 형식절차에 따라 구성된 법규로 보며, 이 입장에서는 법규 이외의 논증에 근거하는 해석을 배척한다.
30) 프라이부르크 대학의 형법 교수로 나치스의 정권이 수립된 직후 미국으로 망명했다. "법학을 위한 투쟁"(Der Kampf um die Rechtswissenschaft)을 Gnaeus Flaius라는 가명으로 1906년에 발표했는데, 자유법운동의 원동력이 되었다. 대표적 형법 논문으로는 1933년의 "행위와 책임"(Tat und Schuld)이 있다.
31) Kantorowicz, Der Kampf um die Rechtswissenschaft, S. 18.

점에서 자연법 사상과 근본적으로 크게 다르지 않음을 알 수 있다. 따라서 이러한 자유법 사상을 따랐던 유병진 판사 역시 우리와 독립된 객관적 질서나 정의의 존재를 전제하고 있었을 것이기에 기본적으로 자연법 사상의 맥락에서 출발하고 있음을 알 수 있다. 그러나 이에 반해 장후영이 주장하는 현실주의 법학은 "불변의 가치를 내걸고 있는 정의나 자연법은 존재하지 않고, 그때그때 현실 생활에서 최적의 정의상태(正義狀態)를 찾아내는 것만으로 충분하다."라는 입장이다.

셋째로 유병진 판사는 자연법론자이지만, 환경과 지반에 터 잡는 자연법적 관점을 관철하려고 하였다.[32] 이 문제와 관련하여 우리는 장후영[33] 변호사의 논설 "현실주의의 법학에 대하여"[34]와 "법률가의 에스프리"[35]의 핵심 사상을 파악할 필요가 있다. 장후영은 이 두 글을 통해 '현실주의 법학'을 주장

32) 1951년에 기고한 "비상조치령에 있어서 몇 가지의 과제"라는 논문은 『재판관의 고민』을 보완하는 것으로, 그 핵심 가운데 하나는 법률이라는 것이 환경과 토지지반에서 큰 영향을 받는다는 점을 명백하게 하고, 이런 점에서 우리 헌법은 우리 민족역사라는 지반에서 생긴 것이며, 법령은 헌법에 기초를 둔 것으로 파악한다. 따라서 헌법은 이념으로서 기능할 필요성이 적지 않기 때문에, 북한의 영토에 대해 법률을 현실적이고 효율적으로 적용할 수 없지만, 한때 북한군에 의해 지배된 지역에서 이루어진 부역행위에 대해서는 비상조치령이 적용될 수 있음을 입증하였다.

33) 그는 일제강점기에 경성제국대학 법과와 도쿄제국대학 법학부 대학원을 졸업하고, 교토제국대학 대학원에서도 수학한 바 있다. 경성제국대학 재학 중 고등문관시험 사법과에 합격하여 경성지방법원과 광주지방법원 등에서 판사로 일하기도 했다. 일본이 전쟁에서 패하고 물러간 뒤 미군정 법사국(法司局) 법제부장(法制部長)을 역임했다. 이후 변호사로 개업하여 대한변호사협회 회장을 지냈고, 고등고시 법전편찬위원, 군법무관전형시험위원, 군법제편찬위원회 고문 등도 지냈다. 출판사인 법정사 사장을 맡아 월간 법률연구지인 『법정(法政)』을 발행하기도 했다.

34) 『법정』, 제6권 제12호, 1951년 12월호, 3~5쪽.

35) 『법정』, 제7권 제1·2호, 1952년 2월호, 20~21쪽.

하였는바, "법은 우리의 생활 현실을 규율하는 것을 목적으로 하는 것이므로 법은 항시 그때그때의 현실 생활에 적응되어야 하며, 이런 점에서 법과 현실 생활과의 유리(遊離)를 법의 가치적인 해석과 현실적인 운용으로써 이를 완화 내지 말소시켜야 한다."라고 했다. 따라서 법의 정의도 영구할 수 없으며, 예컨대 현재 관리들의 현실 생활이 극도로 불량한 까닭에 수뢰죄(受賂罪)가 성행하고 있는바, 90%의 관리가 수뢰할 수밖에 없다면 과연 그 90% 관리의 수뢰행위는 어떻게 평가해야 할 것인지의 문제를 제기하고, 이에 대한 해답으로서 정의는 모름지기 90%의 편에 같이 있어야 마땅하지, 10%의 편에 가담한다는 것은 괴상한 일이라고 평가하였다. 따라서 장후영에 따르면, 아무리 법적 기준이 마련되어 있다고 하더라도 지킬 기대가능성이 없는 법률이라면, 그것은 지킬 필요가 없는 법률이며, 오직 현실적으로 기능할 수밖에 없는 법률만이 정의로운 법률이라는 결론에 이르게 된다.

장후영 변호사의 이와 같은 논설에 대해 유병진 판사는 반론[36]에서, ① 정의는 물론 변화될 수 있지만, 그러나 근본적으로 지반에 터 잡는 국민의 정서나 양심을 내면화하는 법률 문화가 있을 것이고, 바로 이런 법률 문화의 차원에서 정의 관념이 존재한다. ② 이러한 관점에서 볼 때, 수뢰가 공무에 대한 독직이라는 성질을 갖는 이상, 국가의 합목적성이 정(正)과

36) 신동운(편), 앞의 책, 255쪽 이하 참조.

부정(不正)을 구별하는 분기점이 될 것이라는 점에서 90%의 다수 공무원이 수뢰했다고 하여도 정당시 될 수 없고, ③ 공무원의 월급으로 도저히 살 수 없을 정도로 생활이 궁핍하여 수뢰행위를 했다면, 그것을 적법행위의 기대가능성 차원에서 검토해 해결할 일이라고 보았다.

여기서 우리는 유병진 판사의 자연법 사상을 다시 한 번 확인할 수 있다. 비록 정의가 변할 수 있지만, 지반에 터 잡은 객관적 정의가 존재한다. 이러한 객관적 정의는 어떤 사람들이 위배하거나 다수가 위배하든 간에 단일한 가치척도로서 존재하고 기능해야 하는 것이며, 각 개인이 지킬 수 없는 법적 기준은 적법행위의 기대가능성이라는 책임주의에 따른 기준에 의해 해결할 수 있다고 하였다. 이로써 그는, 자연법주의나 죄형법정주의를 훼손하지 않고, 해석을 통해서 정의의 길로 행진할 수 있음을 보여주었다. 아울러 정의는 사회적 터전과 아무런 관련성이 없는 순수하게 이론적으로만 존재할 수 있는 것이 아니라, 현실의 토대 위에서 구축된 국민 정서와 양심에 응축된 것을 핵심 내용으로 하는 법률문화에서 찾을 수 있다고 보았다.

2. 법치국가원칙에 철저

유병진 판사의 사상적 특색 가운데 하나는 법치국가원칙에 철저했다는 점이다. 그의 이러한 사상은 그가 저술한 곳곳에서 발견할 수 있다. 예컨대 『재판관의 고민』과 "정의와 법강제의 한계"[37]라는 논문에서는 이 점을 자세히 확인할 수 있다. 『재판관의 고민』 제9장에서 유판사는 (국가나 입법자가 비록 광범위한 입법형성권을 가진다고 해도) 법률은 법치국가원칙에 철저한 것이어야지, 감정적인 법률이어서는 아니 됨을 분명히 하고, 이른바 부역자처벌이 감정의 입법임을 확신하였다.[38] 부역자처벌법이 적군의 치하에서 생존을 위해 불가피하게 소극적으로 역도(逆徒)에 협력한 일조차 모두 범죄시하고, 게다가 법정형 역시 책임원칙에 비해 지나치게 과도한 형벌로 규정되어 있는 점에서 입법자가 입법형성권을 일탈했다는 점을 지적하고 있다.

또한 "정의와 법강제의 한계"에서 그는 법의 강제력에 관한 입장을 피력하면서, 법치국가원칙에 철저한 사법을 주장하고 있다. "원래가 법이라는 것이 단순히 이렇게 하여야 한다는 이론만이 아니라 동시에 하나의 권력인 것이다. 즉 법은 사회생활에 있어서 자기(自己)라는 것을 실현하지 않으면 안 된다. … 법은 그 법에 복종하는 국민으로 하여금 법을 깊이 이해하고 법규의 가장 충실한 준봉(遵奉)에 성의를 다하게 하여 국가명령권의 발현을 기도하는 동시에 또 법이 법이라는 힘을 가지고 있다는 것은 오직 국가의 대자비(大慈悲)에 비추어 보아

37) 『법정』, 제7권 제5·6호(1952. 6), 3~8, 13쪽.
38) 이에 관해서는 신동운(편), 앞의 책, 97쪽 이하 참조.

서 긍정되는 한도 내에서만이 인정되어야 할 것이므로, 국가는 국민에 대하여 불법·불능을 강제치 않는가를 반성하여야 할 것이다." 그는 그 반성의 결과 국민에게 무리한 요구를 한다고 인정될 때, 법의 개정이 불가피하고, 법의 운용자도 이에 대한 적절한 해석이나 운용을 해야 함을 강조하고 있다.

유판사의 이러한 입장은 국가의 광범위한 입법형성권[39]도 기본적으로 국민으로서 수행할 수 있는 범위 내에서만 가능하며, 만일 이를 초월한 경우는 불가피하게 개정이 필요하고, 아울러 법 운용자도 적절한 해석을 통하여 정의로운 사안 해결을 위해 노력해야 함을 요구하였다. 게다가 단순히 형식적 법률에 집착하여 이행할 수 없는 법률을 이행해야 한다고 강변하지도 않았다. 따라서 법의 강제력도 어디까지나 국민이 충실히 준수할 수 있는 범위 내에서만 허용될 수 있다는 것이다.

유판사의 이러한 사상은 결국 국가보다 개인을 우선시하는 사상관(思想觀)에서 찾아볼 수 있다. 그에 의하면 "우리는 세계관적 범주가 법률학적 사유의 기본적 전제조건이 된다는

39) 법정형에 관한 입법형성권에 관해서는 헌법재판소 2007. 3. 29. 2003헌바15·2005헌바9(병합) 결정 참조: 어떤 범죄를 어떻게 처벌할 것인가 하는 문제 즉 법정형의 종류와 범위의 선택은 그 범죄의 죄질과 보호법익에 대한 고려뿐만 아니라 우리의 역사와 문화, 입법 당시의 시대적 상황, 국민 일반의 가치관 내지 법감정 그리고 범죄예방을 위한 형사정책적 측면 등 여러 가지 요소를 종합적으로 고려하여 입법자가 결정할 사항으로서 광범위한 입법재량 내지 형성의 자유가 인정되어야 할 분야이다. 따라서 어느 범죄에 대한 법정형이 그 범죄의 죄질 및 이에 따른 행위자의 책임에 비하여 지나치게 가혹한 것이어서 현저히 형벌체계상의 균형을 잃고 있다거나 그 범죄에 대한 형벌 본래의 목적과 기능을 달성함에 있어 필요한 정도를 일탈하는 등 헌법상 평등의 원칙 및 비례의 원칙 등에 명백히 위배되는 경우가 아닌 한, 쉽사리 헌법에 위반된다고 단정하여서는 안된다는 것이 우리 재판소의 확립된 입장이다.

전망 아래에 우리 세계관인 민주주의 체계를 바라다볼 때 거기에는 국가의사(國家意思)가 국가에 고유한 것이 아니라, 국가를 구성하는 요소인 개개인의 의사로부터 출발하고, 그 의사의 다수가 즉 국가의 의사가 된다고 하지 않을 수 없을 것인즉, 따라서 개인의 자유가 최대한도로 보장되어야 할 것이요."라는 점을 명백히 하고 있다.

이에 따라 국가의 법질서 내에서 개인의 자유가 최대한도로 보장되려면, 행위자에게 적법행위의 기대가능성이 존재해야 한다. 만일 어느 법률에 그러한 적법행위의 기대가능성이 전혀 없으면, 형법상 불가벌이 되어야 한다고 본다. 그리고 적법행위의 기대가능성에 대한 판단기준을 개개인의 특성에 두기보다 사회 일반인의 평균적 능력에 두어야 한다고 보았다.[40] 이러한 사상은 법치국가원칙의 핵심 내용을 기본적으로 책임주의 실현의 철저화를 통해 실현하고자 하는 것이다.

그 결과로 형법 제12조의 강요된 행위는 적법행위의 기대가능성이 없는 하나의 사례에 불과하고, 적법행위의 기대불가능성은 사회의 일반인(평균인)이 그 사정 아래에서 그 행위를 하지 아니할 수가 없을 것이라고 인정할 수 있는 정도가 되어야 한다고 보았다.[41] 바로 이러한 이론을 가지고 원천적으로 악법적 성격이 내재된 부역자처벌법을 구체적 사안에 적용하

40) 유병진, 『한국형법(총론)』, 고시학회, 1955, 140~141쪽 참조.
41) 그의 이러한 사고방식은 부역자처벌법이라는 악법을 피할 수 있었던 유일한 이론적 무기였다.

는 과정에서 적극적으로 활용하였다.

그의 적법행위 기대가능성이론은 당시의 한국 형법학에서는 매우 독창적이었던 이론이었으며, 실무상 당면한 문제 속에서 인간의 책임능력과 한계를 올바로 파악하고, 이를 통하여 책임주의를 철저히 관철시킨 것인데, 이는 그가 자연스럽게 터득한 이론이 아닌가 생각된다. 이러한 적법행위의 '기대가능성이론'이 현대형법에서야 비로소 인정받게 되었다는 점을 감안하면, 1950년대에 그가 제시한 '기대가능성이론'이 얼마나 시대를 앞서가는 것이었는지는 다언을 요하지 않는다.

그 밖에도 유판사는 『한국형법각론』의 머리말에서 다음과 같이 언급하고 있다. "…종래 형법각론에 있어서 너무나 주석적 태도에 편중한 경향이 없지 아니하다. 그러나 형법 자체는 국가형벌권에 대한 개인의 자유 보장과 사회의 안전 보장 사이를 조절함에 있다는 점에서 바라다볼 때, 단순히 각 조문의 주석에만 치중할 것이 아니라 근본적인 이들 둘의 조절 문제를 염두에 두면서 검토하여야 할 것이오, 이러한 고려 밑에서만 비로소 정확한 개개법규의 인식을 할 수가 있다고 믿는 바이다." 이와 같은 그의 언급으로부터 형법각론의 교과서도 기본적 인권사상과 사회질서 유지 차원에서 형벌 개입의 불가피성과 그 한계를 법치국가원칙의 관점으로 고찰해야 한다는 의중을 읽을 수 있다.

유병진 판사를 법치국가원칙에 철저했던 분으로 평가할

때, 가장 걸림돌이 될 수 있는 부분은 다름 아닌, 그가 유추해석을 허용하고 있었던 점이다.[42] 한편에서 그는 책임주의나 법치국가원칙을 강조하면서도, 다른 한편으로는 유추해석의 허용을 인정하고 있는 점은 모순처럼 보인다. 그러나 크게 걱정할 필요는 없어 보인다. 왜냐면 그는 유추해석의 의미 내용을 목적론적 해석으로 파악하고 있기 때문이다. 그에 의하면, "원래 법률해석에 있어서는 법률문언 그대로의 해석, 즉 문리해석으로서 그 의미를 파악할 것이나, 이러한 문리해석만으로는 법률의 타당한 적용을 할 수 없는 경우도 존재한다. 예컨대 '차마(車馬)의 통행을 금지한다.'라는 법률은 말[馬]의 통행을 금함과 동시에 소[牛]의 통행도 금함은 명백하다 할 것이나, 馬라는 말[語]은 어디까지나 馬이며, 牛를 의미하는 것은 아니다. 그러나 법률 해석에 있어서는 馬라는 말[語]에는 牛까지를 포함시킬 수가 있는 것이다. 이것은 결국 그 법률이 제정된 취지라든가 또는 그 법률의 목적을 고찰하여 행한 결과인 것이다."[43]라고 말하고 있다. 이 문장의 의미 내용을 살펴보면 유판사가 생각하는 유추해석이라는 것은 법률의 의미를 명확히 하고, 사안에 따라 용어의 핵심 내용을 넘어선 듯한 개념이더라도 통상적으로 사용되는 사회적 의미 내용에 부합해야 한다는 것이다. 그렇게 함으로써 법률의 적용에 있어 유추된 용어

42) 유병진, 앞의 책, 67쪽.
43) 유병진, 앞의 책, 67쪽.

개념이 현재의 사회적 요청과 세계관에 걸맞은 해석 방식이 된다는 것을 의미하였다. 이런 점에서 유병진 판사가 '법률의 확대해석과 발전적 해석을 통하여 법률의 흠결을 폭넓게 보충하려는 사법적극적 해석방법인 유추해석'44)을 허용하고 있다고 보기는 어렵다.

3. 민족문화에 근거한 법사상가

유판사는 민족문화에 근거한 법사상가로 자리매김할 수 있을 것이다. 그는 비록 민족주의자였지만, 그렇다고 무조건 외국을 배척하는 배타적 민족주의가 아닌, 인간답게 살 수 있는 삶을 실현하고자 민족문화에 터전을 둔 국민주의자임을 스스로 인정하였다. 그가 왜 민족문화에 터전을 두고 이를 강조했는지에 대해서는 앞에서 이미 살펴보았다.

유병진 판사는 민족에 대한 깊은 애착을 가졌기에, 민족을 저버린 공산주의자의 배신을 용납할 수 없었으며, 민족을 잃으면 그 문화를 잃게 되고, 그 결과로 민족으로서 이성을 잃어버린 인간격인 무골충적(無骨蟲的) 구렁에 빠지고 말 것임을 보았다. 청년들이 전장으로 가서 국민을 위해 희생해야 할 의무에 대해 그는 "적군에 초토화될 수 있는 민족을 구하기 위해 민족의 일원으로서 당면한 민족의 부르짖음에 복종함"이라고 보았다. 즉 민족애라든지 민족주의는 민족의 일원으로서

44) 허일태(역), 『독일형법총론』, 1998, 55쪽.

당연한 부르짖음에 올바로 응답하는 것이라고 판단하였다. 예컨대 6·25전쟁 중 전투 현장에서 싸우고 있는 장병들은 민족의 일원으로서 민족의 당연한 부르짖음에 복종해야 하며, 같은 맥락에서 "재판관도 민족의 일원으로서 민족의 당연한 부르짖음에 복종함에 있음"이라고 설명했다. 그러므로 민족의 부르짖음은 어느 특정인의 선동이나 선전에 좌우되는 것이 아니고, 민족적 염원에서 진실로 우러나오는 부르짖음에 따른 책무나 의무나 행동양식이라는 것이다. 따라서 잘못된 여론 혹은 지나치게 가혹한 법률이 민족의 진정한 부르짖음에 부응하지 않는다면, 그러한 법이나 여론에 의한 재판은 피해야 한다고 입장을 확고히 하였다.

이러한 이유에서 유판사는 첫째로 민족의 당연한 부르짖음에 상응한 법률이 무엇인지를 규명함으로써 '부역자처벌법' 등이 정의롭지 않음을 밝혀냈다. 둘째로 제아무리 혼란기이더라도 위정자나 국민 모두 민족애를 가지고서 좀 더 이지적으로 사회현상을 파악하고, 모든 법률은 민족의 당연한 부르짖음에 상응하게 집행되어야 정의와 합치될 수 있음을 입증하였다. 예컨대 '부역자처벌법' 제정이 지나치게 감정적인 법률로 판명되었고, 그런 법의 운용이 급박했다고 할지라도, 법이 아닐 수 있는 감정적인 법률인 '부역자처벌법'에 근거한 형식적인 재판은 되도록 삼가야 함을 밝혔다. 셋째로 그는 민족이라는 점을 더욱더 진지하게 검토하여 모든 생활 현실에서 민족

의 정당한 부르짖음을 찾아내, 그것이 법률문화의 지반에 터잡는 정의의 원천으로 삼으려고 하였다.[45)]

종합하여 보면, 그는 비록 민족주의를 아주 중요한 요소로 간주했음에도 그것을 배타적으로 보지지 않고, 터전과 풍토적 법률문화의 핵심으로 시대를 앞선 법철학적 시각을 가지고 있었다.

4. 인도주의자

유병진 판사는 부역자처벌법을 적용한 재판을 하면서 다음과 같은 입장을 밝혔다.

> "첫째로 나는 법규라는 지팡이에 십분 의지할 수 있었던 과거(부당한 부역자처벌법에 근거하지 않은 이전의 재판: 역자 주)가 부러워졌다. … 법규 중에 사물의 대소경중(大小輕重)이 규정되어 있어서 재판관의 재판은 그 법규에 따라가기만 하면 자동적으로 사물의 대소경중이 고려되어 버리는, 그러한 고민 없던 저 과거가 그리웠던 것이다. … 둘째로 위정자, 국민 모두 좀 더 이지적이었으면 하였다. … 위급에 당면하여 비로소 당황하였고 당황은 질주(疾走)만을 최촉(催促)하였다. … 흥분은 숨 쉴 사이도 없이 복수로 직변(直變)하여 버렸던 것이다. …

여기서 유판사는 부역자처벌법을 근거로 한 처벌에 있어서 종래 같으면 고작 2~3년의 징역형이 선고되었을 것임에도 불구하고, 부역자처벌법 위반 범죄에 대해 사형을 비롯하여

45) 신동운(편), 앞의 책, 198~199쪽 참조.

무기형 또는 10년 이상의 중형을 선고해야 하는 문제점을 지적하고 있다. 이는 그가 근본적으로 책임주의와 인도주의적 관점에서 형벌을 파악하고 있었음을 보여준다. 더욱이 그는 오늘날의 형사법 관련 법조인들과는 달리 사형의 폐지를 적극적으로 논파하였으며, 그 폐지의 필요성에 관하여 다음과 같은 근거를 제시하였다.

> "사형존치론은 사형이 가지고 있는 위하력과 응보적 정의감의 만족을 근거로 하고, 사형폐지론은 사형에 따르는 폐해, 즉 오판의 경우에 회복이 불가능한 것, 국민의 잔인성을 조장하는 것 등을 이유로 하고, 또 인도주의에 입각하여 주장되고 있다. 그런데 사형존치론은 사형의 위하력에 중점을 둔다. 종래 사형의 위하력은 일반적으로 높이 평가되었으나 통계적 실증적 연구는 사형의 위하력에 대하여 하등의 보증을 하지 아니한다. 이때까지 사형을 폐지한 수개국에 대하여 사형폐지 전과 폐지 후와의 살인사건 수를 통계적으로 연구한 결과는 사형폐지의 전후에 있어서 살인사건 수에는 거의 증감이 없었다. 만약 이러한 통계적 연구의 결과가 일반적으로 타당하다고 하면 사형에 특별히 강력한 일반예방작용은 없다고 할 것이며, 따라서 개인의 생명은 존중되어야 하겠다는 민주주의적 요청과 비중에 있어서 사형의 존치는 다시 고려되어야 할 문제일 것이다."46)

유병진 판사는 "사형제도의 존폐에 관해 위하의 효과가 없다는 통계적 연구의 결과가 타당하다면, 개인의 생명 존중 사상에 터 잡은 민주주의 요청에 근거해서 사형제도는 폐지해

46) 유병진, 앞의 책, 200~201쪽.

야 한다."라는 견해를 피력했다. 지금으로부터 50여 년 전의 입장이다. UN 인권위는 살인범죄 등에 대한 사형의 위하력과 관련하여 1988년과 2002년 두 차례에 걸쳐 광범위한 조사를 한 바 있는데, 그 조사 결과는 양자가 서로 무관하다는 사실을 판명하였다.

현재에도 수많은 법조인과 법학자들은 지극히 감정적인 동물인 모든 인간에게 다른 사람을 죽이지 말라고 하면서도 국가의 이름으로 사형을 동원한 살인행위를 적극 찬동하는 이중적인 태도를 보인다. 이러한 모순에 대해 아무런 자각조차 하지 못하는 분들과 대비시켜 볼 때, 유병진 판사의 사형폐지론은 지극히 상식적이고, 더구나 그가 그런 주장을 하였던 당시가 6·25전쟁으로 사회가 극도로 불안한 상황이었던 점을 감안하면, 그를 사형폐지론의 선각자로 불러도 손색이 없을 것이다.

5. 양심에 따라 행동하는 법조인

북한군 치하에서 온갖 고초와 생사의 갈림길에서 헤매던 민중의 여론은 부역자들에 대한 엄중한 처벌을 요구하는 상황이었음에도, 그는 부역행위의 경중을 따져 책임을 개별화하고, 비록 부역행위를 하였다고 할지라도 적법행위를 기대할 수 없었던 자에 대해서는 무죄를 선고하였다. 당시의 상황에서 볼 때 부역자에 대한 무죄의 선고는 엄청난 고뇌가 뒤따를 수밖에 없었고, 처벌 만능의 국민 여론을 무시할 수 없었을 것이지만, 그는 스스로 정당하다고 생각되는 정의를 굽히지 않았다.

어디 그뿐인가. 서울대생 류근일(柳根一)[47]의 필화사건에 대한 재판에서도 유병진 판사는 '국가보안법 위반죄'로 기소된 류근일에게 무죄 선고를 하였다. 당시 검찰은 남북 간의 협상에 의하거나 제헌국회 소집에 의한 평화통일 방안을 담은 류근일의 글이 국가보안법에 위배된다고 주장했는데, 검찰의 이러한 주장은 이승만의 독재정권의 시대적 분위기 아래에서 묵인되었다. 그럼에도 유판사는 검찰의 주장에 대해 "피고인들이 북한괴뢰집단의 이른바 평화공세에 야합하였다는 증거가 없는 이상, 피고인들의 행위는 정치연구 목적 범위 내에 속한다."라고 판시하여 무죄를 선고하였다.

또한 진보당 사건에서도 여론에 굴하지 않고 소신대로 판결하였다. 간첩죄로 기소된 조봉암에게 무죄를 선고하였던 것이다. 험악한 시대 상황에서도 굴하지 않고 유병진 판사가 무죄를 선고하자마자 이른바 우익청년단 150명이 법원 청사에 난입하는 사태가 벌어졌고, 당시 국회의장 이기붕은 유판사를 빨갱이라고 모멸했는데, 그것이 유병진 판사가 법관 재임용에 탈락하는 계기가 되었다.

47) 그는 이승만 정권 말기인 1958년 서울대 필화사건을 겪고, 5·16 직후인 1961년 민통학련 사건으로 투옥되어 1961년부터 1968년까지 수감생활을 했다. 1974년 유신 직후 민청학련 사건에 다시 연루되어 김지하, 이현배 등과 함께 세 번째 투옥되었다. 그러나 후일 류근일은 중앙일보를 거쳐 조선일보에 입사하여 극우적 사고방식에 기초한 사상으로 반전되어 진보적 사상가나 정치가를 비판하는 데 앞장섰다. 극우적 사상과 권위주의적 사고에 물들었던 이승만 정권에서 유병진 판사는 류근일 사건으로 인해 법관직을 내려놓게 되었다.

오늘날에 와서 조봉암에 대한 재평가가 이루어지고 있다. 2007년 9월 27일, '진실화해를 위한 과거사정리위원회'는 진보당 사건이 조작되었음을 인정하고 유가족에 대한 국가의 사과와 독립유공자 인정, 판결에 대한 재심 등을 권고하였다. 이 권고를 받아들여 이루어진 재심으로 2011년 1월 20일, 대법원은 무죄를 확정하여 그는 복권되었다. 양심에 따라 '행동하는 법조인' 유병진의 판결이 존중되었더라면 조봉암은 아마 죽음에 이르지 않았을 것이다.

제 3 편

여행기

제31장

2024년 11월 백양초등학교 21회 동기회 여행

- 강진 '가우도', 신안 '퍼플교', 화순 '적벽과 온천' -

1. 시작하면서

전남 고흥군 나로도에 소재한 백양(白楊)초등학교 21회 졸업생 동기들은 모두 120여 명 남짓이었다. 한 반에 60여 명씩 1반과 2반으로 분반되었으며, 졸업할 때까지 내내 같은 반에 속했다. 그래서 그런지 같은 반에 속한 애들끼리 더 친하게 되었다. 부모님보다 이들 친구와의 만남에 애착을 더 느끼게 될 무렵, 우리는 졸업을 하게 됐다. 그때가 1962년 2월 말이었다. 졸업식 때 후배들이 불러 주었던 노래가 끝나기도 전에 우리는 벌써 정든 교실과 운동장, 친구들, 그리고 선생님과 이별해야 한다는 생각에 가슴이 울렁거렸다. 졸업생인 우리가 목멘 소리로 답가로 화답할 때 벌써 훌쩍훌쩍 울기 시작했다. 그렇게 울면서 졸업했고, 그 이후로 뿔뿔이 헤어졌다.

졸업 이후 동기생 일부는 나로도에 소재한 중학교로 진학하거나, 아니면 집안의 살림살이를 도왔다. 어느 정도 철이 들면서 광주, 여수, 순천, 서울과 부산 등지로 유학하거나 돈을 벌려고 나섰다. 이런 상황에서도 서로 개별적인 만남은 이어갔다. 그러나 21회 동기회의 이름으로 처음 만난 것은 2009년 12월 3일이며, 장소는 순천 인근의 아담한 리조트였다.

모임의 주선은 나로도에서 오랫동안 공무원 생활을 영위하면서 동기들을 비롯해 나로도 주민들의 애로사항을 처리해 주는 해결사 역할을 담당했던 친구 오건종이 도맡았다. 그는 누구보다 동기회원들 사이의 왕래와 소통에 적극적이었고, 동기들이 직면한 다양한 문제들을 해결해 주는 데 주저하지 않았기에 모임의 책임자로는 적임이었다.

그날 오후 그 리조트에서 동기들의 첫 만남은 우리 맘속의 회장인 오건종이 설계하고 주선하였다. 비록 1박 2일의 짧은 여정이었지만, 순천 인근에서의 첫 만남은 지나온 47년 동안 제대로 만나보질 못했던 세월의 흔적들이 고스란히 담긴 친구들의 얼굴을 볼 수 있었다. 반가움과 함께 많이들 변한 모습에 너무 늦게 만나게 된 아쉬움이 교차하였다. 좌우간 동기끼리 만났다는 사실은 실로 오랜만이어서 그런지 깊고 큰 감격과 감동의 울림을 주었다.

그때의 감동을 2019년에 출간한 『인간적인 삶을 찾아서』

에 적어 놓았다. 일부를 여기에 옮기면 다음과 같다.

2반 동기생 중에는 공부를 잘하는 학생들이 많았다. 입학 당시부터 특별났던 '백초'의 곽을식을 비롯하여 '덕흥'의 강재준, '소영'의 홍영표, '봉남'의 조용철, '대영'의 최동선은 우리 마음속의 천재이자 대표였다(반 편성에서 2반인 학생들은 졸업할 때까지 모두가 2반 소속이었다). 그런데 이 천재들 모두 2009년 12월 3일 순천 근교에서 열린 동기회 첫 모임에 나타나질 않았다. 동기생 중 1반에도 2반 못지않게 적지 않은 천재들이 있었을 터인데, 누가 천재인지를 내가 잘 알지 못했다. 그 반에서 공부한 적이 없었기에.

초등학교 입학 당시에 키도 크고 웬만한 남학생을 압도하였던 김충자를 비롯하여 언제나 우아하고 세련된 복장을 하고 다녔던 노덕례(당시 부러움의 대상이었던 일제 연필과 색연필을 사용했다) 역시 우리가 감탄하는 인물이었다. 이들은 공부도 잘했을 뿐만 아니라, 품위와 행동도 수준 높아서 우리와는 무언가 달라도 크게 달랐다. 그런 생각이 47년이 지나도록 변하지 않아서인지 우리 모두 '김충자'가 키가 매우 클 뿐만 아니라 사내대장부처럼 보일 것으로 기대했다. 그런데 기대했던 큰 키는 어디 갔는지, 김충자는 아담 사이즈였고, 나이에 비해 젊게 보였다. 노덕례는 비록 예전의 '귀공주'로서의 그 모습 그대로는 아니었지만, 그래도 우아한 모습은 여전했다.

만난 다음 날인 12월 4일 오전부터 여러 동기가 자신이 살아온 그간의 삶을 이야기하게 하였다. 그것이 듣고 싶었다. 졸업 후에 동창들이 살아왔던 삶은 내게 잔잔한 감동을 주면서 우리들 현재의 모습이 어떠한지를 구체적으로 보여주었다.

자신이 걸어왔던 인생의 한없는 깊이를 담담하면서도 맛깔스럽게 들려 주었던 박경심을 비롯하여, 유능한 남편을 총경 승진 직전에 갑작스럽게 여의었지만 경제적 부를 놀랄 정도로 일구어낸 그간의 사정을 자세하게 이야기한 '사동'의 김경순, 꼭두새벽부터 일어나 서울 노량진 수산시장에서 열심히 살아오면서 주변 사람들에게 끝없는 선행을 베풀어왔고 그것에 대한 충분한 보답을 받게 되었다는 '봉남'의 정기자, 어린 시절에도 그 남자가 그리 좋아 일찍이 결혼하여 아들딸 잘 낳아서 행복하게 사는 솔직함의 대명사인 '소영'의 고길덕, 20세가 채 되지도 않았던 철모르는 처녀 시절, 고향으로부터 멀리 떨어진 부산에서 부산 출신 남편과 오손도손 살아가는 이야기꾼 '대영'의 최동례, 어렸을 적에 너무나도 어렵던 가정형편 때문에 눈물로 지새운 당시의 삶을 회상하며 아직도 눈물을 흘리는 '소영' 출신의 김여자(부산 영도에서 삶), 22세 나이에 '비치마을'의 청년에게 시집가서 남편과 함께 사업 수완을 뽐내고 있는 '와다리'의 김정심, 남들에게 끝없이 베풀면서 열심히 사는 역시 '와다리'의 김인자, 사양초등학교를 중퇴하고 우리랑 함께 백양초등학교를 다녔던 '와교'의 고옥희, 그는 성년이 되었을 무렵부터 겪어왔던 온갖 인생의 풍파를 솔직담백하게 고백하였다. 신앙심이 깊고도 넘쳐나서 하나님의 말씀을 직접 들었고, 다 죽어가는 사람조차 하나님의 은총으로 살려냈음을 묵묵히 얘기하는 목포의 김양자, 초등학교 때부터 신중했던 그 모습을 아직도 간직하고 있는 '동포'의 정충휘(현재는 서울에서 살고 있음), 고향의 면사무소에서 오랫동안 살림살이를 맡아왔고 퇴직 후에도 여전히 고향의 발전을 위해 활동하면서도 50여 마리의 소를 사육하며 알뜰하게 살아가는 '상촌'의 오건종, 쌍끌이 대구리 배의 기관장으로 오랫동안 일했으며 이제는 고향에서 농부로 일하고 있는 '봉남'의 허경일, 중학교에 그토록 가고 싶었던, 현재는 부산에서 비교적 여유 있게 사는 '봉남'의 홍귀관, 태어날 때부터 지금까지 고향을 지키고 있으며 일찍 장가

> 가서 아들딸 낳고 잘사는 '신초'의 이장완, 이제는 서울 사람이 다 되어버린 '양화'의 이임호, 사업의 흥망성쇠로 여러 번 고초를 겪었지만 그래도 오뚝이처럼 일어난 '백양'의 곽진호(그 곽진호는 당시보다 키가 더 크지 않아 작달막하였지만, 무섭게 보이기는 여전하였다), 나의 국어 선생님이자 노래와 춤 등 즐거운 방식으로 삶을 마음껏 누리고 사는 '백초'의 곽주언, 할머니 품에서 자라면서 삶의 어려움이 무엇인지를 누구보다 일찍 깨우친 '백초'의 곽상태.

그때의 모임 이후 2014년까지 우리는 주로 국내 여행에 치중했다. 전라남도를 중심으로 이곳저곳을 돌아다녔다. 2010년 12월 초에는 순천만(順天灣)에 위치한 펜션에서 우린 또다시 만났고, 다시금 초등학교 시절로 돌아가 그때 일어났던 온갖 일들을 여전히 생생히 기억하며, 이야기 보따리를 풀었다. 사소한 기억조차 우리에게 소중한 즐거움이었다. 큰소리로 웃을 수 있었기 때문이었다. 동기끼리 만나기만 하면 여전히 초등학교 시절로 돌아갔다.

그런 즐거움에서 옥에 티라면 돌산에서 빚어졌던 숙소 사건일 것이다. 2014년 11월 20일 늦은 오후 숙소로 예약했던 여수 부근 '돌산'에 있는 펜션에 도착했다. 숙소에 들어가 봤더니 관리가 엉망이었고, 더구나 보일러가 작동되지 않아서 (그렇지 않아도 추운 날씨에) 너무 추워서 지내기가 불편했다. 주인에게 불편 사항을 얘길 해도 잠시만 기다려 달라고만 할 뿐, 시간이 많이 흘러도 개선되지 않았고, 급기야는 어쩔 수 없다며 적반

하장으로 나왔다. 우리는 그 펜션을 떠나, 부근에 있던 가성비 뛰어난 펜션으로 옮겨야만 했다. 무례하기 짝이 없는 펜션 주인의 행패에 분노하면서. 이런 불의에 대해 특히 여자 동기들의 분노가 훨씬 더 격했다. 이 난리통에 경찰까지 왔을 정도였으니까!

동기들과 함께 여수와 돌산을 여행했던 다음 해인 2015년 11월 30일 3박 4일 일정으로 우리는 부산과 후쿠오카(福岡)를 왕래하는 여객선을 이용해 일본으로 온천여행을 떠났다. 여행 비용의 상당 부분은 내가 부담했다. 30일 밤 8시 부산에서 여객선을 밤새 타고, 다음 날 아침 후쿠오카의 하키타(博多)항에 도착하였다. 세관 공무원들 출근 시간 때를 맞추어 하선하여 8시경 후쿠오카 세관을 통해 일본에 입국했다. 큐슈(九洲) 지역에는 유명한 온천들이 즐비한데 그중에서 벳푸(別府)온천이 제일 유명하다. 그곳에서 온천욕을 즐기고 맛있는 식사라도 하면서 그간의 회포를 풀어보자는 것이 여행의 취지였다.

일본은 우리와 달라도 많이 달랐음을 볼 수 있었다. 색다른 온천 문화를 비롯해 우리와 달리 차량은 반대 방향으로 운행하고, 식사의 양도 왠지 너무 적어 보였는데, 키가 한국인보다 확실히 작다는 것을 느꼈다. 일본 여행 후인, 2016년 9월 22일부터 2박 3일 동안 우리는 나로도와 소록도 등 고흥 일대를 구경하면서 즐겼다. 그리고 2017년 3월 6일 1박 2일 일정으로 부산에서 가까운 '쓰시마(對馬島)'로 여행을 다녀왔다.

이 여행을 마치고 부산으로 돌아오는 배 안에서 친구 곽상태가 말하기를, 자기는 아직 한 번도 비행기를 타보질 못했다는 것이다. 그 얘기를 듣자마자 마음이 저렸다. 동기 중에 곽상태만이 여태 비행기를 타보지 못했을까? '쓰시마'를 함께 여행하였던 30여 명의 동기 중에는 아마 10여 명 넘는 친구들이 이런저런 사정으로 비행기를 한 번도 못 타봤을 거라는 생각이 미치자, 먹먹해졌다. 그래, 어렸을 때 꿈이었던 비행기를 타보는 것, 그것도 동기들과 함께 타보는 일은 얼마나 멋질까? 그래서 함께 비행기를 타고 여행하는 기회를 만들어 보자고 결심했다.

연구실로 돌아와 제주도 여행비용을 대략 살펴보았다. 2박 3일에 30~40만원가량 소요된다고 한다. 이 정도의 비용이라면 20~30만원을 더 추가할 때 '태국 여행'도 가능함을 알게 되었다. 그래서 이왕 비행기를 타고 간다면, 멀리 떨어진 태국으로 가자고 그렇게 마음을 먹었다. '태국'은 일본과 달리 열대에 속하는 동남아 지역의 국가이고, 예전부터 볼거리가 많아 특히 유럽의 관광객이 선호하는 곳이다. 이국적인 태국으로의 여행은 동기들에게 큰 기쁨을 줄 거라는 확신이 들었다.

다만 비용이 문제였다. 동기들로만 꾸려진 패키지 여행은 비용만 해도 1인당 60여만원이 들었기 때문이다. 1인당 비용에 더해, 가이드 경비와 선택 관광 등으로 들어가는 비용을 감안할 때 너무 부담이 된다는 생각이 들었다. 동기들의 개인적 부담을 절감하기 위해 60만원의 절반인 1인당 30만원씩을 내가 부담하면 되지 뭐, 그래봤자 33명이라고 해도 나를 빼면 960만원뿐이지 않은가? 게다가 이 960만원 중에는 부산에서 개업 중인 의사인 조카 이민석이 300만원을 도와 주었다. 그래서 내가 여행비용을 보조하는 데 부담했던 것은 660만원이었다.

그렇게 추진한 태국의 파타야 여행(2018년 1월 29일~2월 1일)을 시작했다. 많은 동기가 생전 처음으로 동남아의 풍경을 맛보았다. 열대 과일이며, 마사지 서비스도 받았다. 이를 기점으로 육지의 '장가계'라고 불릴 정도로 각양각색의 섬들로 장관을 이룬 베트남의 '하롱베이'를 여행했고, 반딧불이 인상적이었던 말레이시아의 '코타키나발루' 등 모두 3번의 동남아 여행을 함께 다녀왔다. 동남아로의 네 번째 여행은 2023년 2월 말에 다녀왔던 베트남의 '달랏'이었다. 해발고도 1,500m 내외에 세워진 이 도시는 사람이 살기에 적합한 온도를 1년 내내 변함없이 유지해서 사시사철 갖가지 꽃들이 만발해 여행하기에 그지없이 좋았다.

베트남의 '달랏' 여행을 끝마치고 부산으로 돌아오면서 생각해 보니, 1962년 2월에 초등학교를 졸업한 우리 동기들은 2023년을 기준으로 74세를 넘긴 세월을 살아 왔다. 이런 마당에 동기회의 이름으로 앞으로 몇 번이나 더 국내외로 여행할 수 있을까? 왜냐면 우리 나이가 이제 한국의 평균 건강 나이의 한계인 74세에 해당하기 때문이었다.

그래서 여행을 마치고 귀국하는 길에 동기들에게 다음과 같은 제안을 했다. 얼마 남지 않은 우리의 건강 나이를 감안할 때 이제부터 1년에 3차례씩 만나도록 하자. 그리고 그해(2023년) 여름에 개최할 동기회는 초등학교 때 수학여행 갔던 구례의 화엄사와 그 인근으로 하고, 날짜는 7월 중순으로 정했으면 좋겠다고.

7월 중순에 여행하기로 예정했던 일정의 며칠 전부터 엄청난 폭우가 쏟아진다고 방송에서 일기예보를 하였다. 종전부터 언제, 얼마만큼 비가 오는 것을 거의 정확하게 예측하였던 일기예보 때문에, 그 동기회의 여행은 불가피하게 연기하게 되었고, 어느덧 추석 이후로 미루어졌다. 추석이 지나가자, 11월 말이나 12월 초에 만났으면 하는 얘기들이 많았다. 그렇게 해서 연기하고 또 연기한 바람에 1년 9개월 동안 동기회는 개최하지 못하였다. 다만 그사이 부산과 나로도의 동기 17명이 2024년 7월 23일과 24일 양일간 일본 쓰시마로 여행을 다녀왔다. 서울 친구들은 이런저런 사정으로 참가하지 못했지만.

2. 강진의 '가우도', 신안군의 '퍼플교', 하순의 '적벽과 온천'

이래서는 안 되겠다 싶어 2024년 10월 5일, 부산 동기회 모임에서 친구 홍영표가 "전남 화순에 온천수가 있으니, 그곳에서 10월 말이나 11월 초쯤 하루 정도 놀고 오면 좋지 않겠

냐?"고 제안하였다. 그 말이 계기가 되어, 이왕 모일 바엔 2박 3일로 하자는 수정 제안이 다수의 동의를 얻었다. 이 제안에 부산 동기회 회장인 홍귀관이 고향 나로도의 오건종에게 즉시 연락을 취하였다. 전라남도 곳곳의 여행지와 고향 친구들의 사정을 누구보다 잘 아는 오건종과 의논하였고, 그에게 11월 7일부터 2박 3일간 여행지와 일정을 마련해 달라고 부탁했다. 서울 쪽에는 노덕례에게 그런 사정을 알렸다.

부산 회장은 여행 기간 중 이용할 대형 관광버스를 마련하였고, 그 버스로 부산 사상에서 부산 친구들이 함께 모여 출발하기로 했다. 출발 당일 홍귀관, 조형순, 고길덕 등과 필자 4명만 탑승했다. 곽강희는 함께 참가하려 집을 나섰지만, 도중에 갑작스러운 복통으로 참가하지 못했고, 곽상태는 허리가 너무 아파서, 최동례는 버스를 장거리로 타면 심한 멀미 때문에, 조용철 형은 건강상 도저히 참가하기 어려워서, 최양심은 남편의 뒷바라지로, 주영자는 노인 일자리 일로 아쉽게 참가할 수 없게 되었다. 홍영표는 충청도에서 곧바로 모임 장소로 오기로 했다.

오건종, 고준석, 곽주언, 오영순, 김인자, 추복덕, 조경애, 조경례, 박경심 등으로 구성된 나로도 팀은 '영암·순천 고속도로' 고흥 나들목 인근 '만남의 광장'으로 오기로 하였다. 목포에서 출발한 김양자는 고속버스를 타고, 노정남도 새우 사업장인 충청도에서 자가용으로 '만남의 광장'으로 온다고 한다. 서울

팀인 김채규, 김충자, 정기자, 조선자와 노덕례 등이 기차로 순천역으로 오면 그곳에서 7일 오전 10시경에 만나기로 했다.

부산 팀은 아침 7시 30분에 사상 지하철역 3번 출구에서 만나 순천으로 출발했다. 오전 10시 조금 지나서 순천역에 도착하였다. 서울 쪽의 일행은 우리가 타고 온 관광버스에 올라타서 함께 '만남의 광장'으로 달렸다. 부산에서 순천으로 올 때까지 그저 조용했던 관광버스 안이 서로 대화를 주고 받는는 통에 시끌벅적해졌다. 서울 쪽 친구들과 오랫동안 못 만난 탓인지 할 얘기가 많았는가 보다. 특히 김채규는 동기회 모임에 처음으로 나타났다.

부산과 순천역에서 동기들이 탑승했던 버스는 오전 11시쯤에 벌교읍 인근 '만남의 광장'에 도착했다. 오영순을 비롯해 고향에서 사는 몇 명의 친구들이 벌써 도착하여 우리를 반갑게 마중했다. 조금 후에 오건종은 여자 동기들을 가득 태우고 왔다. 잠시 후 목포에 사는 김양자와 충청도에서 출발한 홍영표도 도착했다. 모인 인원은 모두 17명이다. 예전 국내에서 개최된 동기회의 참가 인원 수는 항상 25명 이상이었는데, 그때에 비해 인원이 현저히 줄어들었다. 우리의 나이가 70대 중반으로 들어가니 그만큼 아픈 사람이 많아진 탓인가 보다. 참가할 인원 17명 모두가 모이자, 곧바로 관광지인 강진의 '가우도' 인근으로 향해 출발했다.

'만남의 광장'에서 합류한 친구 중에 홍영표를 제외한 모두가 관광버스에 탑승하자 늘어난 인원으로 인해 얘기꽃은 더욱 만발해졌다. 우리가 탄 버스는 강진 쪽으로 갔어야 할 길을 순천 방향으로 잘못 들어섰다. 실수를 눈치챈 운전기사가 '순천 나들목'으로 나와 다시 강진 방향으로 달렸다. 그러다 보니 예정된 도착시간보다 10여 분이나 지체되었다. 버스는 보성을 거쳐 장흥 쪽으로 시속 100km 내외로 달려갔다. 그사이 버스 안에서는 아주 익숙하고 흥겨운 노래가 들리기 시작했다. 장흥에서 강진 방향으로 달릴 무렵에는 예전 우리가 젊었을 때 그렇게 즐겨 불렀던 트로트를 다 함께 합창하면서 흥을 돋웠다. 일부는 자리에서 일어나 젊은이처럼 흔들며 유연한 몸매를 과시하기도 하였다. 좌우간 버스가 들썩들썩하는 느낌이 들 정도였다.

그사이 버스는 '가우도' 인근의 쉼터에 12시 30분을 조금 넘겨 도착하였다. 그곳에서 점심을 먹기로 했기 때문이다. 마침 그곳에 식사할 만한 좌석이 마련되어 있었다. 홍영표도 도착했다. 친구들이 싸온 점심 보따리들을 펼치니, 장관이었다. 그렇게도 먹고 싶었던 삼치회가 5상자나 나왔다. 김정심이 이걸 보냈다고 한다. 김정심의 선물은 이번만이 아니다. 지난번에도 그랬고, 지지난번에도 그랬다. 동기회가 열릴 때마다 항상 삼치회를 가져온 셈이다. 미안스러운 것은 그가 몸이 다소 불편해서 이번 동기회에 참가할 수 없게 되었다는 점이다. 오건종이 가져온 더없이 맛있는 찰진 밥도 잊을 수 없다. 이날 점심뿐만 아니라, 그날 저녁과 다음 날 아침까지 실컷 먹을 수 있었다. 오건종 역시 늘 그렇게 준비해 왔다. 이번에는 떡까지 마련해 왔다. 김인자도 다양한 '찐 생선들'과 '돼지 수육', 심지어 '삶은 문어'까지 충분하게 가져왔다. 박경심은 불편한 몸임에도 갖은 나물 반찬과 단감 한 상자를 마련했다. 추복덕도 '열무김치', '파김치' 등 5가지 맛있는 김치를 충분히 가져왔다. 이들 역시 국내에서 동기회가 개최될 때마다 그렇게 해왔다. 고준석은 감귤과 감 2박스씩을 들고 왔다. 노정남도 마리당 35g이 넘는 '대하'를 엄청나게 가져왔다. 다음 날 아침 식사 대용으로 먹었을 정도였다. 오영순도 질세라 떡을 마련했다. 친구들의 이런 모습이야말로 얼마나 멋지고 배려심 깊은 우정의 산물인가!

물품뿐만 아니었다. 참가비 20만원 이외에 동기들의 즐거움을 극대화하기 위해서 김채규가 30만원, 홍영표가 20만원, 오영순이 20만원을 각각 기부했다. 2박 3일간의 간식을 위해 노덕례는 삶은 달걀과 과자류를 마련하였고, 고길덕도 '말린 쥐포'를 잔뜩 갖고 와서 나눠주었다. 김양자 역시 동기들을 위하여 피곤하면 먹으라고 각종 과자류를 갖고 왔다. 홍영표, 오영순, 오건종과 노정남은 차를 몰고 와서 나머지 친구들의 교통편을 제공해 주었다.

점심 후 우리는 그 유명한 '가우도'를 구경했다. 방문객이 꽤 많아 보였다. '가우도'로 건너가는 다리가 참 아름다웠다.

일직선상의 단순한 모양새가 아니라 높낮이가 있고, 쉼터를 비롯해 다양한 형상을 빚어내고 있기 때문이다. '가우도' 안에서 또 다른 다리인 '출렁다리'가 설치되어 있었다. 다소 출렁거려서 필자는 조심스럽게 건넜다. 왠지 넘어질 것 같은 기분이 들어서. 출렁다리를 건너는 친구들의 모습을 사진으로 몇 장 담았다. '가우도'에는 '짚라인(Ziplin)'이 설치되어 있어서 맘속으로는 그걸 타보고 싶었지만, 무서워서 타보질 않았다. 가격은 1회에 25,000원이란다.

'가우도'를 구경하고 나서 그 유명한 강진군 '마량'에서 완도로 가는 길목에 '고금도 대교' 등 여러 대교를 거쳐서 이어진 신지도를 지났다. 그러는 동안 저녁 숙소가 예상치 못하게 신안군의 '증도'로 정해지는 바람에, 거기까지 가는 데 많은 시간이 소요될 것으로 예상되었다. 이 때문에 완도를 한눈에 내려다볼 수 있는 전망대 방문을 포기하고, 곧바로 신안군 쪽을 향하여 달렸다. 한참을 달려서 밤늦게서야 숙소인 '증도 펜션'에 도착했다.

저녁 식사는 친구들이 가지고 왔던 찰밥이며, 삼치회와 다섯 가지 종류의 김치, 여러 가지의 나물 등으로 맛있게 먹었다. 배가 고파야 밥맛이 난다는 속담을 떠올리면서. 저녁을 먹으면서부터 다시 오랜만에 만난 친구들은 웃음 가득한 얘기꽃을 피웠다. 얼마나 재미가 있었는지 시간 가는 줄도 몰랐다. 김채규와 노정남 그리고 고준석 등은 이번이 첨 참가였지만,

그럼에도 불구하고 함께 즐기는데 익숙했다. 그렇게 즐겁고 여운 가득한 시간을 보냈다. 다만 47년만에 처음으로 함께 만났던 2009년 12월 3일, 그때만 해도 우린 60세 전후의 나이였고, 지금보다는 상대적으로 초등학교 때의 기억을 더 잘 소환할 수 있었다. 그래서인지 그때 함께 하지 못했던 노정남을 비롯해 김채규는 동기들의 이름은 알고 있으나, 얼굴에 대한 기억이 회상되지 않아 어려움을 느낀다고 실토하였다.

김채규는 이번 여행 이전인 올해 10월 18일 저녁, 서울역에서 1시간 30분가량 만났다. 그가 살아왔던 매 순간과 그렇게도 사랑했던 부인 정선자와의 연애담을 비롯해 살아왔던 과정 등 다양한 얘기들을 나누었다. 노정남도 서초동에서 재작년에 만났다. 그때는 다른 동기들도 함께 있어서 속 깊은 얘길 나누지 못했다. 이번 모임에서는 버스에 함께 앉아 그의 치열했던 삶에 대한 얘기를 들었다. 참 대단한 친구라고 생각되었다.

숙소인 '증도 펜션'에 도착했을 때는 이미 늦은 밤이어서 어디가 어딘 줄 몰랐다. 아침에 눈을 떠 보니, 창 밖은 장관을 이루고 있었다. 밤늦게까지 달려온 보람을 느꼈다. 아침은 노정남이 가져온 대하를 그가 직접 삶아 주었기에 우리는 그것을 식사 대용으로 먹었다. 식사 후 곧장 신안의 '퍼플교'로 출발했다. 40여 분에 도착하였다. 다만 홍영표는 선약이 있어서 함께 하지 못하고 일찍 순천으로 떠났다.

목적지에 도착해 살펴보니, 사방은 온통 보라색으로 물들어 있었다. 지붕이며, 다리, 심지어 들판에 흐드러지게 핀 꽃까지 보라색으로 뒤덮여 있었다. '퍼플교'는 전남 신안군의 안좌도 '박지마을'에서 일생을 살아온 어느 할머니의 소망이 담겨 생긴 다리이다. 그녀의 간절한 소원은 살아생전 안좌도 옆의 작은 섬인 '박지도'에서 목포까지 두 발로 걸어가 보는 것이었다. 이 소원을 이루어 주기 위해 신안군은 2007년 신활력(新活力) 사업으로 목교(木橋)를 조성하였다.

이들 섬 사이를 다리로 연결하고 보라색으로 채색했다. 다리 중간에는 휴식을 취할 수 있는 팔각정과 낚시를 할 수 있는 보라색 공간도 있다. 밤이 되면 그 소망의 다리는 더욱 빛난다. 바닷물이 가득 차고 암흑이 드리워진 때 환한 불빛으로 비추는 '퍼플교'와 주변의 모습은 절경 그 자체이다. 17명의 동기 가운데 일부만 '펴플교'의 전체 구간을 걸어봤다. 5,000보가 약간 넘었다.

그곳을 도보로 걸으며 구경을 끝내고, 버스로 이동한 지 얼마 후, 식당에 들러 점심을 맛있게 먹었다. 나중에 알고 보니, 그 점심을 '서울 팀'(김충자, 정기자, 조선자, 노덕례와 김채규)이 샀다고 한다. 서울에서 참여하는 바람에 강진까지 오는 교통비도 만만치 않았을 것임에도 기부금이며 간식거리까지 챙겨 준 '서울 팀'이 점심까지 샀다니, 큰 감동이었다.

어제 아주 늦은 밤에서야 숙소인 '증도 펜션'에 도착한 일이 반면교사로 작용한 탓인지 오늘은 다소 이른 시간에 '화순 펜션'에 도착할 수 있도록 버스는 빠르게 달려갔다. 가는 도중 목포에 사는 김양자는 바쁜 일이 있어서 집에 일찍 돌아가야 한다는 이유로 동기들과 헤어졌다. 해가 지기도 전에 숙소에 도착했다. 저녁은 남아 있었던 단감과 떡을 비롯한 몇 가지 간식거리로 해결했다.

저녁 식사를 위해 다들 모여서 얘기꽃을 피울 때 나는 너무 피곤한 나머지 조용히 방으로 들어가 잠들어 버렸다. 한참 후 동기들이 모여있는 곳으로 건너오라고 연락이 왔다. 전화 너머로 들려오는 흥겨운 노래를 들으니, 가보고 싶다는 충동이 느껴졌다. 그런데도 몸은 피곤하여 그냥 잠 들고 말았다. 약한 체력이 내 마음을 이겨버린 것이다.

다음 날 아침 5시 50분쯤 홍귀관으로부터 전화가 왔다. 화순 온천으로 가서 목욕을 하자고 한다. 짐을 다시 챙겨 버스에 갔더니 이미 다들 모여 있었다. 다소 미안했다. 늦게 와서. 내가 타자마자 버스는 어둠을 헤치고 달리고 달려서 목적지에 도착했다. 가는 동안 '화순 펜션'에서 밤새 일어났던 일들을 알려 주었다. 노래와 춤으로 즐겁게 놀았으며, 무엇보다 곽주언의 대단한 가무 실력에 대한 찬사가 이만저만 아니었다. 그렇게 음주·가무에 능한 친구였던 그는 초등학교 1학년 때 나에게 한글을 가르쳐 준 선생님 역할을 하기도 했다.

온천수가 흐르는 욕탕에 들어가기 전에 우리는 옷가지를 모두 벗었다. 그 알몸을 서로 바라보니, 우리가 어렸을 때 바닷가나 냇가 혹은 저수지에서 수시로 멱감던 추억이 떠올랐다. 이젠 아쉽게도 모두의 신체는 청춘의 빛이 많이 사라져 버렸다. 게다가 체중도 많이 늘었다. 부귀와 계급장이며, 사회생활에서 나타난 온갖 것을 벗어 버리고 알몸으로 서로를 대하니, 어렸을 때 철모르던 시절의 순진했던 모습을 보는 것 같아 그저 좋았다.

1시간 30분가량 목욕을 즐기고 난 후 밖으로 나오니 여자친구들도 때마침 나와서 버스 쪽으로 걸어가고 있었다. 버스가 출발 후 얼마 되지 않아 '검정두부 정식'으로 유명한 식당에서 식사하였다. 그것은 별미였다. 이 식사비용은 곽주언이 냈다. 분명 부인이나 자식들에게 받은 용돈이었을 텐데, 적지 않았을 그 돈을 흔쾌히 지불했다.

이후 우리는 버스로 광주시민의 식수원인 동복댐이 있는 곳으로 향했다. 이 댐은 전남 화순군 이서면 서리에 있으며, 1968년부터 1970년 사이에 광주시민에게 물을 공급하기 위해 완공되었으나, 수원의 부족으로 확장 공사에 들어가 1985년 준공되었다고 전해진다.

1시간 20분가량을 달려서 댐을 존재게 한 동복천에 도착했다. 동복천은 전라남도 기념물 제60호인 '적벽'을 휘감고 흘러 '적벽강'이라고 불리기도 한다. 1985년 '동복댐' 확장 공사로 관광 명소였던 적벽 일대가 물에 잠기게 되었지만, 그 상류에는 여전히 수려한 절벽 경관이 남아 있다. 대표적인 것으로

'물염 적벽'이 유명한데, 이곳에는 '홍주 송씨 물염 송정순'이 16세기 중엽에 건립한 '물염정'과 '김삿갓 시비'가 있다. '물염정'은 정면 3칸, 측면 3칸 대칭 모양의 1층 팔작지붕 건물이며, 사람들이 많이 찾는다고 한다. 우리는 이곳에서 단체 사진을 찍었다. 가을은 이미 깊숙이 들어왔는지, 동복댐을 빽빽하게 둘러싼 수많은 수목의 잎새가 갖가지 색깔로 물들고 있었다.

동복천에서 적벽을 구경하고 버스는 벌교 쪽으로 달렸다. 벌교의 '불고기 식당'에서 점심을 먹었다. 육류를 즐겨 먹지 않는 나를 배려해 비빔밥을 따로 시켜 주었다. 그 맛이 별미였다. 벌교에서의 점심값은 '부산 팀'이 냈다. '서울 팀', '나로도 곽주언' 그리고 '부산 팀' 등 돌아가면서 대접하는 모습을 보니, 고향 친구들이자 초등학교 동기니까 가능한 일이라는 생각에 기분이 좋았다. 객지에서 그냥 알고 지낸 분들과는 다른 고향 친구들의 미묘한 차이를 보는 것 같아서.

점심 후 부근에 있는 벌교장터에서 동기회 회장단은 참석한 인원만큼 단감을 산 모양이다. 맛있는 단감이 비싸지도 않았다. 각자에게 '한 망태'씩 나누어 주었다. 무거웠다. 내게도 '한 망태'가 돌아왔다.

벌교읍에서 오건종, 오영순의 차로 떠나는 '나로도 팀'과 아쉬운 마음으로 헤어졌다. 순천역에서 '서울 팀'도 역시 그런 마음으로 떠나보냈다. '부산 팀'을 태운 버스는 저녁이 한참 지난 무렵에서야 사상역에 도착했다. 오는 동안 이번 여행의 즐거움을 흥겨운 마음으로 나눴다. 부산 팀의 회장 홍귀관, 총무 조형순, 고길덕과 함께.

3. 나오면서

어렸을 때부터 공부를 잘했고 남다른 재주와 뛰어난 아이디어가 많았던 홍영표의 제안으로 이번 모임이 추진되었다. 이번 여행에 관해 전체적인 동선을 구상하고 풍광이 멋들어진 강진의 '가우도', 신안의 '퍼플교', 화순의 '적벽과 온천'을 눈과 발과 몸으로 맛보게 해주었던, 우리 마음속 회장님 오건종 덕분이었다. 부산 동기회 회장으로서 이번 모임을 처음부터 끝까지 준비하고 실행하면서도 치밀하고 꼼꼼히 관리해 130만원의 여유자금을 만든 홍귀관. 그는 동기회가 여행할 때마다 여행사와 섭외하고, 여행에 필요한 온갖 일들을 묵묵히 처리했다. 이번 여행에서도 그랬다. 그리고 남은 자금은 2025년 봄철에 계획하고 있는 구례, 곡성, 여수 등을 여행할 때 긴요하게 쓰일 것이다.

이번 모임에 처음으로 참석한 친구들로는 '김채규', '노정남'과 '고준석'이다. 김채규는 약 4년 전인 2020년 12월 16일에 사랑했던 부인 '정선자'를 저 먼 세상으로 보냈다. 그런데도 그는 아직도 그녀를 그리워하면서 사랑꾼의 진면목을 여실히 보여 주었다. 게다가 거금 30만 원을 동기회를 위해서 기부까지 했다. 그의 '보기 좋게 익어간, 편한 면모와 잔잔한 미소'는 우리 동기들을 더욱 평화롭게 만들었고, 모두를 깊이 이어주는 촉매 역할을 하였다. 고준석은 '회장님의 면모'임에도 동기들을 배려하고 헌신하는 자세를 보여 유달리 그의 인품이 빛나 보였다. 그가 가지고 온 단감과 감귤로 여행 내내 우리 입을 즐겁게 했다. '맛있는 대하(큰 새우)'를 실컷 먹게 해준 노정남은 현자(賢者)의 삶이 무엇인지를 몸소 실천했다. 그의 오늘을 있게 만들었던 외유내강하는 그의 생활 태도에 감탄을 금치 못했다.

문자를 해독하지 못했던 나에게 글자를 깨우쳐 준 곽주언은 노래와 춤솜씨로 우리 모두를 즐겁게 해주었고, 화순에서 여행의 목적 가운데 하나인 '온천욕'을 즐긴 후, '두부집'에서 먹었던 그 아침밥을 대접해 주었다. 동기회의 모임 때마다 빠짐없이 동참하여 변함없는 우정을 끝없이 보여 주었던 이장완에겐 항상 고맙다는 생각이 절로 난다. 세월이 한참 지났어도 별로 늙지 않고 여전히 멋쟁이로 사는 오영순은 불거지는 여러 애로사항을 군말 없이 해결해 준 말 없는 신사였다.

넓고 큰 돌다리가 놓여진 그의 집 앞을 지나다니기가 그렇게도 무서워했던 곽진호를 손쉽게 제압할 수 있었던 김충자도 이번 모임에 참석했다. 나이에 비해 꾀나 동안이며, 남자로 태어났으면 아마도 대장부로 살았을 것이라고 옛날부터 생각했다. 자식 농사가 남부럽지 않고, 트로트의 영웅인 '임영웅'의 찐 펜인 조선자는 여전히 만면에 웃음꽃을 달고 다녔고, 덕분에 동기들 사이를 더욱 훈훈하게 만들었다. 남들에게 통 크게 베풀고 언행이 일치된 행동파인 정기자는 지혜로운 삶이 어떤 것인지를 잘 보여 주었다. 주변 사람들과의 공감 능력이 뛰어난 노덕례는 '품위 있는 그녀'로서 넘치는 아우라를 여전히 풍기며, 여행의 기쁨을 고조시키는 데 누구보다 노력했고, 동기들에게 아낌없이 베풀려는 선행을 지속하였다. 이번 모임에서도 예외가 아니었다. 친정 어머니의 성품으로 남들에게 배려하는 행동이 일상이 된 고길덕은 무엇이든 화끈하게 처리하고 제대로 '놀 줄' 알고 분위기를 띄우는 데에 일가견을 가졌다. 누구보다 신앙심이 깊어서 기적을 여러 차례 낳게 했던 목포의 김양자도 매번 참석했고, 이번에도 동기들을 위한 간식거리를 장만해 왔다. 비록 말수는 적지만 은근한 미소 속에서 동기 모임 때에 부족한 부분을 보충해 주려고 애쓰던 김인자는 찐 생선들을 비롯해 돼지 수육, 삶은 돼지껍질과 문어를 며칠 먹을 만큼 가져왔다. 그렇게나 먹고 싶었던 나로도의 삼치회를 5상자나 보내온 김정심에게는 고마움을 말로 표현하기 어렵다. 고맙고 고마웠으며, 감사했다. 효녀 심청이라고 불러도 손색 없는 삶의 여정을 보냈던 얘기로 나의 눈물샘을 자극했던 박경심은 불편한 몸을 이끌고 갖은 나물 반찬을 마련하였고, 단감도 한 상자를 가져왔다. 언제나 당당한 숙녀의 면모를 간직한 조경례, 마음씨 고운 추복덕은 다섯 가지 종류의 김치류를 가지고 온 바람에, 우리는 식당에 가지 않고 직접 여러 끼니를 해결할 수 있었다. 3년 전에 남편과 사별한 조정애는 그간의 슬픔을 극복하고 조용히 자신의 직분을 충실히 다하면서 동기 모임을 빛내는 데 한몫했다.

오건종의 부인은 동기회를 개최할 때마다 찰진 밥과 반찬을 보내왔고, 이번에도 밥과 떡을 보냈다. 오영순의 부인 역시 떡을 만들어 보내와 우리 입을 즐겁게 했다. 그렇게 동기들뿐만 아니라 그 부인까지 우리 모임에 큰 힘을 보태 주었다. 그저 고맙고 감사할 따름이다. 동기회 여행과 관련하여 총무 역할을 수행했던 조형순은 글씨를 참 곱고 예쁘게 쓴다. 말도 그렇고 생활 태도 역시 그렇다. 이번 여행을 위해 뒤에서 말없이 도맡은 일을 묵묵히 처리하였다. 그녀는 감초처럼 실질적인 일꾼을 자처했다.

고흥 나로도 백양초등학교 21회 동기 모두가 모임을 다지고 더 큰 행복을 느끼며, 즐거움을 맛볼 수 있도록 각자 묵묵히 서로를 배려하고 노력하던 모습이 아직도 눈에 선하다. 참 멋있는 모습이지 않은가? 이번 여행에 몸이 편찮아 동행하지 못했던 조용철, 곽상태와 곽광희 등의 친구들이 빨리 회복되어 2025년 3월 말에 예정된 구례, 곡성, 여수 등지의 동기회 여행에는 꼭 동참하게 되기를 기대한다.

2024년 12월 1일
오늘따라 대마도가 훤히 보이는
송도탑스빌 2706호 연구실에서

제 32 장

107일간의 세계일주 크루즈 여행*

2025년 8월 9일

Ⅰ.

젊은 시절의 꿈은 100개 국가 이상을 여행하면서 이들 각국의 고유한 문화나 제도를 직접 체험하고, 그곳의 고유한 자연환경을 접해보는 것이었다. 그래야만 그곳의 문화나 제도를 제대로 살펴볼 수 있고, 그 문화나 제도가 환경과 어떻게 접목되는지 파악할 수 있을 것이라고 기대했다. 그렇게 해서 얻게 되는 인식은 넓고도 복잡한 세상사를 다소라도 이해하여 올바른 삶을 살아가는 데에 유용할 것으로 생각했기 때문이다.

* 이 글에 관한 최종 교정을 이덕인 교수가 맡아 주었다. 아울러 박숙경 선생님, 민정기 선생님과 김보영 선생님이 공동으로 적지 않은 오탈자와 잘못된 표현을 바로잡아 여행기의 내용을 풍부하게 했다. 고맙고 감사하다. 또한 공학박사인 손재현 선생님 역시 일부이지만, 훌륭한 교정 솜씨를 보여 주었다.

그런데 꿈은 역시 꿈으로 그치는가 보다. 100개 국가를 채우려면 아직도 한참이나 모자란다. 1951년생이니 올해 벌써 70대 중반의 나이에 접어들었는데도 이제 80여 국가에 대한 여행을 간신히 마쳤기 때문이다. 더구나 지금껏 경험해 본 여러 나라의 여행조차 문화나 제도를 철저히 관찰하고 체험하기는커녕 거의 주마간산 격으로 지나쳐 버렸다. 원대했던 젊은 시절의 그 꿈은 축소되어 이제는 그 나라의 땅이라도 밟아 보는 것으로 변했다.

그러나 변하지 않은 꿈이 있다면, 그것은 세계일주 여행이었다. 그것을 오래전부터 생각했다. 기회도 있었다. 정년퇴임과 함께 세계일주의 구체적인 계획을 세워서 실제로 출발하고자 했던 것이 2016년 가을의 일이다. 항공사 마일리지 프로그램에 25만 마일(?)이 축적되었기에 비행기 편을 이용하거나 마일리지 협정을 맺은 항공사를 이용하면 항공요금만이라도 부담 없이 세계일주는 가능했기 때문이다. 그때 출발했으면 이미 실현되었을 터인데, 이런저런 이유로 우물쭈물하는 사이 떠나지 못했다. 이후 몇 년이 지나서 적립된 마일리지를 세계일주 여행에 쓰려고, 항공사 홈페이지를 살펴보니 폐지되었는지 더 이상 보이지 않았다.

그렇다고 거기에만 의존할 수는 없었다. 더 이상 늦춘다면 70세 중반인데 세계일주 여행은 건강상 어렵겠다는 생각이 들었다. 이런 상황에서 JAPAN GRACE 여행사(일본)에서 운영하는 '120차 세계일주 크루즈 여행'이라는 프로그램이 눈에 띄었다. "2025년 4월 23일 요코하마를 출항하여 중국과 동남아를 거쳐 인도와 '수에즈 운하'를 경유한다."라고 명시되어 있었다. 그곳들을 경유하는 동안, 크루즈가 기항할 중국 '선전(深圳)', '싱가포르', '코친', '아카바', '포트사이드' 등 여러 도시를 관광하고, 지중해의 '산토리니', '피레우스', '카타니아', '발레타', '말라카'를 방문할 수 있다. 계속하여 포르투갈의 '포르투', 프랑스의 '르아브르', 벨기에, 독일의 '함부르크', 덴마크의 '탈린' 그리고 노르웨이의 '베르겐'을 방문 후, '송네피오르'를 유람하는 여정이란다. 게다가 그렇게도 가보고 싶었던 '아이슬란드 관광' 후, 북극권을 통과하여 백야(白夜)를 경험하고서 곧바로 그린란드 인근의 해역과 캐나다 동부 해상을 거쳐 뉴욕에 도착한다. 거기서 이틀을 보내고, 자메이카와 역시 경험해 보고 싶었던 '파나마 운하'를 지나 코스타리카의 '푼타레나스', 멕시코의 '만사니요', 캐나다의 '밴쿠버'와 알래스카의 '싯카'와 '알래스카 피오르'에 있는 '허버드 빙하', 그리고 '수어드'에 들른 후, 8월 7일 요코하마로 귀항하는 107일간의 일정이다. 이러한 일정이라면 꼭 동참해야 하겠다는 생각이 절로 들었다. 출발을 반년 이상 앞둔 2024년 8월 중순, 1인실을 예약하였다.

Ⅱ.

8개월가량 기다린 끝에 마침내 꿈에 그리던 세계일주 크루즈 여행을 출발하게 되었다. 2025년 4월 22일 오전 11시, 김해공항에서 출발 후, 2시간 남짓 비행해서 도쿄 나리타 공항에 도착했다. 버스 편(3,800엔)으로 요코하마로 이동해 예약된 숙소에서 첫 밤을 보냈다. 다음날인 23일 9시 무렵 계약한 '크루즈'에 탑승하였다. 여행 동안 거처로 사용할 C719호(Cabine)는 아담한 규모의 4성급 호텔 수준 정도였다. 침대가 넓어서 좋았다. 화장실, 샤워실, 옷장, 냉장고, 드라이기, 물을 끓일 수 있는 전기주전자, 작은 책상 2개를 비롯해 냉난방 시설도 갖추고 있었지만 밖을 내다볼 창문이 없다. Wi-Fi를 무료로 사용할 수 있을 것이라는 예상과 달리 비용을 지불해야 했는데, 30기가의 사용료는 약 30만원에 달할 정도였다.[1] 실내에 소형 의자가 있었지만 등받침이 없어 다소 불편하였다.

출항은 정오 무렵이었다. 크루즈의 산책 코스로 이용되는 7층의 오른쪽 갑판(크루즈 선미(船尾)에서 볼 때)에서 '떠나는 사람들'과 크루즈 접안 시설에서 '환송객들'이 서로 손을 흔들어 주었다. 크루즈는 24일 '고베항'에 들러 일부 승객을 태운 뒤, 그날 밤 중국 '선전'으로 향했다.

4월 25일 해가 질 무렵 '선전'을 향하는 도중 유리창에 비

1) 크루즈에서 4월 23일부터 7월 14일까지 사용한 Wi-Fi 이용 요금은 80만원가량이며, 요코하마로 귀항할 때까지 110만원가량 소요되었다.

친 석양의 모습이 두 개로 보였다. 사진을 찍었더니, 색깔로 선명한 차이를 나타낸 두 개의 태양이 명확히 보였다. 이와 같은 태양의 사진은 처음이어서 기쁨이 배가 되었다. 그때 마침 저녁 식사를 해야 할 시간이었다. 한국인 탑승객 가운데 처음으로 안명관 선생님과 그 부인(주정호 여사님)을 만나게 되었다. 계기는 내가 촬영한 석양의 모습에 감탄한 2명의 일본 할머니들이 그 사진을 다시금 자신들의 카메라에 담는다고 야단법석일 때 안선생님이 그 옆을 지나가게 되면서였다.

그 인연으로 안 선생님 내외와 저녁 식사를 하면서 이런 저런 얘기를 나누었다. 두 번 놀랐다. 하나는 이 부부는 코로나가 완전히 종식되지 않았던 2023년에도 이 크루즈로 이미 세계일주 여행을 했었고, 다른 하나는 그때 선상에서 개최된 바둑대회에서 안선생님이 1등을 했다는 것이다. 그때나 지금이나 천몇백여 명이 넘는 승객(현재 탑승인원은 1,620여 명) 가운데 1등을 했다니, 그분의 바둑 실력이 대단했을 것으로 짐작이 갔다. 어느 날 단둘이 만나게 되었을 때 바둑에 관해 물었더니 아마 5단이란다. 그의 부친은 아마 고수이며, 모친 또한 상당한 수준에 달한다고 한다. 그 재능을 부모님으로부터 물려받은 것으로 보였다. 부럽기도 했다. 바둑을 잘 두려면 뛰어난 두뇌 회전이 요구되어, IQ가 대단히 높음을 의미하기 때문이다. 이번에도 선내에서 바둑대회가 있을 것이라는 얘기가 돌아서 현재 상황을 물었더니, 본인보다 한 단계 위인 아마 6

단의 중국인 승객이 있고, 그분의 높은 실력을 인정했다. 안선생님은 그런 점에서 때 묻지 않은 성품이신 듯했다.

4월 26일 아침 선전[2)]에 일시 하선했다가 곧바로 크루즈로 복귀했다. 신용카드 사용이 다소 어려웠던 것이 결정적 이유이고, 예전에 이곳을 몇 번 구경했던 점도 작용했기 때문이다. 26일 밤, 선전을 출항하여 28일 아침에 절경으로 꼽히는 베트남의 '하롱베이'에 기항했으나 아예 하선하지 않았다. 이곳도 예전에 이미 들렀었고, 초등학교 동기들과 함께 방문했었기 때문이다.

5월 1일 '싱가포르'[3)]에 기항했으나, 복잡한 입국심사를 핑계 삼아 역시 내리지 않았다. 역시 예전에 이미 구경했다는 궁색한 이유도 작용했다. 그보다는 이곳들은 특별히 새롭게 구경할 만한 곳을 잘 알지 못해서였다.

요코하마에서 출항 직후부터 식사는 주로 14층의 뷔페식당에서 해결했다. 육식을 삼가고 채소류와 식물성 음식을 주로 먹을 수 있어서였다. 이곳에는 생수를 비롯해 커피와 녹차뿐만 아니라 여러 음식을 수시로 먹을 수 있다. 이 뷔페에서도 가끔 사색과 글쓰기를 하였다. 때로는 기왕에 썼던 글들을 수정하거나 보완하는 작업도 하였다. 도서관 분위기가 나는 8층

2) 중국 선전을 우리는 심천이라고 부르기도 한다. 선전은 베이징, 상하이, 광저우와 함께 중국 4대 일선급 도시에 속한다. 1인당 GDP는 2020년 기준으로 3만 달러를 넘었고, 그곳의 경제 규모는 2018년부터 홍콩을 넘어섰다.

3) 인구 604만명의 도시국가이다. 1인당 명목 GDP는 92,932달러로 세계 4위이다. 인도양과 태평양을 잇는 지정학적 위치의 중계무역 중심지로서 역할을 하게 되면서 부를 축적하였다.

의 'Share 실'에서 주로 작업을 했지만, 5층 중앙의 '커피 전문점' 창가 자리나 7층 '레전드 홀'에서 일할 때도 있다. 이곳들이 14층보다는 대체로 조용하기 때문인데, 여기서 이런저런 주제의 글들, 예컨대 건강한 사회의 형성에 기여할 수 있는 내용이나 사회적으로 선한 영향력을 발휘하는 분들과의 인연을 중심으로 썼다.

양식당은 5층과 6층에 각각 500석 규모로 준비되어 있는데, 여느 호텔에서 식사할 때처럼 나름의 격식을 요했다. 한국인들의 모임이 있는 경우 이외에는 이런 격식 차림이 싫어서 삼시 세끼를 14층 뷔페에서 해결하는 것이 일상이 되었다.

중국의 '선전'과 베트남의 '하롱베이'를 거쳐 '싱가포르'까지 항해하는 동안 "삶의 그렝이질"을 비롯해 "갈림길과 막다른 골목"을 썼다. 전자의 핵심 내용은 '그렝이질'이 '우리 전통의 건축양식에서 주춧돌에 맞추어 기둥의 표면을 가공한다'는 용어로, 이를 우리의 사고방식에 적용해 보려 한 것이다. 즉 "건강한 사회가 되려면 다양한 의견이 표출될 수 있어야 할 뿐만 아니라, 그러한 의견을 쉽게 포용할 수 있도록 마음의 자세를 가다듬어야 한다. 그렇다고 사회 안전을 해치는 극단적 사상이나 내용까지 포용할 수는 없다."는 점을 강조했다. 후자의 글은 인생은 길 위에서 항상 선택의 기로에 있음을 지적하고, 막다른 골목에 도달했을 때 어떻게 처신해야 하는지에 관한 고민을 담았다.

Ⅲ.

2024년 8월 배부된 세계일주 크루즈 여행의 선전용 책자에 따르면, 크루즈는 2025년 5월 2일 '싱가포르'를 떠나 인도의 '코친'으로 향한다고 되어 있는데, 수정된 올해 초의 프로그램에 따라 '모리셔스'로 항로를 변경했다. '후티 반군'의 위협으로 '수에즈 운하' 통과가 불가능하게 되어 그렇단다. 그 결과 보름 이상의 기간이 소요되는 남아공의 희망봉으로 돌아가는 코스를 택하게 되었다. 그 바람에 지중해의 유명 관광도시를 외면하게 되었고, 그 대신 모리셔스의 '포트 루이스', 남아공의 '포트 엘리자베스'와 '케이프타운', 카나리아제도의 '테네리페'를 구경할 수 있게 되었다.

'싱가포르'에서 '모리셔스'로 출항할 때부터 필자는 2개의 주제를 다루었다. 하나는 나의 삶에 결정적 영향을 주었던 초등학교 후배이자 마음의 친구인 최병선에 관한 글을 썼다. 초등학교 4학년 때, 한 해 후배였던 그가 내게 던진 질문, "형은 도대체 누구냐?" 그의 이 질문은 '나는 누구이며, 어떤 능력이 있고, 어떻게 살아야 할 것인지'를 고민하고 궁리하는 계기가 되었다. 그와의 인연 등을 9쪽가량의 추억을 더듬는 내용을 담았다.[4] 제목은 "존경하는 마음의 친구, 최병선". 다른 하나는 "인간의 의사(意思)는 육체로부터 자유로운 것이다."라는 법학계뿐 아니라 보편적 견해에 대한 반박을 다룬 논문이다.

4) 이 책 제25장에서 다루었다.

제목은 "생명, 마음 그리고 방법론적 해석학"이며, 『형법연구』 제37권 제2호에 특별기고 형식으로 게재되었다.[5)]

싱가포르를 떠나서 10여 일의 항해 끝에서야 모리셔스의 수도인 '포트 루이스(Port Louis)'에 기항하였다. 이곳은 내가 생전 처음으로 방문하게 된 국가이기에 이모저모를 살펴보았다. 시내 중심부는 크루즈 선착장에서 도보로 15분가량 걸렸다. 선착장에서 조금 걸어가다 보면, 야자수가 길가 양편으로 가지런히 우거져 있었다. 마치 궁전의 어느 부분인 것처럼.

모리셔스는 분명히 아프리카에 속하는 곳인데, 다른 아프리카에서 흔히 볼 수 있는 인종적 특색과는 많이 달라 보였다. 아프리카계가 별로 보이지 않았기 때문이다. 아마도 인도계가 전체 인구가 67%를 차지해서 그렇게 보였을 것이다. 거리는 청결하였고, 물가도 비교적 저렴하였다. Boss라는 상표의 '티셔츠'를 6만원에 구입할 수 있었다. 날씨는 온화하였으나 햇볕은 강했다.

모리셔스는 마다카스카르 동쪽에 있는 섬나라로 영국의 식민지였다가 1968년 독립한 국가이다. 인구는 130만명가량으로, 자유민주주의의 실현이 우리보다 앞선 국가로 알려져 있다. 우리나라에서도 신혼여행지로 손꼽을 정도로 유명하단다. 그럴 만한 이유가 많아 보였다. 왜냐면 다른 한국인들 눈에 띌 가능성이 거의 없었으며, 물가가 저렴하고 날씨도 좋아

5) 한국형사법학회 학회지 게재를 위해 힘써준 송진경 박사에게 고마움을 전한다.

서 신혼의 단꿈을 꾸는 데 최적화된 곳으로 보였기 때문이다.

모리셔스의 '포트 루이스'를 떠난 지 사흘째 되는 날 아침 크루즈는 남아공의 동부에 위치한 '포트 엘리자베스'[6]에 도착했다. 10여 년 전에 남아공을 비롯해 보츠와나, 짐바브웨, 잠비아를 여행하면서 '빅토리아폭포'의 거대함, 특히 엄청난 수량과 낙폭, 바람에 휘날리는 폭포수로 인해 옷이 흠뻑 젖었던 기억과 보츠와나의 '초베(Chobe)국립공원'에서 사파리 방식으로 구경했던 다양한 동물들, 특히 12만 마리나 살고 있는 코끼리를 비롯해 얼룩말, 악어, 물소 등을 관찰했던 기억이 새롭다(사자는 보지 못했다). 공원을 흐르는 잠베지강 선상에서 맞이한 저녁노을은 그지없이 평화롭고 여유로운 감정을 가져다 주었다. 아직도 그 기억이 새롭고, 또다시 경험해 보고 싶다. '초베국립공원'은 '산족(Saan people)'[7]에 속하는 '부시맨(Buchmen, '코이산족'이라고 부르기도 함)'의 삶의 터전으로 알려져 있다.

10여 년 전 남아공에 왔을 때는 여기 '포트 엘리자베스'에는 들리지 않았다. 이 도시는 이번에 처음 와본 곳이지만 아프리카에 속해 있음에도 초가을 날씨로 온화했다. 이곳 사람들에게선 비교적 여유로움이 묻어나왔다. 중심가가 멀지 않아 걸어서 시내를 두루 살펴보았다. 번화가는 온통 유럽식 건물들이 즐비했고, 상점 또한 유럽풍 그대로를 옮겨 놓은 모습이

6) 지역의 인구가 967,677명이며, 인근에 코끼리 공원과 타조 농장이 있다.
7) 네안데르탈인 유전자가 전혀 섞이지 않은 유일한 현대인에 속하는 민족이다.

었다. 그렇게 2시간가량 배회하고서, 인근의 '타조 농장'이 볼만 하니 가보라는 친구의 추천을 무시하고, 피곤하다는 이유로 크루즈로 귀선했다.

크루즈가 '포트 엘리자베스'를 떠날 즈음에 선장은 오늘 저녁 강한 비바람으로 심한 풍랑(風浪)이 예상되어 몇 시간 늦게 출발한다고 공지하였다. 선장이 스페인어로 말하면, 그것을 영어, 일본어, 중국어 그리고 한국어로 통역하여 차례로 공지했다. 한국에서는 일본어가 상당히 부드럽다는 생각이 들었지만, 선내에서의 일본어 방송은 그리 부드럽지 못했고, 일본 여성들의 잡담 소리도 종종 꽤 시끄럽게 들렸다. 중국인들만 시끄러운 것도 아니었다. 특히 중국인 일부는 새치기를 거리낌이 없이 했다. 뿐만 아니라 특별히 맛있는 과일이 나올 때면 그들 가운데 일부는 뒤에서 기다리는 사람은 전혀 배려하지 않고, 접시에 가득 담는 것도 종종 볼 수 있었다. 물론 그렇지 않은 점잖은 중국분도 적지 않았지만.

아마도 밤중에 크루즈가 출발했을 것으로 보였다. 침실에서 배가 항해할 때와 정박할 때의 느낌이 사뭇 달랐기 때문이다. 새벽에 일어났더니 거센 비바람 탓인지 77,000톤이 넘고, 2,300여 명이 탑승할 수 있는 이 큰 배조차 흔들림이 심했다. 선령(船齡)이 꽤 오래된 것으로 알려진 이 배가 무사할 것인지 무척 걱정되었다. 일어설 때마다 뭔가 붙잡아야 할 상태가 여러 번 반복되었다. 이곳과 희망봉으로의 항해를 자주 경험했다는 선장 출신인 친구 김봉안(중학교 동기)에게 불안한 상황을 설명했다.[8] 아울러 대형 컨테이너선의 선장을 했던 조길용과 고양원(둘 다 중학교 동기)을 비롯해 이곳을 수십 번, 아니 수백 번 넘나들었을 여러 고향 친구들이 머리에 순차적으로 떠올랐다. 특히 소형 어선을 몰았을 고향 친구들이 거칠고 험한 이곳 뱃길에서 때때로 사투를 벌였을 것이라는 점을 떠올리니, 저절로 부끄러움을 느꼈다.

그렇게 30여 시간을 불안한 마음으로 지냈다. 흔들림이 심한 상황임에도 희한하게 크루즈의 엘리베이터는 다행스럽게 작동되었다. 생긴 것조차 묵직하게 보이며, 서서히 닫히고 열린다. 아마 선박이니까 흔들림이 심해도 작동할 수 있도록 설계되었고, 크루즈를 이용하는 사람들이 대체로 나이 많은 분들이라 이를 배려해서 서서히 작동하도록 했을 것이다. 희망봉 인근에 도착할 무렵부터 거센 바람이 잦아들고, 바다 역시 덩달아 큰 파도가 없어지면서 '케이프타운'[9]에 기항하게 되었다.

'케이프타운'에는 예정보다 1시간 30분 늦게 도착했다. 이 배가 다수의 항구에 여러 차례 기항했지만, 이번처럼 늦은 경우는 처음이었다. 아마 거센 파도에는 아무리 큰 배라도 제시

8) 그는 희망봉 부근의 파도가 더욱 거세다는 사실을 상기시키고, 그보다 훨씬 위험했던 남아메리카 남단에 소재한 좁고 바람이 거칠기로 유명한 '마젤란해협'의 극단적 상황을 세세하게 설명해 주었다.

9) 이 도시에는1625년 네덜란드 동인도회사에서 파견된 직원들이 요새(要塞)를 건설한 이후부터 네덜란드 정착촌이 형성되었으나, 1814년 이후 영국의 식민 지배를 받았다. 인구는 471만명이다.

간에 도착할 수 없을 만큼 맘대로 운항하지 못하는 경우가 있음을 보여줬다. 때문에 아침 6시 입항, 8시 하선이라는 처음 계획과 달리 9시 10분쯤에서야 하선할 수 있었다.

황오열 원장님의 주선으로 한국인 여행사 사장님, 그리고 가이드와 함께 '케이프타운'과 그 인근의 희망봉[10)]을 오후 5시까지 이곳저곳 돌아다녔다. 희망봉으로 가는 도중 곳곳에서 타조를 만났다. 이때 '숫타조'와 '암타조'의 구별을 처음 알았다. 어쩌면 예전에도 가이드가 알려 주었던 것을 까먹었을 수 있다. '수컷'이 '암컷'보다 훨씬 컸다.

바람이 거세게 불어대는 '희망봉'에 올라 인도양과 대서양이 만나는 곳을 바라보니, 저 멀리로 초대형 컨테이너선 여러 척이 지나가는 것을 볼 수 있었다. 이 험악한 뱃길을 수없이 다녔을 고향 친구들을 생각하니 가슴이 먹먹해졌다.

몇 년 전 '희망봉 등대'를 올라갈 땐 그리 어렵지 않았으나, 이번에는 겨우 기어갈 정도가 되었다. 세월의 무상함을 느꼈다. 그 등대에서 300여m 아래쪽으로 내려가면 '희망봉(Cape of Good Hope)'이라고 적힌 표지판이 서 있다. 예나 지금이나 희망봉을 구경하러 온 사람들로 장사진을 이루어서 인증사진 찍기를 기다렸다. 자원봉사자로 보이는 중년의 여성이 그곳에 왔음을 입증하려는 관광객의 사진을 빠른 속도로 여러 장씩 찍어 주었다.

10) 1488년 포르투갈의 '바르톨로뮤 디아스'가 발견하여 '폭풍의 곶'으로 명명하였으나, 포르투갈 주앙 2세에 의해 '희망의 곶'으로 개명되었다.

희망봉 구경을 마칠 무렵, 시간은 벌써 오후 1시쯤 되어갔다. 오늘 점심은 '해산물(Sea Food)'이란다. 그래서 예전에 가보았던 그 식당으로 가는가 보다고 예상했다. 예상이 맞았다. 커다란 바닷가재, 중간 크기의 새우 여러 마리, 부산에서는 담치라고 불리는 홍합 그리고 삶은 감자. 양도 많았고, 맛도 좋았다. 식후에는 부근의 유명한 주류상점으로 가 일행 가운데 애주가들은 몇 병의 포도주 등을 샀다.

우리는 다시 '케이프타운' 시내에서 멀지 않은 'Table Mountain'(해발 1,000m쯤 되는 그 산의 정상이 탁자처럼 평평함)을 등정(登頂)하기 위해 한참 동안을 달렸다. 360도를 회전하는 케이블카를 타고 정상에 올라갔으나, 오후 5시까지 크루즈에 귀선해야 한다는 이유로 10분 남짓 잠깐 구경하고 내려왔다. 지난번에도 고작 30분이었는데, 이번에는 10분이라니. 30분이 주어졌던 예전에는 그나마 '생망고주스' 한 잔을 여유 있게 마시기라도 하였다. 이번에도 그걸 마시고 싶었지만, 최소 1시간가량 여유가 있었으면 하는 아쉬움을 뒤로 한 채 하산했다.

5월 23일 밤늦게 크루즈는 '케이프타운'에서 스페인령인 '카나리아제도'[11])를 향하여 출항했다. 그즈음 나는 법철학자 "김영환 교수의 삶과 사상"을 다루어야겠는 생각이 들었다. '포트 엘리자베스'를 떠날 무렵부터 김교수의 스승인 아르투어

11) 아프리카 모로코에서 동쪽으로 약 100km 떨어져 있는 군도로 인구는 220만명이다. 최대도시는 '라스 팔마스 데 그란 카나리아'로 한국에서는 원양수산업의 전진기지 '라스팔마스'로 알려져 있다.

카우프만(Arthur Kaufmann)의 저작 가운데 초학자들이 읽었으면 했던 작품 2개를 골라 번역하여 지난 2002년 출간했던 『법철학입문』을 교정하고 싶어졌다. 작업을 시작하자 곧바로 너무나도 부끄러움이 몰려왔다. 오탈자 문제를 넘어 잘못 번역한 곳이 너무 많았기 때문이다. 새롭게 번역한다는 심정으로 교정하면서, '카우프만'의 사상을 탐색할수록 그의 대단함을 다시 한 번 깊이 느꼈다. 그러면서 한국의 대표적인 법철학자인 김영환 교수의 업적을 조망해 보는 것도 의미가 있으리라 생각했다.

그래서 시작했다. "김영환 교수의 삶과 법사상"이란 글을. 자료가 거의 없었지만 김교수와 함께 주고받았던 다양한 법철학의 문제나 법치국가원칙의 핵심 내용을 떠올렸다. 한편으로 나의 잘못된 용어 사용에 대한 그의 따끔한 지적을 포함해 견해가 다른 부분을 상기하면서 생각나는 대로 그냥 써 내려갔다. 이에 더해 우리 법철학계에 미친 김교수의 영향을 내가 파악하는 선에서 요약하는 식으로 그려 보았다. 그리고 그것을 김영환 교수께 보냈다. 당연하게 그로부터 야단을 맞았다. 그런 글은 대상자가 고인이 되었을 때 쓰는 것이라고. 맞는 말이다. 그러나 내가 그보다 더 앞서 죽을지도 모른다. 게다가 무언가 김영환 교수의 모습 가운데 내게 비친 대단함을 기록하고 싶었다. 그 글을 『법철학연구』에 기고하려던 마음을 접고, 여기 『정의의 굴레』라는 저의 소책자에 넣기로 했다. 그런데 며칠 후, 꿈에 평소 친분이 두터운 장영민 교수가 아예 신지 말라고 말렸다. 참 이상한 꿈으로 보였다. 그래 꿈에 따르자.

이 와중에 5월 24일 아침, 일어났더니 허리가 아파왔다. 운동하면 좀 괜찮아지겠지, 그런 심정으로 걷기 힘든 상황에서 억지로 평소보다 3천보 많은 17,117보를 걸었다. 25일에도 아픈데도 불구하고 14,667보를 걸었다. 그렇게 했더니 낫기는 커녕 허리가 더 아팠고, 걷기도 힘들어졌다. 26일에는 걷기가 너무 힘들고, 때마침 감기 기운까지 감돌았다.

5월 27일 아침이 되어 참을 수 없는 고통과 고열로 선내의 병원을 찾아가 치료를 받을 수밖에 없었다. 일본어를 전혀 할 줄 몰라서 선내 한국어 방송을 맡고 있는 최지연 선생의 도움을 받았다. 나의 증상에 관해 크루즈에 상주한 의사가 질문할 때마다 그녀는 유창한 일본어로 통역을 해주었다.

의사의 결론은 심한 운동으로 인해 허리 신경 부근에 염증이 발생한 것이 원인이라며, 항생제 처방을 해주었다. 먹는 약만으로도 부족하다고 하면서 4일간 링거와 함께 항생제 주사도 맞았다. 고열은 어느 정도 완화되었지만, 허리의 고통은 크게 개선되지 않았다. 의사는 다음 기항지인 카나리아의 '테네리페'에서 정밀검사를 받거나, 하선해 귀국하는 것이 좋을 것 같다고 권고했다.

아픈 허리 때문에 걷기가 무척 힘들었다. 9층에 있는 객실에서 14층 뷔페까지는 왕복 600보 이상 걸어야 한다. 아주 천천히 걸어야 했다. 쉬어 가면서. 약간의 음식과 따뜻한 두유 한 잔을 쟁반에 올려 식탁으로 들고 오는 것조차 힘들었다. 이런 상황일 때 오명주 선생님이 여러 번 쟁반의 운반을 도와주셨다. 때로는 두유나 커피 혹은 과일도 갖다주었다. 지금 생각해도 고맙기 짝이 없다.

허리가 심하게 아프다는 소문이 한국인들 사이에 벌써 얘기가 돌았던 것 같다. 신앙심 깊은 강피터베다니 선생님[12)]은 부인(이정자 선생님)과 함께 크루즈에 탑승했는데, 그 사모님께서 나의 상황을 황오열 원장님 사모님께 전한 것이다. 이를 계기로 의사이신 황원장님께서 5월 29일 오후 4시 30분경 나의 상태를 파악하고 곧바로 신경통증 치료를 해주셨다. 치료제는

12) 강선생님은 크루즈가 '요코하마'를 출항한 지, 며칠이 지났을 때 한국인들끼리 모여 이런저런 얘기를 나누던 중, 호주의 해안을 따라 일주한 적이 있다고 말했다. 그 계기는 선생님의 수염이 멋있어 보이는데 언제부터 길렀느냐는 질문에 답하면서다. 호주의 해안을 일주한다는 일은 4,000km가 넘는 거리이고, 대중교통이 편리하지 않은 호주의 특성상 쉽지 않은 일이다. 강선생님이 무언가 깊은 생각에 잠긴 때를 여러 차례 목격했다. 그 모습에서 깊은 신앙심이 우러나는 아우라가 빛나서, 언젠가 한 번 물었다. 어떤 계기로 태국 '치앙마이'에서 살게 되었느냐고. 그랬더니 '치앙마이'의 소수민족과 함께 오손도손 힐링하면서 살고 있다고만 말했다. 그러나 그 말씀에 깊은 뜻이 있음이 분명해 보였다. 그래서 좀 더 자세하게 물어봤다. 선생님은 소수민족인 '라후족' 등을 위해 2005년 상당히 넓은 땅을 자비로 구입하였고, 그곳에 수십 채의 가옥을 짓고, 도로와 수도시설 등 마을에 필요한 시설을 만들 계획을 세웠다. 2007년부터 공사를 시작하여 앞서 열거한 계획을 순차적으로 실행해 나갔다고 한다. 열악했던 종래 그들의 집을 대신하여 그곳에 이주한 '라후족'이 점차 늘어, 이제는 60호에 이르고, 어엿한 마을로 형성되었다고 한다. 초기에는 발전기를 돌려 이들에게 전기를 이용해 영화 등을 보여줌으로써 문명사회에 눈뜨도록 하였다. 이와 함께 학생들의 교육을 위해 제반 시설을 마련하고, 마을의 공공장소로 사용할 수 있는 넓은 마당도 만들어 제공했다고 한다. 이제 선생님이 형성했던 마을에서 태어난 아이들은 현대인이 갖추어야 할 교육과 덕목을 쌓고 있으며, 이런 것들이 선순환되고 있다고 한다. 마을 사람들도 자신보다 더 어려운 라후족을 위해 선행을 베풀고 있는 단계에 들어섰다며 담담하게 말하셨다. 여기서 설명한 부분조차 강선생님은 자신을 다루지 말라고 신신당부했다.

본인이 아플 때 사용할 목적으로 남편도 모르게 갖고 왔던 원장님의 부인이자 시인인 이신혜 여사님께서 흔쾌히 내어 주신 것이다.[13)]

5월 30일 오후에도 주사를 맞았다. 2번의 치료 덕분에 그렇게 아팠던 허리 통증은 기적처럼 완쾌되었다. 뿐만 아니라 평소의 자세, 특히 잠잘 때 허리 밑에 세 겹으로 된 목욕용 타월을 깔고 자고, 걸을 때 발뒤꿈치가 먼저 땅에 닿게 걸어야 하며, 앉을 땐 몸을 숙이거나 기대지 말라고 하는 등의 주의사항에 따랐다. 이후 황원장님의 말씀에 따라 행동하면서 종전처럼 활동할 수 있게 되었고, 귀국하지 않아도 되었으며, 이 두 분 덕분에 카나리아의 '테네리페'에서 하선당하지 않고 세계일주 여행을 계속할 수 있었다. 그렇게 아프던 통증이 갑작스럽게 사라지니 테네리페의 병원에서 정밀 검사를 받을 필요도 없어지고, 게다가 건강한 몸으로 시내 구경도 할 수 있게 되었다.

5월 31일, 크루즈에 탑승한 승객들은 자신의 국적별로 음악회에 참가했다. 며칠 전부터 한국 팀은 '아리랑'을 합창하기로 의견이 모아졌다. 자세한 악보는 공인자 선생님의 노력으로 카톡에 공유되었다. 예행연습을 거친 후, 일본 팀, 중국 팀, 한국 팀 그리고 미국 팀(겉보기에 미국 국적의 아시아인으로 구성

13) 두 분에 대해서는 이 책 제24장에서 다루었다. 뿐만 아니라, 황오열 원장님의 선행에 관해서는 예전 자신이 캐나다의 밴쿠버에 여행을 갔을 때 어느 여성의 얼굴에 난 종기가 악화된 상황에서 여러 제약에도 불구하고 자신의 역량을 최대한 발휘해 치료한 덕분에 그녀의 예쁜 얼굴을 되찾게 되었다는 전설 같은 얘기도 전해 들었다.

되었음)이 차례로 악기를 다루거나 노래를 불렀다. 일본 팀은 아일랜드의 민요인 '여수(旅愁)'를 불렀다. 크루즈 탑승객 대부분이 일본인데도 불구하고 노래 실력은 시원찮았다. 게다가 왠 외국민요를 부를까? 참 알다가 모를 일이다. 더구나 일본인 여러 명이 하모니카를 연주하는 실력은 아무리 아마추어라고 할지라도 무대에 오를 만한 수준이 되지 못했다. 그럼에도 참가한 것을 보면 그 용기가 대견해 보였다. 오히려 중국인들의 실력이 일본보다 훨씬 앞서는 것 같았다.

한국인들의 출연 순서가 되었다. 무대 위의 한국인들은 거의 모두 체격이나 생김새가 다른 아시아인들을 압도하는 것 같았다. 게다가 우리의 정서가 짙게 배인 '아리랑'이 여러 명의 합창으로 울려 퍼지자, 나도 모르게 감정이 뭉클하였다. 특히 제2절을 독창으로 부른 김용신 선생님의 노래 실력과 한복을 곱게 차려입고 아리랑의 구성진 가락에 맞추어 멋진 춤사위를 보여 준 공인자 선생님 그리고 황오열 원장님은 그 연세에도 애절한 목소리로 목청껏 노래해 합창의 완성도를 높였다. 노래가 끝났을 때 장내는 떠나갈 듯 우레 같은 박수가 터져 나왔다. 이국에서 제대로 분위기를 살려 합창으로 부르는 '아리랑'의 아름다운 선율에 그만 눈물을 흘리고 말았다.[14] 그것을

14) 합창단에는 황오열 원장님, 이신혜 선생님, 공인자 선생님, 오명주 선생님, 이진희 선생님, 이은경 선생님, 민정기 선생님, 박숙경 선생님, 김보영 선생님, 김명례 선생님, 박선양 선생님, 김용신 선생님이 함께 했고, 반주는 박명식 선생님과 재일교포 두 분, 그리고 이름을 알 수 없는 일본인 두 명이 맡아 주었다.

녹음하여 숙소에서 듣고 또 들었다. 아마도 400회쯤 넘게 애청했다.

6월 1일에는 『형법연구 X』의 서문을 작성했다. 내용 중 일부를 발췌하면 다음과 같다.

> 통상적인 아프리카인이라면 그들의 마음속에 '우분투(Ubuntu)' 정신이 넘쳐난다고 한다. '우분투'란 "당신이 있기에 내가 있다."라는 뜻이다. 이 말인즉슨 "상대를 배려하여 나와 함께 상생함으로써 나도 상대로부터 존중받고 배려받을 수 있다."라는 상호간 상생의 정신을 의미한다.
>
> 젊은 시절의 넬슨 만델라(Nelson Rolihlahla Mandela)는 백인이 지배하던 남아프리카공화국에서 흑인에 대한 백인들의 차별적 통치에 반항했다는 이유로 종신형을 선고받았다. 이 때문에 그는 27년이라는 오랜 기간 수감생활을 보냈다. 차별에 대한 그의 반항 정신과 행동은 열광적인 지지를 받았다. 이에 힘입어 그는 당시 남아프리카공화국 수반이었던 '클레르크(Klerk)'[15]의 백인 정부와 끈질긴 협상으로 아파르트헤이트(Apartheid: 인종격리정책)를 1993년 종결시켰다.
>
> 만만델라는 1994년 4월 27일, 남아프리카공화국 최초로 흑인 참여의 자유로운 총선거에 의하여 남아공의 대통령이 되었다. 그는 백인들에게 복수하지 않고, 오히려 백인들과 상호 상생의 길을 택했다. 그의 이런 '우분투' 정신 때문에 남아공은 백인의 통치가 끝나고 흑인들이 집권했음에도 다른 아프리카 국가와는 달리 백인에 대하여 노

15) 1989년 남아프리카공화국의 대통령이 된 Frederik Willemde Klerk(1936~2021)는 백인과 흑인을 분리하는 정책인 아파르트헤이트를 완화한 인물이다. 종신형으로 감옥에 있던 만델라를 비롯해 다른 흑인 지도자를 석방하고, 인종 격리 및 차별 정책을 철폐하는 일에 앞장선 단체인 아프리카민족회의를 합법화하는 등 민주화를 위해 노력했다.

골적인 차별 정책을 시도하지 않았다.

우리 국민도 '우분투' 정신과 꽤 닮아 있는 '정(情)'이라는 정서를 달고 산다. 여기서 '정'이란 한마디로 정의하기 어렵지만, 타인을 배려하며 함께 어울리고 상생하는 정서나 마음가짐으로 풀이할 수 있다. 이러한 '정'의 문화가 넘쳐나는 우리나라에서 성숙한 국민이라면 누구나 자신의 통찰력으로 사회적 행위규범을 올바르게 파악할 수 있고, 상대방 역시 사회적 행위규범에 따른다는 믿음을 갖게 된다. 우리는 이러한 믿음에 근거하여 건강한 사회 형성을 위해 사회적 행위규범에 어울려야 하는 깊은 책무를 짊어지고, 이를 이행해야 도리라고 여긴다.

이런 이유로 우리나라 사람들은 사회적으로 요구되는 행위 준칙을 대체로 거스르지 않는다. 그래서 그런지 우리 사회에 좀도둑이나 절도가 비교적 흔하지 않은 편이다. 심지어 다액의 현금이 들어있는 지갑조차도 다중이 모인 자리에 아무렇지 않게 탁자 위에 올려놓아도 손을 대는 사람이 거의 없다. 이런 의미에서 우리 국민은 건강한 사회를 형성할 책무에 충실한 시민이라고 말할 수 있다. 즉 우리나라 국민은 비교적 자신의 행위를 사회적 규범의 틀 내에서 적절히 조종해 나가며, 타인과 상생하고 건전한 사회 형성을 위해 각자에게 어울리는 책무를 지닌 인격체임을 자부한다.

사회에 대한 이러한 책무의 부담은 사회는 이러한 우리 모두를, 즉 인간을 존엄의 대상으로 삼아야 할 이유로 이어져야 한다. 그러므로 국가는 존엄한 인간에게 기본권을 충분히 누릴 수 있도록 보장해야 하고, 각 개인은 타인의 기본권을 침해하지 않는 한, 자기 개인적 능력을 충분히 발휘할 수 있으며, 국가는 각 개인의 본질적 인권을 제한하거나 박탈해서는 아니 된다는 원칙이 도출된다고 본다.

> 형벌은 장래의 잠재적 범죄를 예방하기 위한 수단이란 운명을 지녔기에, 형벌을 받게 되는 수형자에게 참기 어려운 고통을 부담하게 할 뿐만 아니라, 그에 대한 전과자란 딱지를 안겨주는 역기능도 적지 않다. 이러한 역기능을 최소화하기 위해 사회방위가 힘들 때 형벌은 최후수단으로써 사용되어야 한다. 따라서 형법은 여백과 관용의 정신이 지배되어야 한다.

6월 3일 크루즈 선내신문에는 다음과 같은 내용이 공지되었다. "크루즈의 통상 운항 속도는 15~16노트인데, 2명의 중환자가 발생해 속도를 20노트로 높여 4일간 달려서 당초 예정일인 6월 5일보다 하루 일찍, 그러니까 6월 4일 '테네리페'에 입항한다." 경제속도보다 5노트가량 더 빨리, 평소의 운항 시속보다 9.2km나 더 빠르게 4일간 속도를 냈다면, 그 비용이 수백만원을 훨씬 초과했을 것이다. 돈을 떠나 인명을 더욱 중시하는 스페인 국적 선장의 인간 존중 정신은 존경스럽게 보였다.

6월 4일 아침 6시, 마침내 '테네리페'에 입항했다. 1970년과 80년대 카나리아제도의 '테네리페'와 '라스팔마스'를 본거지로 우리나라 700여 척의 원양어선이 조업을 했다. '나로도'라는 섬 출신이라 그런지 주변의 친구들이나 형들을 통해 당시 이곳의 열악한 환경에서 조업했던 선원들의 고달픈 생활을 익히 들어 알고 있었다. 그래서 '테네리페'의 여기저기를 살펴보고, 그들의 흔적을 찾아보고 싶었다. 직접 이곳 땅을 밟아 보니 날씨가 온화한 천국 같았지만, 먼 이국땅에서 돈을 벌기 위해 말도 통하지 않은 곳에서 어부로 지냈다면 상황은 분명 달랐을 것이다. 언어와 문화가 전혀 다른 상황을 극복하고 억척같이 노력했을 그들의 모습이 눈에 선하게 보이는 듯했다. 오늘의 한국이 있기까지 생업의 최일선에서 땀흘렸을 이들의 삶이 어떠했을지 어렴풋이 그려졌다.

요즘 이곳은 유럽인들이 즐겨 찾는 관광지로 변해 있었다. 그래서 스페인의 수도 마드리드에서 테네리페 간의 항공 노선이 유럽에서 가장 분비는 노선이라고 한다. 마침 가던 날이 장날이라고, 항공모함을 비롯해 스페인 함대가 정박해 있었다. 다음날 스페인 공군의 항공기 편대가 시내의 상공을 연이어 비행하는 장관을 보여 주었다. 광장에는 각종 무기를 다루는 군인들이 여유로운 모습으로 행사에 참여하고 있었다. 이런 행사를 하는 오늘을 우리로 말하면 '국군의 날'이었던 모양이다.

Ⅳ.

테네리페를 떠났던 다음날 어느 중년 일본 여성이 작업하고 있는 나를 찾아와 이것저것을 물어봤다. 자신은 일본의 요미우리신문 기자와 여자대학교에서 교수로 활동하다가 최근에 정년퇴임하였다고 소개했다. 이름은 Arkito라고 했다. 내가 한국 사람이라고 하자, 나의 노트북에 담긴 글자로 한국인이라고 생각했다면서, 궁금한 것을 묻기 시작했다. 몇 가지 대답했더니, 그녀는 칼럼이나 신변잡기를 써서 매체에 올리거나 다른 사람의 글을 소개한다면서, 혹시 일본인도 공감할 수 있는 글이 있다면 보여 달라고 했다. 이번 크루즈 여행 기간에 썼던 “논쟁적 토론이 어려운 일본문화”를 ‘opfen AI’를 이용해 일본어로 번역해 주었다. 핵심적 내용의 일부를 발췌해 본다면, 다음과 같다.

> 일본에서는 논쟁할 경우 대체로 해당 주제의 쟁점에 관해 깊이 파고들지 않는다. 오히려 자기주장이 강한 진술일수록 감정적으로 싸우게 되고, 본질의 탐구라기보다는 서로 간에 인신공격적 말싸움으로 전환되기 쉽다. 이러한 대화방식은 논증적이라고 말할 수 없다. 왜냐면 일본에서 특정 주제에 관한 자기주장은 자기의 인격과 합일되어 있다고 생각하여, 타인에 대한 인신공격으로 이어지기 쉽기 때문이다. 이는 어떤 의미에서 일본을 상징하는 특징으로 보인다. 이러한 이유로 가능한 한 논쟁을 회피하려고 노력하는 태도가 두드려진 일본적 모습이다.
>
> 그렇다면 같은 아시아 국가로 지리적으로 일본과 가까이 위치한 한국은 어떨까. 한국인은 통상적으로 일본인보다 더 자기주장이 강한 편이다. 일본의 기준으로 봤을 때 한국인에겐 자기주장이 강하게 보이는 경우가 많다. 예컨대 한국에서 ‘비상계엄령을 선포한 윤석열 대통령에 관해 탄핵 문제’에 대해 한국인들의 습관화된 회화 내용은 다음과 같이 전개되는 경우가 보통일 것이다. 진보적 경향의 사람이라면 “그를 대통령직에서 탄핵해야 한다.”라고 주장하고, “그 이유는 그가 반헌법적인 비상계엄을 선포하고 국회를 폭력적으로 장악하려고 했기 때문이야.” “너는 그의 탄핵에 관해 어떻게 생각해”. 반면에

보수적 견해를 지닌 다른 한 사람은 "나는 야당의 지나친 탄핵의 남용에 문제가 있어서, 이를 해소하기 위해서 비상계엄이 불가피했다고 생각해."

한국인은 일본인보다 주장을 논증적으로 하고자 한다. 그래서 자기의 주장과 인격과 합체되어 있다는 생각이 일본인보다 적다. 왜 그럴까. 무엇보다 한국에서는 유교의 교리적 부분을 중시했고, 그래서 무엇이 교리적으로 정당한 것인지 아니면 부당한 것인지를 따지는 문화가 발달하게 되었다. 그것은 유교를 국교로 받아들이기 이전인 고려시대의 경우에도 마찬가지로, 유교의 교리적 부분은 한국인의 정신적 핵심 자산이었다. 무엇이 정당한 것인지, 부당한 것인 여부는 예전부터 한국인이 지닌 정신문화의 뿌리였기 때문이다. 그렇기에 한국에서는 고려시대 80여 년간의 무신세력(武臣勢力)에 의한 통치가 있었으나 정권 창출에 합리적 정당성이 결여(缺如)되었던 탓에 무신정권의 지배는 500여 년의 일본과 비교하면 상대적으로 매우 짧았다. 그래서 한국에서 부당한 것에 맞설 용기는 일본제국주의 치하에서 뿐만 아니라 권위적인 정권이었던 이승만, 박정희와 전두환 시대에서도 어김없이 나타났다.

이와 달리 일본은 유교를 교리적 측면보다는 외형적이고 현실적 측면을 중시하는 쪽으로 받아들였다. 타인에게 폐를 끼치는 일들을 삼가고, 슬퍼도 목 놓아 울지 말아야 하며, 기존의 질서를 중시하고, 포장을 잘하며, 사무라이(侍)가 활개 치는 사회에서 살아남기 위해 절대자에게 순종하는 것을 미덕으로 여기려는 문화가 쉽게 터 잡게 되었다.

6월 5일 밤 '테네리페'를 출발하고 나서 근 3일 후, 포르투갈의 '포르투(Porto)'에 기항하였다. 후티 반군의 미사일 공격 때문에 수에즈 운하를 거치지 못하고, 불가피하게 남아프리카 공화국의 희망봉을 거쳐 돌아감으로써 본래 예정일보다 사흘 늦은 6월 8일에서야 도착한 것이다. 이곳은 예전에 포르투갈 일대를 여행하면서 왔던 곳이지만, 그때의 경험을 살려 '터미널' 인근 해수욕장 앞의 커피점에 들러 해수욕을 즐기는 수많은 인파를 구경하며 사진 몇 장을 찍고 '카페라테'를 마셨다.

예정보다 사흘이 지체된 기항은 결과적으로 에스토니아의 '탈린', 덴마크의 '코펜하겐'과 '오슬로' 기항을 어렵게 하여 독일의 함부르크에서 노르웨이의 베르겐으로 직항하게 되었다.

황원장님과 이여사님 덕분에 기적같이 완쾌된 후부터 사우나실을 예전보다 자주 찾게 되었다. 그곳에서 하금성 선생님과 가끔 마주쳤다. 사우나실에 단둘이 있을 때도 적지 않아서, 하선생님의 이런저런 얘기를 자주 들었다. 얘기하길 좋아하는 하선생님께 자신을 어떤 사람으로 생각하는지를 물었다. 마포고등학교 입학에서부터 서강대학교 철학과 입학과 학군사관(ROTC)으로 군대 갔던 이야기, 아직도 이어지는 학군사관 친구들과의 친분, 종합상사(국제그룹)에서 동분서주했던 얘기들을 비롯해 여러 이야기가 끝없이 이어졌다. 다음 부분은 나중에 듣기로 하고 헤어진 경우도 여러 번 있었다. 하선생님은 자신의 기본 행동강령에 대해 세상을 널리 이롭게 함에 있음을 누누이 강조한다. 그런 선생님께 다음과 같이 말씀드렸다. "선생님의 말씀을 들어보면 마치 세르반테스의 '돈키호테'가

연상되곤 한다. 세상을 구하기 위해 본인이 옳다고 여기며 그것을 실현해야 한다는 생각이 들 때면 좌고우면하지 않고 서슴없이 그것을 행동에 옮긴다. 어쩌면 개발독재 시대 국내 굴지의 종합상사에서 일했던 분으로 국가 발전의 최일선에서 세계 곳곳을 누비면서 조금이라도 이익을 남기기 위해 좌충우돌했던 성향이 아직도 묻어나온다." 그 평가에 대해 하선생님은 솔직하게 그렇다고 답했다.

6월 12일 아침, 다음 기항지인 프랑스의 '르아브르(Le Havre)'[16]에 입항했다. 그런데 새벽부터 심한 설사가 났다. 한국인 일행과 함께하기로 약속한 '몽생미셸' 여행이기에 빠질 수 없는 상황이라 아침을 죽만 먹었다. 하선하기 위해 숙소로 돌아가는 중에 이신혜 여사님 내외와 강피터베다니 선생님 내외를 뵙게 되었다. 인사를 하면서 설사가 심하다는 얘길 했더니, 이여사님께서 잠시 기다리고 있으란다. 조금 후에 지사제를 갖고 와서 먹으라고 건네셨다. 여분으로 며칠 분을 더 받았다. 게다가 한방으로 조제된 약 한 통도 주셨다. 지사제를 먹은 후 심하게 화장실을 들락날락했던 상태가 갑자기 호전되었다. 덕분에 '르아브르' 인근의 '몽생미셸' 관광을 함께 할 수 있었다.

설사 때문에 밤잠을 설친 탓으로 '몽생미셸'로 가는 동안 내내 졸았다. 갑자기 잠에서 깨어난 나는 무심코 "이제 '몽생

16) '파리의 외항'이라 불리며, 프랑스에서 강수량이 가장 많고, 바람이 엄청나게 불어대는 곳으로 유명하다.

미셸'에 다 왔네."라고 혼잣말로 중얼거렸다. 그 말을 들었던 가이드가 그렇다고 말하는 순간, 오른쪽 벌판 너머에 사진으로만 봤던 '몽생미셸'의 성당이 아련히 보였다. 차로 이동하며 점점 가까워지는 '몽생미셸'은 보면 볼수록 웅장하고 거룩한 광경이라서 종교적 신앙심이 전혀 없는 내게도 하나님께 무언가를 기도하도록 만드는 마음이 샘솟았다. 마음뿐 아니라 육체적으로도 신비한 울림이 있었다.

영국과 프랑스의 100년전쟁[17] 중에도 단 한 번도 침략당하지 않았다는 '몽생미셸'의 내부로 들어가 보니, 그럴 수밖에 없었겠다는 필요 충분한 요소가 가득했다. 무엇보다 섬으로 이루어져 있어 육로로 침범하기 어려웠고, 바위산 위에 형성된 성당의 요새는 소수만이 출입할 수 있는 구조라 아무리 막강한 영국 해군이라도 '중세시대'의 군사 장비를 감안할 때 성내의 프랑스 군인들은 소수로로도 물리칠 수 있었을 것이다. '몽생미셸'을 감동으로 접하고 나서, 그곳 인근의 '몽생미셸'이란 점포에서 기적의 기운이 감도는 찻잔과 가방 등을 샀다.

6월 12일 크루즈는 벨기에의 '브뤼헤(Brugge)'[18]에 기항했다. '브뤼헤'라는 도시는 북유럽에서 가장 아름다운 곳 가운데 하나로 알려져 있다. 그래서 북쪽의 '베네치아'라고도 불리울 정

17) 1337년부터 1453년까지 이어진 영국과 프랑스 간의 군사 분쟁으로 두 나라의 국가 정체성 형성과 사회 변화에 큰 영향을 미쳤다.
18) 인구는 11만 8,500여 명이다. 이곳의 항구 쪽을 Zeebrugge(Brugge aan Zee: 바다 옆의 브뤼헤)라 부른다.

도로 운하가 발달한 무역도시다. 크루즈의 기항지 프로그램에 표시된 '제브뤼주'는 '바다에 면한 브뤼헤'란 뜻이다. 도시가 그리 크지 않아 걸어서 시내 중심가로 갔다. 이곳에서의 운하 여행은 베네치아의 경험에서 실망했기에 삼갔다. 아마도 내가 섬 출신이기 때문일 것이다. '카페라테'가 마시고 싶어 스타벅스를 찾아가 한 잔 마시고, 시내 이곳저곳을 구경한 후, 귀선길에 있는 마트에서 '그릭 요구르트' 1병(750g)을 산 뒤 크루즈로 돌아왔다.

그날 밤에 출항한 크루즈는 독일의 '함부르크'[19]에 6월 14일 새벽에서야 도착했다. '함부르크'는 엘베(Elbe)강의 하구에 위치하지 않고, 그곳에서 110km 상류의 양안에 형성된 독일 최대의 무역항이다. 독일이란 국가에 젊었을 때 유학해서 그런지, 고향같이 친근감이 절로 생겼다. 한국인 일행 몇 분과 택시를 타고 시청 쪽으로 갔다. 오랜만에 쓰는 독일어라 제대로 소통이 될 수 있을지 근심도 없지 않았다. 운전사와 이런저런 얘길 나누면서 그런 걱정이 깡그리 없어졌다. 동행한 일행들에게 점심을 대접하고 싶었는데, 뜻대로 되지 않았다. 몇 군데 약국과 마트에 들러서 'AJONA'라는 치약 30개를 구입하여,. 허리 통증으로 고생했을 때 물심양면으로 도움을 주었던 한국 분들께 1~2개씩 나누어 드렸다.

19) 인구 170만명으로 독일에서 베를린 다음으로 큰 도시이다. 2014년 기준으로 백만장자가 42,000명으로 독일에서 가장 많다고 한다.

노르웨이의 ‘베르겐(Bergen)’[20]에서는 이틀(6월 16일과 17일)을 머물렀다. 이곳은 북위 60도 22분의 고위도에 위치하나 난류의 영향으로 기후는 대체로 온화하다. 유럽에서 가장 비가 많이 내리는 지역 가운데 하나로 연간 2,000mm 이상이 내린다. 예전 두 차례 방문에서의 기억을 되새기면 이곳은 언제나 비가 내렸다. 이번에도 예상에서 크게 빗나가지 않았지만, 그래도 비가 가끔 내렸다. 크루즈에서 하선해서 어시장 쪽으로 걸어가는데 누군가 잡는다는 생각이 들어 돌아다 보니, 크루즈에서 비교적 자주 만났고, 예의 친절을 보냈던 삼총사[21]가 걸어가고 있었다. 맨 앞엔 대장 청둥오리가 앞장서 가고, 새끼치고는 살짝 큰 오리들이 줄을 지어 가는 것처럼 보여 그 모습이 너무 귀여웠다.[22] 시내 이모저모를 옛 기억을 따라 찾아다녔다. 16일은 크루즈로 귀가해야 할 시간 제한이 없어서 다소 늦게까지 돌아다닐 수 있었다.

20) 인구는 약 29만명이고, 노르웨이의 옛 수도였으며, 중세 이후 해상무역의 중심지 역할을 했다.

21) 내 허리가 심하게 아팠을 때, 이런저런 도움을 많이 주었던 민정기 선생님을 비롯한 그들 삼총사(박숙경 선생님과 김보영 선생님)는 어쩌면 유일한 나의 기호식품인 ‘카페라테’를 만날 때마다 사주었고, 이야기 상대로 대해주던 고마운 분들이다. 이들을 통칭 삼총사라 불렀다. 나중에 나까지 포함하여 4총사가 되었다. 특히 민정기 선생님은 위원장 같은 소신과 행동으로 나를 감동케 했다. 우리 사회에 민선생님의 사상과 행동 방식의 유형이 널리 퍼지면 퍼질수록, 사회는 훨씬 더 건강해질 거라고 믿을 만큼 그녀는 뛰어난 리더로서 역량을 발휘했다.

22) 조양현 선생님(1959년생)은 이번 세계일주 크루즈 여행에 부인 민정기 선생님과 함께 참여하였다. 특이점은 부인 민선생님이랑 극히 친밀한 관계인 박숙경 선생님과 김보영 선생님 두 분을 직접 초빙했다고 한다. 선생님의 이런 태도는 말할 수 없는 깊은 울림을 주었다. 나도 그럴 수 있었을까 생각했을 때 참 멋진 본보기가 아닐 수 없다. 크루즈가 기항지에 입항할 때마다 세 사람을 모시고 여행 안내자 겸 통역사를 자처하는 모습 역시 참으로 좋아 보였다.

다음날 '어시장'과 '한자(Hanseatisk) 박물관'[23]을 둘러보았다. 베르겐 특유의 건축양식을 기억하기 위해 몇 장의 사진을 남겼다. 어시장에서는 먹고 싶었던 구운 연어와 삶은 감자로 이루어진 식사를 했다. 비용이 640NOK(1NOK=135.42원)으로 약 8만 7천원이나 지출하게 되어 부담스러웠다., 이번이 아니면 언제 또 먹을 수 있을까 싶어 그냥 주문했다. 그러나 솔직히 돈이 좀 아까웠다.

밤중에 크루즈는 '베르겐'을 떠났다. 18일 새벽에 일어나 7층 갑판으로 나갔더니, 벌써 '송네피오르(Sognefjord)'[24]의 입구를 지나고 있었다. 조그마한 섬들이 연이어 보였고, 어떤 섬에는 사람들이 거주하는 것 같았다. 어둠이 아직도 짙게 깔려 있었기에 아직 감탄할 만한 구경거리는 보이질 않았다. 송네피오르 입구에서 한참 안쪽으로 들어가자, 그때에서야 높은 계곡과 절벽들[25]이 나타났다. 그리고 그 절벽들 위에는 아직도 눈으로 뒤덮여 있는 곳이 적지 않았다. 계곡에선 쌓인 눈이 녹아 형성된 하얀 물줄기가 세차게 내리고 있었고, 그 부근엔 1~2채가량의 가옥이 외롭게 보였다. 인근엔 말이나 양들이 한가롭게 거니는 모습이 지극히 목가적이었다. 송네피오르를 오갈 땐 많은 크루즈가 다닐 것으로 예상했으나, 그것은 예상으로만 끝났다. 그래도 소형과 대형 크루즈 몇 척은 보였다.

23) 역사박물관으로 '한자 동맹'을 비롯해 중세 시절을 완벽히 재현한 목조 건물의 박물관으로 노르웨이의 베르겐에 있다.
24) 길이가 204km이고 수심도 깊은 곳은 1,307m라 무척 깊다. 평균 폭은 4.5km이다.
25) 높은 곳은 1,000m 이상인 절벽도 있다.

6월 20일 크루즈는 아이슬란드에서 그리 멀지 않은 곳까지 다가섰다. 21일 아침이면 수도인 '레이캬비크(Reykjavik)'[26]에 기항할 예정이다. 정오를 조금 지나서 평생 보기 힘든 '해무리'를 볼 수 있었다. 허리가 좋지 않아 따뜻한 물줄기로 세차게 마사지하는 '자쿠지'를 자주 이용하면서 자연스럽게 하늘을 바라보게 된다. 따뜻한 '자쿠지'에서 하늘을 바라보니, 북극권에 가까워서 그런지 해가 수평선 위에 비스듬하게 누워 있다. 그리고 그 주변을 원의 형태로 모습을 드러낸 '해무리' 형체가 선명하게 나타났다. 이에 인증사진을 남기고 싶어 서둘러 옷을 갈아입고 숙소가 있는 9층으로 내려가 휴대폰을 가져왔다. 14층에서 그 광경을 찍을 때 누구도 그것을 눈치채지 못한 것 같았다. 그 주변에 아무도 없었기 때문이다.

6월 21일 아이슬란드(인구 38만 356명) 수도인 '레이캬비크'에 도착했다. 이곳은 북위 64도 8분으로 매우 고위도에 위치해 있다. 그런데도 기온은 섭씨 10도 내외로 생각보다 그리 춥지 않았다. 추운 지역인데도 시내뿐 아니라 시외의 도로 사정도 훌륭했다. 일부는 고속도로 형식으로 꾸며지기도 했다. 관광지를 구경 가는 동안 길 양쪽에 '루핀(Lupin)'이라는 꽃이 끝없이 피어 있었다. 이 꽃의 원산지는 북미(北美)이기 때문에 외래종이지만, 보기에 좋아서 일부러 심어놓은 것이다. 이 꽃

26) 인구는 13만 1천명 수준이며, 한겨울인 1월의 일일 평균기온이 0.0도로 그리 춥지 않다.

뿐만 아니라, 그곳에 특화된 다양한 꽃들도 주변 곳곳에 자태를 뽐내고 있었다. 산악지대도 가끔 보였지만, 드넓은 평야가 끝없이 이어져 있다. 곳곳에 온천을 알리는 수증기가 뭉게구름처럼 피어났다. 높은 산이 보이질 않았음에도 웅장한 폭포들이 관광객의 발길을 사로잡고 있었다.

여러 광경 가운데 내게 가장 특별했던 곳은 검은 모래와 자갈로 뒤덮여 있는 '블랙 샌드 비치(Víkurfjara Black Sand Beach)'였다. 그 환상적인 절경은 말로 표현할 수 없이 대단했다. 그날따라 비바람이 너무 휘몰아쳐 그곳을 구경할 만한 상황이 아니었다. 차라리 인근에 있는 간이식당에서 햄버거나 먹을 생각이었다. 왜냐면 그곳까지 걸어가는 것이 쉽지 않았기 때문이었다. 비바람이 너무 거셌다. 세 번의 시도 끝에 겨우 그곳에 들러 햄버거를 먹고 있던 중 황원장님과 이여사님이 '블랙 비치'를 직접 구경하고, 그 식당에 들렀다. 그분들 말씀이 이왕 여기까지 왔으니 실망하지 않을 거라고 하시면서 '블랙 비치'에 꼭 가보란다.

그곳으로 가려는데 순간 엄청난 비바람 때문에 서 있기조차 힘들었을 뿐만 아니라 바람에 밀리는 지경이었다. 아장아장 걸음걸이로 겨우 그곳에 도착했다. 실제로 바라보니 감탄사가 절로 나왔다. 태풍 같은 비바람,[27] 휘몰아치는 거대한 파

27) 이신혜 여사가 어느 고령의 일본 여성을 부축하는 동안, 자신이 아끼던 모자가 거센 바람에 날려 거친 바다로 날아가 버렸다.

도, 바다에 짙게 깔린 해무, 같은 화산지대인 제주도와는 전혀 다른 몽돌들, 특히 검정으로 채색된 큰 몽돌과 작은 몽돌 그리고 검은 모래, 여기에 이런 형상으로 차례로 변화된 모양을 보여 주는 뚜렷한 흔적들, 초저녁 같은 어둑한 하늘, 주상절리(현무암 기둥)와 그것으로 이루어진 높은 절벽, 큰 동굴, 나무라곤 찾아보기 어렵지만 녹색으로 가득한 주변 산들의 절경, 아마도 죽을 때까지 잊지 못할 광경으로 기억에 남을 것 같다.

북극권[28)]까지 올라간다고 선전해서인지, 6월 22일 밤중에 아이슬란드를 출항하여 그린란드 사이의 바다에서 북상해 올라가고 있었다. 22일이 하지(夏至)여서 그런지 일출은 2시 55분인데 일몰 시간에 관한 정보가 없었다. 아마 해가 지지 않은 백야(白夜)의 날일지 모른다고 잠시 생각했지만, 다음 날 선내 신문을 보니 23일 1시 45분이 되어서야 비로소 일몰이 되었다. 약 23시간가량이 낮이었던 셈이다.

23일 오전 11시 10분쯤 북극권에 도달했다고 방송을 통해 선장이 알려 주었다. 북극권에 가까워질수록 그곳 바다에 떠다니는 거대한 빙하를 여럿 볼 수 있었다. 더불어 고래 구경은 덤이었다. 특히 돌고래가 떼를 이루어 크루즈를 장시간 뒤따라왔다. 흡사 배가 지나가면서 만든 물살처럼 저 멀리 작은 파도를 일으키면서 1시간 넘게 따라왔다. 혹시 부근에 큰 고래가 있을 것 같은 예감이 들어 바다를 계속 주시하고 있을 때,

28) 백야가 발생할 수 있는 위도로 북쪽의 경우는 북위 66도 33분 44초이다.

거대한 고래가 몸체를 수면 밖으로 드러냈다. 동영상을 찍으려고 하는 순간, 족히 15m가 넘을 법한 거대한 고래는 자취를 감추었고 꼬리 부분만 간신히 촬영했다. 이런 기회조차 완전히 운이었다.

6월 24일에는 승객 가운데 혼자 혹은 자신의 국가를 대표하는 사람들이 저마다 예쁜 옷과 함께 웃음이 나올 법한 안경을 만들어 끼고 한껏 멋을 부리는 모습을 연출했다. 한국인들도 여러 명이 참가하였다. 그 모습에서 한국인은 유전자가 우월해 보인다고 여길 정도의 고품격 아우라가 보였다.

그날 오후 7층 갑판에서 우연히 손재현 선생님을 만났는데,[29] 그도 허리가 아파서 현재 고생하는 중이었다. 이공계 출신이지만, 그는 철학에도 깊은 관심을 가져 많은 철학적 질문을 쏟아냈다. 예컨대 '마르크스'와 '헤겔' 간의 영향, 『역사란 무엇인가』를 저술한 '카(E.H. Carr)'와 '열린 사회'를 발표함으로써 세계적 철학자 대열에 들어선 '칼 포퍼(Karl Popper)' 등에 관해서도 질문을 해댔다. 이과 출신임에도 인간사에 알려진 보편적 사상의 흐름을 꿰뚫어 보려는 그의 태도가 존경스럽게 보였다. 왜냐면 이 세상에 태어나서 인간의 정신사적 문화를 제대로 접해보지도 못한 수많은 중생들은 자기의 생각이나 사

29) 그는 공학박사 학위 취득 후 반도체기업에 근무하다가 은퇴했는데. 후각에 특별한 재능을 가진 부인(이진희 선생님)과 함께 아직도 데이트하는 일상의 모습을 보며 행복한 가정은 어떤 것인지를 몸소 보여 주었다. 그는 이 '여행기'를 꼼꼼히 읽고서 여러 부분의 오탈자를 찾아주었다.

상이 어떤 것이고, 무엇이 올바른지를 정확하게 알지 못하고, 그래서 행동에도 신중할 수 없는 경우가 빈번하게 일어나기 때문이다.

V.

크루즈는 그 후 며칠 동안 그린란드 남부 인근을 거쳐 캐나다 동부 해안, 미국의 메인, 뉴햄프셔, 매사추세츠와 로드아일랜드 앞바다를 남남서쪽으로 계속하여 항해했다. 포르투갈의 '포르투'를 떠날 때, 나름의 여름 날씨를 맛본 후, 6월 14일 저녁 독일 '함부르크' 지역을 떠날 때부터는 온도가 15도 위로 더 이상 올라가질 않았다. 특히 '베르겐'과 아이슬란드 그리고 캐나다 동부 해안까지 장장 12일 동안 최저 8도, 최고 13도 이상 올라가지 않는 늦가을과 초겨울 날씨였다. 다만 선실 내에서는 약 22도 안팎의 수준을 유지하였다. 이 때문에 숙소를 포함한 선실의 내부는 다소 건조해서 불편을 겪는 승객이 적지 않았다. 미국(메인주, 뉴햄프셔주와 매사추세츠주)을 지날 때부터는 온도가 비로소 조금씩 상승했다. 이에 따라 갑판에서 산하는 사람들이 많아지기 시작했다.

6월 25일 정오 기준으로 크루즈는 요코하마를 출항한 지 약 2개월 동안 35,000km의 먼 거리를 지나왔다. 지구의 둘레가 적도 기준으로 40,075km이니 85%를 지나간 셈이다. 캐나다 동부 해역에서 미국 메인주의 인근 연안 쪽으로 가는 동안

6월 27일 아침 해가 오랜만에 찬란하게 뜨고 있었다. 그 광경을 사진에 담고 있을 때에 카톡 소리가 났다. 존경하는 신동운 교수님이 학술원 회원 선임 과정과 결과를 신속히 알려준 것이었다. 속히 알려 주어서 고마웠고, 또한 기대 역시 하지도 않았기에 서운하지도 않았다.

그사이 일본인 Arkito 선생이 다시 찾아와 종전의 에세이 글 반응이 좋았다고 하면서 다른 글도 보여 달라고 했다. 그래서 예전에 출간했던 『삶의 굴레』에 실린 "내 마음의 게스트"를 번역해 드렸다. 이 글의 핵심은 불안한 우리의 심정을 어떻게 해소할 수 있을까라는 물음에 답한 형식이다.

> 나의 불안한 마음을 치유할 수 있는 나름의 대책은 이미 오래전부터 있었다. 불교에서는 '열반(涅槃)'30)에 이르게 되면 저절로 해결된다고 한다. '열반'이란 '번뇌가 소멸된 상태 또는 완성된 깨달음의 세계'를 뜻한다. 예컨대 태풍이 몰아치는 어느 바닷가에서 엄청난 큰 파도가 밀려오는 상황에 직면한 현실의 '나'를 살펴보자. 그런 상황이라면 나는 생사의 두려움에 떨면서 극심한 스트레스를 당하게 된다. 비록 그 큰 파도가 실질제 나를 덮칠 정도의 거리에 있지 않을지라도.
>
> 그런데 만일 그런 상황에 놓인 '나'를 그 파도의 위험과 전혀 관계가 없이 높은 언덕에 앉아 목격하는 제삼자인 '구경꾼'으로 치환하여 생각한다면, 그 파도에 대한 나의 불안은 없어지고 마음의 평온을 찾을 수 있다. 이렇듯이 내가 직면한 현실의 문제를 구경꾼의 견지에서

30) '열반'의 본뜻은 '불어서 끄는 것', '불어서 꺼진 상태'이며, 마치 타고 있는 불을 바람이 불어와 꺼버리듯이 타오르는 번뇌의 불꽃을 지혜로 꺼서 일체의 번뇌·고뇌가 소멸된 상태를 가리킨다.

바라보는 훈련을 열심히 반복하다 보면 열반의 경지에 들어설 수도 있을 것이다.

이보다 더 쉬운 방법은 없을까? 이와 관련하여 페르시아 시인 루미(1207~1273)[31]의 방식을 참고해 볼 만하다. 그는 자신의 시를 통해 불안한 마음이나 심한 스트레스를 아주 쉽게 해결할 수 있는 영감을 불러일으킨다. 그는 자시의 작품 '게스트하우스'에서 마음을 담고 있는 '나의 몸'을 '게스트하우스'로 치환한다. 나에게 수시로 찾아온 감성이나 마음을 담겨주는 '나의 몸'을 내 마음의 전유물로 보지 말고, 오히려 날마다 새로운 손님을 받아주는 '게스트하우스'로 생각하라고 주문한다.

이 얘기의 요지는 시시각각 변동을 부리고 그래서 예측할 수 없는 방향으로 오르락내리락하는 내 마음이나 감정까지도 그것을 담고 있는 나의 몸을 위해 마음의 노예가 되지 말자는 것이다. 즉 나의 몸을 마음과 관계없는 '게스트하우스'로 치환함으로써 변화무쌍한 마음에서 해방되어 온갖 종류의 마음이나 감성조차도 즐겁게 환영하고 기쁘게 받아들이라는 메시지이다. 그렇게 마음에 의존하지 않는 실체로서 나의 몸을 품은 '내'가 될 때 진정한 즐거움과 평온을 찾게 된다고!

그래서 루미는 다음과 같이 노래했다.

"기쁨, 우울, 비열함 혹은 어떤 순간적인 깨달음도
예기치 않은 방문객으로 찾아옵니다.
그들을 모두 환영하고 기쁘게 맞이하세요!
비록 그들이 슬픔의 무리일지라도,
그들이 당신의 집을 폭력적으로 쓸어 버리고

31) Jalālud-dīn Muhammad Rūmī. 그는 이란의 시인으로 페르시아 문학의 신비파를 대표한다. 대서사시인 《정신적인 마트나비》는 수피즘의 교의·역사·전통을 노래한 것으로 '신비주의의 바이블'로 불린다.

당신의 살림을 싹쓸이하더라도.

그래도 손님 한 명, 한 명을 정성스레 맞이하세요."

타인의 온갖 종류의 공격뿐만 아니라 나 자신에게서 일어나는 모든 감정의 소용돌이까지 나의 몸이 기쁘게 받아들일 수 있다면, 나는 얼마나 만족해 하며 충만한 존재가 될 수 있을까. 나는 그 무엇도 담을 수 있는 존재, 그 어떤 것도 받아들일 수 있는 존재가 된다면 온갖 번뇌에서 해방된 '열반'의 경지에 이를 수 있는 것이 아닐까.

나는 그런 마음의 소유자가 되길 원한다. 지금 당장 가능하지 않을지라도, 나에게 어떤 불행도 극복해 주며, 커다란 깨달음을 거두어들일 수 있는 마음의 게스트하우스를. 나의 마음이 그런 게스트하우스에 거주하는 것만으로 존재의 경계선이 확장되는 기쁨. 내가 그런 게스트하우스란 사실을 가슴에 새기는 것만으로 지금까지 나에게 잠자고 있던 잠재력을 발휘할 높은 개연성을 갖게 된다. 나의 마음이 그런 게스트하우스 거주자란 사실은 단지 배움에 그치지 않고 지금 나의 삶을 바꾸는 용기까지 덤으로 선물해 준다.

며칠 뒤 또다시 Arkito가 찾아왔다. 위의 글이 폭발적인 조회수를 보였다고. 그러면서 친구를 하잔다. 갑자기 불안해졌다. 도망가자, 도망가. 온갖 핑계로 따돌리기 시작했다. 그럼에도 만나기만 하면 손을 흔들어 댄다.

6월 29일 아침 6시, 크루즈가 허드슨(Hudson)강을 유유히 거슬러 올라가면서 맨해튼의 빌딩 숲 우거진 뉴욕에 입항했다. 실로 오랜만이라고 할 수 있는 보름만에 초겨울에서 아침 온도가 24도인 무더운 여름철의 계절 변화를 느끼게 되었다.

아니 아침 온도가 8~9도인 아이슬란드에서 근 일주일 만에 뉴욕의 아침은 24도나 되었기 때문이다. 베르겐에서부터 두텁게 입었던 옷을 뉴욕에 와서야 가벼운 여름옷으로 갈아입었다. 크루즈가 허드슨강의 입구에 다다른 아침 5시경부터 14층으로 올라가 다시 한번 뉴욕의 광경에 감탄하면서 일부는 사진이나 동영상으로 담았다.

뉴욕[32]에 이틀간 머물렀다. 첫날인 29일에는 예전에도 몇 번 왔던 터라 익숙한 곳들을 찾아서 돌아다녔다. 우선 '타임스 스퀘어(Time Square)'[33]에 들러 인근의 맥도날드에서 휴식을 취하며 오랜만에 햄버거를 먹었다. 그곳까지 함께 했던 아마 바둑 5단의 실력파 안명관 선생님과는 헤어져, 센트럴파크로 향했다. 센트럴파크 인근이자 그 유명한 월가(Wall Street)[34]의 '황소 동상(Charging Bull)'을 먼저 구경하려고 갔더니 사람들이 많지 않았다. '황소상'을 배경으로 사진 한 장을 찍었다. 그리고선 센트럴파크 입구를 찾아서 '스웨덴식 정원'을 구경하면서 들어갔다. 다시금 되돌아서 한인타운까지 걸어서 갔다. 엄청난 높이를 자랑하는 여러 주변 건물의 상층부를 굳이 쳐다보지

32) 네덜란드 '서인도회사'가 뉴암스테르담을 건설하였지만, 영국이 이곳을 점령하면서 뉴욕으로 개칭된 것이다. 뉴욕의 인구수는 825만명이지만, 대도시권을 포함하면 약 2,200만명에 달한다. 경제 규모는 2.6조 달러로 우리나라가 1.7조 달러인 점을 비교한다면 대단한 규모이다.

33) 뉴욕 맨해튼에 소재한 광장이자 랜드마크로, 브로드웨이와 7번가가 교차하는 지점이다.

34) 네덜란드 '서인도회사'가 점령한 섬에 인디언, 영국 혹은 프랑스의 침입을 방어할 목적으로 Wall(벽)을 쌓게 되었다. 영국이 이곳을 점령하면서 이 벽을 중심으로 도로가 형성되었고, 그래서 '월가'라는 명칭으로 부르게 되었다.

않으려 애썼다. 굳이 쳐다보려 할수록 목만 아팠기 때문이다.

내려간 김에 그 유명하다는 15번가 부근의 '첼시마켓(Chelsea Market)'35)에도 들렀다. 처음엔 '바셀린' 5개를 사려고 했으나, 너무 무거워서 3개와 Denby컵 2개를 샀다. 다시 걸어서 50번가에 있는 크루즈 정박지까지 왔다. 피곤했지만, 그날 저녁 6시 30분에 뉴욕 야경을 구경하기로 한 일행과 합류했다. 늦은 밤에 본 뉴욕의 화려한 야경은 옛날 생각을 회상하게 하였다. 그땐 40대와 60대 초반이었다. 그때만 해도 그런 광경에 가슴이 뛰고 마음이 뭉클했는데, 이젠 그런 감정이 솟아나지 않았다. 이날 걸음 수는 29,685보나 되어 평소보다 2배를 초과했다.

뉴욕 체류 둘째 날인 30일 우리 일행은 뉴욕에서 오래된 교회를 비롯해 이곳저곳을 구경 후, 센트럴파크로 들어왔다. 11시 10분까지 입구 지점으로 되돌아오라는 가이드의 말을 전달받고서, 다른 한국인들 그룹과는 달리 어제 견문하지 못했던 지역을 넘어 구경하고 오겠다고 욕심을 부렸다. 어제 가보았던 '스웨덴식 정원'을 넘어 걸어가다가 시계를 보니, 되돌아가더라도 3분쯤 늦을 것 같았다. 서둘러 돌아왔으나, 그곳엔 아무도 보이질 않았다. 잘못 왔을까 하는 생각에 다른 입구 쪽으로 갔으나, 그곳에도 일행은 없었다. 가이드를 비롯해 사람

35) 뉴욕시가 역사보존지구로 지정한 건물로 15번가와 16번가 사이에 있으며, 현재에는 대형 실내 식료품 마켓으로 운영되고 있다.

들이 연락을 취해 주었지만, 그곳이 몇 번가인지 명확하게 알려 주지 않았고, 그 바람에 일행을 찾기가 더욱 힘들어졌다.

나중에 휴대폰을 살펴보니, 김용신 총무님[36]이 그곳이 어디인지 명확하게 적시된 사진과 약도가 첨부된 정보를 보내 주었다. 그 밖에도 이은경 선생님, 김화균 선생님 등이 정확한 정보를 보내 주었다. 당황스러운 상황에서 그 귀한 정보를 아예 놓쳐 버렸다. 예전에도 두 차례나 가봤던 지역이라 그곳을 좀 안다고 생각했는데, 오산이었다. 실수는 인간의 범사라지만 다른 사람에게 폐를 끼치게 되어 심히 부끄러웠다. 미안하고 또 미안했다.

점심은 햄버거로 예약했다. 냉동육을 사용하지 않고 약간 얼린 상태에 있는 육류를 사용한다고 해서 유명한 햄버거 가게를 가이드가 소개해 주었다. 육식을 거의 하지 않지만, 그렇다고 내가 예외일 수 없을 뿐만 아니라, 오늘의 실수에 대한 보상으로 점심값을 낼 생각이었다. 일부는 일찍 도착해서 자기들 계산으로 이미 먹어 버렸고, 나를 포함하여 고작 4명분만 시켰다. 60달러란다. 기부금으로 1달러를 넣어 주었다. 마

36) 120차 세계일주 크루즈 여행에 탑승한 한국인 승객 24명 가운데 김용신 선생님은 비교적 젊은 편에 속한다. 이번 여행을 위해 사모님과 함께 다니던 직장에서 정년을 맞이하였고, 나름의 확고한 철학을 가진 분이다. 한국인들의 모임을 위해 솔선수범할 뿐만 아니라, 선내에서 이루어진 각종 국가별 행사에도 한국을 대표하여 적극 참여함으로써 한국인 탑승객 사이에서도 신망이 두터웠다. 그의 음악적 재능은 이미 전남지역에서 잘 알려져 있고, 목포에 본부를 두고 있는 중창단의 핵심 멤버여서 그런지 '아리랑 합창단'에서 독보적인 모습을 보였다. 일본인들을 중심으로 한국인도 4명이 포함되어 있는 '요코요코합창단'의 지휘자로서 아마추어인 단원들의 합창 실력을 두 단계 이상 끌어올렸다는 평가를 받았을 정도이다.

실 물이나 커피 혹은 콜라 등을 시키지 않은 실수를 범했다. 이를 김화균 선생님이 자연스럽게 해결해 주었다.

한편 남아공에서 가이드 편으로 구입했던 '혈당측정기'는 한국에서 흔히 쓰는 mg/dL 방식이 아니라, mmol/L 방식이었기에, 후자의 측정기에 18.03를 곱해야 한국에서 측정했던 값을 알 수 있었다. 그래서 그 불편 때문에 점심 후, 식당 인근에서 다소 먼 거리에 있는 약국, 'CVS Pharmacy'에 들러 찾아봤더니 보이질 않는다. 한국인 일행들은 다음 일정이 유람선을 타고 '자유의 여신상'을 구경한다고 해서, 그들과 합류할 필요가 없어졌다, 그래서 가이드에게 크루즈로 되돌아가고 싶다고 부탁했다. 40번가까지만 바래다 주면 좋겠다고 말했다. 고맙게도 그 부탁을 들어주어서 소액이지만 약간의 달러를 그에게 건넸다. 50번가에 크루즈가 있으니, 그곳까지 고작 2~3km가량 걸었을 뿐이다. 숙소로 들어오자마자 지친 몸에 땀까지 흘러 피곤했다. 따뜻한 물로 샤워를 하고서는 곧바로 잠이 들었다. 밤중에 일어나 보니 밤 11시길레 그냥 다시 잠들어 버렸다. 그날 저녁을 굶었다.

Ⅵ.

오늘이 7월 1일이니, 벌써 7월에 접어들었다. 다음 달 8월 7일이면, 이 세계일주 여정은 끝난다. 모리셔스를 출항할 때부터 작업했던 카우프만(Kaufmann)의 『법철학입문』[37]에 관한 번역 내용에 잘못이 없는지 검토에 착수했다. 여기저기 잘못 번역되었거나 더 나은 번역을 간과했음이 발견되었다. 특히 제2편 제3절에서 더욱 그랬다. 한 문장, 한 문장 조심스럽게 정확한 내용을 파악하고, 쉽게 이해할 수 있도록 표현의 방식에 나름의 노력을 기울였지만, 능력이 안 되니 남들 보기에 실수라고 여겨도 어쩔 수 없다는 생각이 들었다. 그렇게 생각하고 번역하듯 교정하는 작업에 임하니 마음이 한결 편해졌다.

교정 작업을 하던 도중에 잠시 쉬었다 하려고 7층 산책코스로 나가 걷고 있을 때 김화균 선생님[38]과 마주쳤다. 자기 키보다 약간 높은 곳에 매달려 있었다. 왜 그러냐고 물었더니 젊었을 때 허리를 다쳐 철봉으로 극복했다고 한다. 마찬가지로 허리가 아픈 나로서는 깊은 관심이 생겼다. 철봉 이외에 어떤 운동을 하느냐고 물었더니, 허리 높이의 봉을 잡고 앉았다

37) 이 책은 필자가 독일 유학시절에 읽으면서 감탄을 자아냈던 논문 가운데 하나였다. 그 밖에도 에버하르트 슈미트(Eberhard Schmitt)가 쓴 『형법사입문』을 통해 형법이론의 기초를 다질 수 있었다.

38) 기업체에서 대리 직급으로 근무하던 1995년 겨울 추운 어느 날 밤, 당시 한국은행에 근무하던 그의 부인인 김명례 선생님께서 둘째를 가졌으니 이젠 애들에게 충실해야 할 때가 되었다고 얘기했다고 한다. 부인은 그러면서 10년 후의 우리 삶이 어떤 모습일까를 혼잣말처럼 중얼거렸다는 것이다. 이 얘길 들었을 때 경제적 책임을 이제부터 혼자 감당하려면, 다니던 직장을 그만두고 유통업을 창업해야겠다고 결심했다고 한다. 기업의 유통사업부에서 근무한 이력이 영향을 준 셈이다. 창업 이후 법인 형태로 창업한 유통업을 계속하면서 45세쯤 되던 무렵, 창업의 계기였던 1995년 추운 겨울날 부인이 스스로 질문했던 삶의 향후 모습, 즉 무엇 때문에 그리고 어떤 삶이 의미 있는 것인지를 고민했다고 한다. 그때 내린 결론은 30년간 공부하고, 30년간 경제활동에 종사하며, 남은 30년간 부인과 함께 의미 있는 삶의 모습을 누리고 싶다는 결심을 하게 되었다는 것이다. 이 계획으로 28년 동안 영위하던 사업을 미련 없이 접고, 이번 세계일주 크루즈 여행에 동참하게 되었다고 담담하게 소감을 말씀하셨다. 자신들의 행복한 삶을 위해 때론 포기가 필요하다는 것을 행동으로 보인 부인이나 김선생님의 얘기가 멋진 삶의 모습에 관한 모범답안 같았다.

가 일어서기를 반복했다고 한다. 그래서 봉을 잡고 앉았다가 일어섬을 반복하는 그와 달리, 나는 어느 것도 잡지 않고, 앉았다가 일어서는 운동을 한 번에 108번씩 반복한다면서 시범을 보여 주었더니, 그렇게 하지 말란다. 허리 높이에 위치한 봉을 잡고 운동을 하라고 해서 그것을 70개가량 했더니, 너무 많이 한다는 것이었다. 20개를 하고 쉬었다가 하는 등 한 번 할 때 총 3회만 반복하라고 했다. 운동이란 신체 가동성의 80%만 하란다. 일련의 교육을 받은 후, 김선생님이 알려 준 방식으로 하루에 적어도 5차례, 많으면 7차례, 한 번 할 때마다 40번씩 하고 났더니, 허벅지가 고달픈 신호를 보냈다. 아하! 이런 방식의 운동이 건강에 도움이 되겠다는 확신에 이제 매일 일어나서 습관처럼 그 방식대로 운동하고 있다.

한편 8월 22일부터 상해에서 개최할 한중형법학술행사의 기조발제로 "한국에서 환경형법의 현황과 대응방안"에 관한 논문을 써야 할 시점이 다가왔다. 원고 마감일은 7월 20일까지다. 슬슬 작성하면 제때 보낼 수 있어서 틈틈이 쓰고 있는 중이다.

7월 5일, 크루즈가 쿠바 남쪽에 자리 잡은 자메이카[39]의 '몬테고 베이(Montego Bay)'[40]에 기항했다. 하선해도 좋다는 안내를 받고 시내로 나가려고 크루즈 터미널을 바라보니, 쇼핑센터라고 쓰인 커다란 간판이 보였다. 치안이 불안한 곳에 굳이

39) 인구는 284만명이고, 경제 규모는 149억 달러이다.
40) 인구 96,488명으로 자메이카에서 4번째로 큰 도시다.

시내까지 갈 필요는 없다는 생각으로 하선하여 터미널에 들어가 봤더니, 아예 텅텅 비어 있는 공간이다. 그 옆에 간이 상점 같은 점포에서 자메이카의 토속 제품들을 팔고 있었다. 10여 개의 점포 중에서 '블루 마운틴(Blue Mountain)'이라는 상표의 커피 원두를 판매하는 점포에 들어가 보았다. 커피를 사려는 사람들이 긴 줄을 서서 계산을 기다리고 있었다. 원두를 굳이 사야 할 필요성을 느끼지 않아 시내로 나가려고 택시를 타려고 했으나, 택시가 보이질 않았다. 마침 부근에서 경쾌한 음악 소리가 들려 살펴봤더니, 젊은 여성이 경쾌한 자메이카의 음악에 맞춰 춤추고 있었다. 자연스럽게 몸을 흔들어 대는 모습을 한참 동안 물끄러미 쳐다봤다. 나도 모르게 그 음악 소리에 맞추어 몸이 들썩거림을 느꼈다. 그렇다고 몸을 흔들 용기도 없었다.

자고 일어났더니 7월 7일 새벽 5시쯤 되었다. 7층으로 내려가 갑판에서 다섯 바퀴를 산책하였다. 배의 속도는 평소보다 훨씬 빠르게 항해하고 있었다. 나중에 알고 보니, 응급환자가 발생하여 7월 7일 정오에 도착 예정이었으나 4시간이나 앞당겨 8시에 파나마 운하 입구 도시인 '크리스토발(Cristobal)'[41]에 도착했다.

10시 30분쯤 하선해도 좋다는 안내방송이 들렸다. 14층에 올라가서 점심을 간단히 해결하고, 11시 20분쯤 하선했다. 크루즈가 접안한 구역에서 그리 멀지 않은 곳에 신발가게가 있

41) 파나마 운하를 통과하는 카리브해 쪽의 관문이다.

어서 가벼운 운동화를 샀다. 운동화를 고르는 데 삼총사(박숙경, 민정기 그리고 김보영 선생님)의 도움이 있었다. 그곳 약국에 들러 한국에서 애용하던 mg/dL 방식의 '혈당측정기'를 구입하였다. 전자제품 대형 판매점도 눈에 띄었다. 대형 마트도 부근에 있어 몇 가지 생활용품을 장바구니에 담았다. 이곳은 배와 가까이 있어 숙소로 돌아와 간단히 샤워하고 낮잠을 즐겼다. 자고 나서 좀 전에 샀던 '혈당측정기'로 재봤더니 수치가 107이 나왔다. 안심할 수준이었다. 아침의 체중은 68.8kg, 점심 후 혈압은 70－107로 나왔다.

7일 저녁 잠자리에 들기 직전, 크루즈 선장이 내일 아침 6시에 파나마 운하[42]를 통과하기 위해 운하 입구에 도착할 예정이라고 공지했다. 아침에 일어나 약간의 운동을 하고 15층 선수 쪽으로 갔다. 이미 몇 명이 카메라를 들고 촬영에 여념이 없었다. 간혹 비가 뿌리기도 했다. 첫 갑문을 통과할 때 크루즈가 정말로 서서히 갑문 직전까지 가니, 비로소 갑문이 열렸다. 배의 양편에는 선로를 운행하는 각각 2대의 트랙터가 앞뒤 간격을 두면서 크루즈를 잡아당겨 운하의 벽에 닿지 않도록 다음 갑문 안으로 아주 천천히 끌고 갔다. 2차 갑문 앞에서 20분가량 멈추었다. 그 사이에 앞쪽의 갑문 옆으로 물이 엄청나게 흘러들어오

42) 파나마 지협을 관통하는 82km 길이로 수로의 폭이 좁은 곳은 192m이며, 갑문식이다. 3개의 갑문을 통과하여 바다보다 26m 위로 올라가면 꽤 큰 호수가 있다. 이 호수의 물을 사용하여 갑문식 운하의 작동이 가능하다. 난공사 지역으로 손꼽히는 몇 곳은 해발 100m 정도 높이의 산을 계단식으로 깎았다. 대형선박이 운항할 수 있도록 수심도 깊어야 했었기에 당시의 장비를 감안했을 때 1914년 완공은 기적처럼 보였다. 2022년 기준으로 1년간 총 14,239건의 선박 등이 이곳을 통과하였다.

면서 2차 갑문의 물과 수평을 이룰 즈음에 2차 갑문이 열렸다. 이때에도 양쪽에 각각 트랙터 2대가 배의 양쪽을 잡아당기면서 3차 갑문 쪽으로 끌고 갔다. 선장은 여기 갑문을 모두 통과할 때 걸리는 시간이 1시간 30분으로 예상된다고 알려 주었다. 이런 상황에서 하늘도 무심하게 갑자기 장대비가 쏟아져서 할 수 없이 구경을 마치고, 14층 뷔페로 돌아왔다. 갑문을 모두 통과하자 해수면보다 26m 높은 곳에 넓은 호수가 나타났다.

크루즈가 호수를 한참 지나자, 파나마 운하의 공사 중에서 최대의 난공사 지역으로 알려진 곳을 선장이 안내했다. 그의 안내에 따라 밖으로 나가 촬영했다. 특히 100m보다 높은 산을 통째로 깎아 70도 각도의 절벽 같은 모습을 나타내는 지역을 사진과 함께 동영상으로 찍었다.

오후 3시경이 되어서야 태평양으로 나가는 마지막 갑문을 통과했다. 이때에도 선로를 달리는 총 4대의 트랙터가 양쪽의 앞뒤에서 크루즈를 자기 쪽으로 잡아당기면서 앞으로 나아갔다. 그렇게 하면 이 큰 배가 통과할 때 운하 간격과 사이는 불과 몇 십cm라도 운하의 벽에 부딪칠 염려가 없기 때문이다.

Ⅶ.

7월 8일 오후 3시가 지날 무렵 드디어 태평양에 도달했다. 일본 '요코하마'를 떠난 지 어느덧 2개월하고 19일이 되는 날이다. 귀국일이 앞으로 한 달쯤 남았다는 의미이다. 그사이 이 세계일주 여행기도 작성하여 출판사에 넘겨야 한다. 크루즈는 밤새 달려서 코스타리카 인근으로 다가갔다.

자고 일어나서 9일 오전, 8층에서 작업했다. 8월 23일 한국비교형사법학회와 중국형법학회의 공동학술대회가 상해의 '화동정법대학'에서 개최되는데, 거기서 발표할 기조발제인 "한국에서 환경범죄와 대처"라는 논문을 작성해야 해서다. 서론부터 시작하여 본론의 극히 일부분만 작성하였다. A4용지로 고작 3쪽 분량이었다.

오후 2시 무렵에는 선내 병원을 찾아가 지난 5월 27일부터 10여 일간 치료했다는 진료기록과 진단서를 부탁하였다. 이때에도 최지연 승무원이 통역을 맡았다. 병실 앞에서 기다리고 있는 사람들 모두가 감기가 심한지 기침을 그치지 않았다. 병원에 들릴 때 마스크를 착용하라는 예전의 지시를 깜박하였다. 진단서의 일부를 받고, 진료 내용이 담긴 것은 며칠 후 발부해 준다고 한다.

저녁 6시 25분부터 김용신 선생님이 8층에 있는 '스페이스 1'에서 성가(聖歌)를 부른다는 연락을 받았다. 저녁에 김선생님의 성가를 듣기 위해, 평소보다 다소 일찍 사우나와 '자쿠지'에 들렀다. '자쿠지' 옆에 있는 욕탕보다 살짝 큰, 그렇다고 수영장도 아닌 곳에서 20여 분간 발차기 등을 하면서 시간을 보냈다.

저녁을 먹자마자 '스페이스 1'로 갔다. 분위기가 어수선했지만, 그래도 김선생님의 성가는 어김없이 진행되었다. 신앙심을 고양하는 청아하고 깊은 목소리의 성가를 들으면서 종교에 음악도 큰 역할을 할 수 있음을 느꼈다. 그는 내리 여섯 곡을 불렀다. 마지막엔 'Amazing Grace'를 부르면서 끝났다. 우레와 같은 박수가 터져 나왔다. 한국인이 부르는 성가라면 자막과 악보가 한글로 표시되었지만 중국어로 표시되었기에, 그럼에도 그는 전혀 당황하지 않고 끝까지 노래에 혼을 담아 유종의 미를 거뒀다.

한편 지난 4월 23일부터 시작된 크루즈 여행은 이제 한 달밖에 남지 않았다. 그래서 여행 과정을 기록해 두어야겠다는 생각이 들었다. 7월 8일부터 "107일간의 세계일주 여행기"를 틈틈이 적고 있다.

7월 10일 아침 7시경 코스타리카[43]의 '푼타레나스(Puntarenas)'[44]에 크루즈가 접안했다. 평소처럼 7층 갑판을 다섯 바퀴를 돌고서, 시간을 조정하기 위해 GPS가 곧바로 작동할 수 있도록 천장이 없는 14층 노천 의자 위에 시계를 올려놨다. 잠시 후 1시간 늦게 맞추어졌다. 14층까지 온 김에 뷔페에서 평소보다 일찍 아침을 들었다.

숙소로 돌아와 곧바로 잠이 들어서 1시간가량 푹 잤다. 샤워하고서 8층으로 내려가, '환경 범죄'에 관해 밤사이 생각한 바를 적고, 아울러 세계일주 크루즈 여행기 중에 보충할 부분

43) 인구 508만명이고, 경제 규모는 700억 달러인데. 커피가 유명하다.

44) 태평양 연안에 위치한 코스타리카의 이 도시는 Puntarenas주의 주도이며, 약 41만명이 살고 있다.

을 찾아서 보완했다. 그런데 목이 간질간질했다. 기침이 나올 것 같기도 했지만 다행스럽게 열은 없었다.

'푼타레나스'에는 9시 30분이 넘어 하선했다. 명색이 코스타리카의 주도(州都)임에도 시내의 거리는 다소 촌스럽게 보였다. 장사하는 곳도 1960년대의 우리 장터 같은 모습에 마음이 울적했다. 커피가 마시고 싶어서 인근 식당에 들러 '카페라테'를 시켰더니 '커피와 함께 우유'를 가져왔다. '카페라테'라는 단어 자체가 이탈리아어로 '커피 우유'이니 틀린 것도 아니다. 그것을 마시면서 Wi-Fi 번호를 물었더니 곧바로 알려 주었다. 간만에 친구들이나 동료들에게 동영상과 사진들을 보낼 수 있었다. 쇼핑센터의 위치를 물어서 찾아가다가 '버거킹 점포'가 보여 들어갔다. 에어컨이 작동되어 시원할 뿐만 아니라 내부 시설도 깨끗해 '닭고기 버거'와 음료수를 주문했다. 아울러 Wi-Fi를 무료로 사용할 수 있어서 그곳에서도 전송하고픈 동영상이나 사진들을 친구와 동료들에게 보냈다. 잠도 쏟아져서 처음 의도했던 쇼핑센터로 가지 않고, 인근에 정박해 있는 크루즈로 돌아오자마자 잠이 들었다.

잠을 자고 일어나서도 몸이 그리 편하지 않았다. 기침도 나오기 시작했다. 감기이니 바이러스로 전염되었을 테고, 항생제 복용은 필요 없다는 생각에 물만 따뜻하게 데워서 마셨다. 몸이 건강하지 않다 보니, 여행기 작성 역시 능률이 오르지 않았다.

잠을 푹 자는 것이 감기에 특효라는 생각이 들어, 모든 일을 접고 8시에 잠들었다. 자주 잠에서 깼다. 새벽 2시에 따뜻한 물로 샤워하고 다시 잠을 청했더니 6시까지 푹 잘 수 있었다.

11일 아침 일어나자마자 7층 갑판으로 운동하러 내려갔다. 도보로 다섯 바퀴를 돌고, 며칠째 중단한 환경범죄에 관한 우리나라 현황을 정리해 노트북에 담았다. 점심 후, 수평선을 바라보면서 멍때리는 모습으로 '하늘과 바다의 만남'이라는 어처구니가 없는 생각에 잠겼다가 정신이 번쩍 들었다. 하늘과 바다가 정말로 만나게 된다면, 내가 밟고 있는 지구는 산산이 부서져 소멸해 버릴 것이고, 조그마한 미물인 나 역시 흔적도 없게 된다는 점을 깨닫게 되었기 때문이다. 상상은 자유겠으나, 이왕 할 수밖에 없는 상상이라면 필요 없는 이론적인 사고를 극복하고 육체와 마음을 그저 편안하고 즐겁게 하는 쪽으로 가야겠다는 생각이 들었다.

오후에 허리가 뻐근해져 사우나실로 갔더니, 잠겨 있어 '자쿠지'와 '탕 모양의 수영장'에서 물놀이를 한참 즐겼다. 그러던 중에 김화균 선생님과 부인이 함께 오셨다. 이런저런 예길 나누다가 숙소로 돌아와 예의 낮잠을 30분가량 즐겼다.

8층으로 돌아와서 '여행기'를 계속 써내려갔다. 오늘 저녁 5시에 하금성 선생님의 생일 잔치가 있으니 참석해 달라는, 총무이자 카톡의 방장인 김용신 선생님의 연락을 받고 오후 5시 '레전드'라는 식당으로 갔다. 전문 양식당답게 격식에 따라서 냉온수, 조그마한 빵, 샐러드, 주요리, 후식이 차례로 나오고, 생일 축하를 기념하기 위해 건배사와 건배 제의가 뒤따랐다. 포도주 여러 병이 비워지고, 그러는 동안 가벼운 얘기로 웃음꽃을 피웠다. 술을 마시지도 못하는 처지에, 6병째의 포도주가 주문되는 상황에 쏟아지는 잠으로 눈이 감겨 실례를 무릅쓰고 자리에서 일어섰다.

12일은 일어나자마자 8층으로 갔다. 감기가 더욱 기세를 올려서 운동할 상황이 아니었다. 머리도 멍한 상태라서 이럴 바에야 여행기라도 쓰면 제격이란 생각이 스쳤다. 아침을 해결한 후에도 8층으로 곧장 내려와서 작업하고 있었다.

누군가 옆에 와서 감기 얘기를 하면서 1회분의 알약과 이틀 분량의 한방 감기약을 주고 갔다. 감기로 고생하는 상태에서 그런 선행을 분이 누구인지 의심하지 않았다. 건네준 감기약을 먹고서 1시간쯤 지난 후, 박숙경 선생님과 민정기 선생님 두 분이 오셔서 1시간 전에 막내가 감기약을 주고 갔다고 한다. 아니 내게 감기약을 주었던 그 고마운 분이 김보영 선생님이라고. 착각도 그런 착각이 없었다. 민정기 선생님도 독일제 종합감기약 4회분을 내게 주었다. 그러잖아도 감기약이 절실한 때였다. 고맙고 감사했다. 5층에 내려가서 커피를 사겠다고 하였다. 5층과 8층을 운행하는 엘리베이터를 이용해 5층의 창가 쪽의 자리로 이동할 때 민선생님이 커피를 사겠다고 주문하러 가고 있었다. 늘 얻어만 먹었기에 내가 사기로 했는데. 창가에 앉아서 바다를 가르는 크루즈가 일으키는 작은 파도, 그 파도가 빗살처럼 널리 퍼지고, 저 멀리 하늘 끝 어디엔가에서 바다를 만나는 착각을 일으키는 수평선, 하늘엔 가끔 뭉게구름이 피어나는 모습들을 감상하면서 두 가지 이야길 나누었다.

그 하나로 예전 1950년대나 60년대만 하더라도 방 하나에 자식들 여러 명이 잤었다. 그런데 요즘은 각자 한 방을 차지하고, 부모조차 그 방을 함부로 열지 못하고 노크와 동의를 얻어야 들어갈 수 있는 시대이다. 각자는 자신의 방에서 고유한 세상을 만들며, 외부의 무단침입을 극히 싫어하게 되었다. 왜냐면 자기가 형성한 제국의 국경이 무너지면 자신의 존재조차 무너진다고 생각하기 때문이다. 요즘 어르신 가운데 이러한 점에 둔감한 분들도 더러 있어 안타깝게 생각된다. 다른 하나는 나의 젊은 시절의 연애담을 들려준 것이었다.

점심 후 8층에 곧바로 내려와서 작업하던 중, 잠이 쏟아졌다. 숙소로 가기엔 그렇고 하여 7층 선수(船首) 쪽 영화관이나 각종 예술공연에 사용되는 공간 바로 앞에 다소 길고 푹신한 의자가 몇 개 놓여 있어서 그쪽으로 가고 있었다. 다행스럽게 빈 의자가 하나 보여 앉으려고 하는데 갑자기 일본어를 사용하는 할머니가 나타나 '고자이마쓰(ございます)'라고 말하면서 그냥 앉아버렸다. 새치기를 비롯해 말과 행동이 다른 사람들이 세상 곳곳에 있음을 다시 확인하였다. 숙소로 돌아와 잠시 단잠을 자고 나서 12층 사우나실로 향했다.

오늘은 다행스럽게 사우나실을 비롯해 '자쿠지'와 '탕 모양의 수영장'을 충분히 이용했다. 그 후에 작업을 하면 능률이 확실히 올랐다. 아마도 신체는 적당한 운동을 할 때 기능을 잘 하는 것 같다. 왜냐면 걸으면서 이런저런 문제에 관해 생각하면, 해결책이 책상에 앉아 있을 때보다 좋았다는 기억이 많기 때문이다.

민정기 선생님이 준 종합감기약을 점심과 저녁때에 먹었다. 잠자리에 들기 전에 7층에서 산책을 하려니 괜히 힘이 들었다. 한 바퀴만 돌고 들어와 잠들었다.

Ⅷ.

7월 13일 오늘은 평소보다 늦게 일어났다. 보통 아침 4시경에 눈이 떠져 잠에서 깨어나는데, 이날은 아침 6시 30분에서야 일어났기 때문이다. 체중은 68.3kg, 당수치는 108이었다. 7층 갑판으로 나와서 고작 3바퀴 돌았는데, 더 돌기가 싫어졌다. 그래 신체의 신호에 따르자면서 숙소로 돌아가 작업이나 하자며 노트북 등을 챙겨 8층으로 왔다.

9시를 조금 넘어서 14층에서 아침을 들었다. 두부 2조각, 각종 야채 조금, 슬라이스 치즈 2개, 망고 2조각, 따뜻한 두유 한 컵, 삶은 달걀 하나, 생선 3조각, 서양배 하나, 우유를 가득 탄 커피 한 잔으로 아침을 해결하였다. 서양배는 절반만 먹는 경우가 다반사였다. 오늘도 그랬다.

8층으로 곧장 내려와서 작업하려는데 눈꺼풀이 잠겼다. 다른 때보다 늦게 일어났기에 그냥 참자고 다짐했으나 눈꺼풀은 무거워지기만 하였다. 그래 가서 잠이나 자자. 30분쯤 자고 났더니 몸이 한결 가벼워졌다. 이럴 때 머리가 비교적 잘 돌아간다.

'환경범죄'에 관해 그간 생각했던 부분을 노트북에 담았다. 2011년 개정된 "환경문제 특별법"은 1991년 제정 당시의 그것보다 환경 자체에 대한 오염이나 침해를 더욱 강하게 처벌하는 모습을 보였다. 즉 종래 환경오염이 인간의 생명이나 신체에 대한 침해를 발생시키는 때 국한하여 처벌하려는 경향을 탈피하고, 환경오염 자체를 처벌하려는 태도로 변했다.

그런데도 한국의 환경형법은 전 지구적 차원의 문제에 대한 현실적 대응 방안을 제대로 강구하지 않고 있다. 예컨대 중국의 산업화가 가속되면서 이젠 시도 때도 없이 중국 쪽에서 발생한 황사가 대기 오염물과 함께 한반도에 깊은 영향을 미치고 있다. 국내에서 환경오염 문제는 자체적으로 발생한 경우도 적지 않지만, 중국에서의 영향 역시 무시할 수 없을 정도로 크다는 점도 부인할 수 없다. 그렇다면 전 지구적 영향을 강하게 미치고 있는 환경오염의 문제는 국내 문제를 넘어선 국제적 문제이고, 국제적 차원에서 해결책의 모색이 시급한 실정이다. 강한 황사가 발생할 때마다 피해가 눈덩이처럼 불어나 그때마다 중국에 항의한다고 해서 쉽게 해결될 일도 아니다. 동북아 국가들이 머리를 맞대고 상호 협의하여 환경오염을 최소화할 수 있는 나름의 틀을 마련해야 한다.

최근에 일어났던 일과 오늘 오전까지의 과정을 여행기로 정리하고, 오후 1시경에 점심 식사를 위해 14층에 갔다. 삶은 연어고기가 먹음직스러워 많이 담아왔다. 먹어 보니 역시 담백하다. 평소보다 점심을 약간 더 먹었다. 연어가 그렇게 만들었나 보다.

오늘은 '자쿠지'와 '수영장'을 열지 않았기 때문에 사우나실만 들렀다. 사우나실 모래시계가 15분이 될 때까지 땀을 뺐다. 샤워한 뒤 혈압을 재었다. 68-108이 나온다. 지극히 정상이다. 숙소로 돌아와 30분가량 숙면하였다.

감기 기운도 있고 해서 일찍 잠들었는데, 14일 새벽녘에 카톡 소리가 들렸다. 출판사 사장님이 『형법연구 X』의 인쇄가 완료되어, 이 책을 보내야 할 분들의 명단을 보내 달라는 것이다. 젊고 열성적인 교수들 중심으로 명단을 작성하여 곧 보내겠다고 카톡으로 알렸다. 잠시 후 8층으로 내려와서 57명의 명단 작성을 하는 데 시간이 적잖게 소요되었다. 대충 정리하고선 7층 갑판으로 나와 5바퀴(약 4,200보)를 돌고 돌았다. 피곤이 엄습하여 숙소로 돌아와 잠들었다가 일어났더니 아침 7시 40분을 지나가는 중이었다. 재빨리 샤워하고 8층에 들러 간밤에 마음으로 정리한 여행기를 추가했다.

아침 식후, 감기로 항생제를 복용한 탓인지 설사가 날 상황이었기에 급히 공중화장실에 들렀다. 긴급피난을 할 정도로 급한데, 안에 계신 분이 한참 지나도 나오지 않는다. 그냥 참고 또 참아야 하였다. 곧바로 터질 것 같은 순간에 고맙게도 볼일을 마친 분이 나왔다. 하금성 선생님이었다. 너무도 급한 상황이라 화장실로 들어가자마자 대업을 완수했다. 하마터면 큰일 날 뻔했다. 속도 모르는 하선생님은 "어제 저녁 식사 때 14층 밖에서 기다린다고 해놓고, 찾아보니 없더라."고 하신다. "밖에서 기다리다가 습기가 심해서 8층으로 가서 일했다."라 하고, "나중에 하선할 즈음 연락드리겠다."고 답하였다. 10시쯤 하선하려고 카톡에 하선생님이 등록되어 있는지 찾아보아도 없다. 14층에서 커피를 마시겠다고 말씀하셨기에 찾아갔더니 거기에도 있지 않았다.

하선 절차를 거쳐 멕시코 '만사니요(Manzanillo)'[45]의 땅을 밟은 순간 너무 덥다는 느낌이 몸으로 체감되었다. 그래도 조금 걸었다. 마약류 단속을 위해 훈련된 개의 코 앞으로 가방을 들이대었다. 그곳을 통과하자마자 갑자기 숨이 차고, 머리가 어지러워졌다. 쓰려질 것 같아 크루즈로 되돌아가야 한다는 육체의 소리를 따랐다.[46] 살고 싶어서. 돌아오자마자 민정기

45) 멕시코 최대 항구도시이며, 인구는 16만 1천 4백여 명이다. '청새치' 낚시대회가 매년 열리며, '청새치'의 수도라 불리기도 하는데. 7월부터 9월까지 평균기온이 28도를 넘는다.

46) 이날 만사니요의 '최고 온도'는 34도였으나, 지열 등으로 인한 '체감 온도'는 39도나 되었다.

선생님께 염치 불구하고 감기약을 청했다. 곧바로 답장이 왔다. 고맙고 감사하다는 마음이 깊숙이 저절로 새겨졌다. 감기약을 받자마자 곧바로 먹었다. 자기 전에도 먹었다.

15일은 늦잠을 잔 탓으로 아침 7시에 일어났다. 그렇게 심했던 기침이 많이 완화되었기 때문이다. 감기약을 사서 건네준 민정기 선생님께 그간의 고마움을 갚을 길이 없다. 한국에 가서 10월 하순쯤 '나로도 삼치회'[47]라도 한 상자를 보내야겠다는 생각이 들었다. 왜 하필 10월 하순이냐고? 그때가 되어서야 나로도 삼치의 맛이 좋아지기 때문이다. 황오열 원장님께도 역시 보내기로 마음먹었다.

16일 아침에 일어났더니, 카톡이 평소보다 2배나 많았다. 출판사에서 간행한 『형법연구 X』을 잘 받았다는 내용이 대부분이었다. 오전에는 중국에서 발표할 논문 "한국에서 환경범죄와 그 대응"을 작업했다. 오후 3시 40분부터 각국을 대표한 노래나 춤을 발표하는 장소로 갔다. 다른 국가 팀에서는 악기나 춤으로 승부를 걸고, 또 그것을 위해 옷을 통일하여 맞추어서 입는다든지, 악기 연습을 오랫동안 해왔음이 눈에 띄었다. 한편 한국 팀은 별다른 연습도 거의 없이 무대에 올랐음에도 '아리랑'과 함께 '아침이슬'을 구성지게 불렀다.[48] 가슴 뭉클한

47) 일제강점기가 시작되면서부터 나로도산 삼치가 맛이 좋아 한국 어선이 잡은 삼치를 산 일본인은 이를 일본으로 운반했다. 삼치의 선도를 유지하기 위해 나로도에 냉동공장이 필요했고, 그 공장을 돌리기 위해 전기발전소가 필요하게 되어 나로도 일부 지역은 전등불을 일찍부터 경험했다. 다수의 일본인들이 살았던 '축정'이란 곳에는 아직도 그 시절의 건축물 흔적이 적잖게 남아 있다.

멋진 모습이었다. 이 모습을 동영상으로 촬영하여 함께 한 분들께 보냈다. 저녁 6시부터 주변이 왁자지껄해서 살펴봤더니, 각자 한껏 멋을 낸 복장과 제스처로 무대를 장식하고 있었다. 공인자 선생님을 비롯해 김용신 선생님 등 여러분이 참가하여 한국의 멋을 보여 주었다.

오늘 크루즈가 통과한 멕시코 '바하칼리포르니아' 앞바다에 위치한 '엘 비즈카이노'는 고래 보호구역[49]이다. 한류와 난류가 만나는 지점으로 이곳 남쪽 바다(적도 쪽)의 수온은 30도 내외이지만, 북쪽 바다는 23도 내외다. 한류와 난류가 만나는 지점이기에 고래의 먹이가 많을 거라는 생각에 운이 좋으면 고래를 볼 수 있으리라 기대했으나, 허탕이었다.

17일 아침 7층 갑판으로 나갔더니, 어제보다 훨씬 쌀쌀하다. 기온이 갑자기 내려갔다. 선장의 말로는 멕시코 인근에서부터 난류가 더 이상 북상하지 못해 바닷물이 차갑게 되었다고 한다. 그제까지 바다의 수온은 29도에서 30도였으나, 어제는 23도이며 더 북쪽으로 진행한 오늘은 21도라고 한다. 그래서 그런지 여기서 멀지 않은 미국 '샌디에이고'[50]의 17일 아침

48) 합창단원은 주정호 선생님, 이신혜 선생님, 공인자 선생님, 이은경 선생님, 박수경 선생님, 민정기 선생님, 김보영 선생님, 오명주 선생님, 김명례 선생님, 김화균 선생님, 박선양 선생님, 재일 교포 선생님, 공인자 선생님 남편과 김용신 선생님으로 구성되었다. '아리랑'과 '아침이슬' 두 곡은 지극히 한국적인 노래이지만, 극히 짧은 연습 시간을 가졌음에도 가득 메운 청중들에게 큰 감동을 선사했다.

49) 고래의 서식지 보호와 생태계 보전을 위해 지정된 해양 지역으로 멕시코 이외에도 '도미니카 향유고래 보호구역', 캐나다 '노바스코샤'에 위치한 '고래보호구역 프로젝트' 그리고 하와이 인근에 소재한 '혹등고래 보호구역'이 있다.

50) 스페인 식민지 시대인 1769년에 형성되기 시작한 도시이다. 인구는 140만 명이지만,

온도는 19도에 불과했다.

오전, 오후 시간 대부분을 할애하여 중국에서 발표할 논문 작업을 계속했다. 결론 부분만 남았기에 내일이나 모레쯤이면 끝낼 예정이다. 오후 5시경에 사우나에서 15분간 땀을 빼고, 수영장의 수온이 21도밖에 되지 않아 약간 추웠지만, 15분간 물놀이를 하였다. 5분간 '자쿠지'에 가만히 앉아 있었다. 여성이 2명이나 있어, 공간이 좁아 조용히 있을 수밖에 없었다.

18일 아침, 일어나 7층 갑판으로 나왔다. 구글 지도로 현재의 위치를 살펴보니 '로스앤젤레스'[51]와 '샌프란시스코'[52]의 중간 지점이었다. 날씨가 쌀쌀하여 겉옷을 하나 더 걸쳐 입었다. 아침 날씨가 13도에 불과했기 때문이다.

8층에서 작업하고 있으나 능률이 오르지 않는다. 그냥 피곤할 뿐이다. 점심 후 잠시 낮잠을 즐겼다. 그럼에도 여전히 피곤하다. 혈압이 떨어졌을지도 모른다는 생각에 사우나실로 갔다. 거기서 15분가량 땀을 빼고 수영장에 갔더니, 수온이 어제보다 5도나 떨어진 16도에 불과했다. 현재 크루즈의 위치가 '샌프란시스코'에 가까운 지점이긴 하지만, 멕시코에 비해 바다 수온이 이렇게나 떨어질 수 있나? 수영하기 위해선 달리 선

광역으로 따지면 350만 명이다.

51) LA 메트로의 인구는 1,300만명이지만, 순수 LA 도시인구는 400만명에 불과하다. 이곳엔 미국에서 가장 큰 '한인타운'이 있고, 한국인 교민 수는 약 40만명으로 추산하고 있다. LA 메트로의 교민까지 포함하면 약 100만명이 사는 것으로 알려져 있다.

52) 인구는 약 80만명으로 '실리콘 밸리'가 자리 잡은 세계적인 첨단도시이다. 우리나라에 잘 알려진 세계 최초의 현수교인 '금문교'가 있다.

택의 여지도 없었다. 수영장으로 들어갔더니 참고 견딜 수 있었다. 수영하면서 10여 분의 시간을 보내고, 옆에 있는 '자쿠지'로 가서 10여 분 있었다. 몸이 개운해졌다. 이런 상태에서 작업해야지 하면서 8층으로 왔다.

18일 정오 기준으로 크루즈는 지금껏 47,750km를 항해했다. 지구를 한 바퀴 돌고도 7,700km나 더 항해한 셈이다. 7,700km의 거리라면 서울에서 밴쿠버까지의 거리에 버금간다. 구글 지도상 현재 위치는 샌프란시스코에 인접한 지점이다.[53)]

8층에서도 작업하기가 쉽지 않다. 크루즈 내에서 연구나 독서하기 가장 좋은 곳으로, 시간이 지날수록 이용자가 늘어가고 있기 때문이다. 요코하마를 출항한 지 한 달 정도는 이곳에 여유 자리가 많아서 언제든 찾아가 작업할 수 있었지만, 요즘은 아침 7시 30분 이전에 와야 할 정도가 되었다. 중국인들이 이곳에 모여 마작을 즐기면서 떠들썩할 때가 적지 않아 작업하기 불편할 때도 간혹 있지만.

크루즈 선내에서는 하루에도 수십 가지 문화행사가 열리고 있다. 영어나 일본어 혹은 중국어, 그림, 바둑, 댄스, 악기 교육 등을 비롯해 영화 상영이나 유명인 초청 행사, 시간대별 음악 감상, 각국 문화행사 등 다채롭게 진행되고 있다. 그래서 특별히 개인적인 사무나 작업에 집중해야 할 사람이 아니더라

53) '로스앤젤레스', '샌프란시스코'와 '샌디에이고'를 품고 있는 캘리포니아주는 한국의 4배가 넘는 면적이며, 경제 규모는 약 4.1조 달러에 이른다. 이는 일본을 추월한 수준이며, 세계 4위에 해당한다.

도 107일간의 긴 시간을 활용하여 인생을 즐길 수 있는 여지가 많은 곳이다. 휠체어를 이용하는 분들도 더러 있다. 특히 연세가 높은 분에게 권장할 만하다. 왜냐면 크루즈 여행을 이용하는 승객의 평균 연령이 76세(?)인 점을 감안하면 일종의 고급 양로원으로 여겨질 때가 많기 때문이다. 일본인 가운데에는 80대가 넘는 분들도 적지 않고, 어느 분은 10회나 세계일주 크루즈 여행을 했다고 자랑하였다. 올해 87세라고 하는 큐슈 출신의 노신사는 이번이 3번째 여행이라고 한다. 걷는 자세라든지 말씀하시는 톤으로 보아도 그는 아직 매우 건강하게 보였다.

19일은 7층 앞쪽에 있는 극장식 무대에서 이른바 '자주기획'이란 프로그램에 따라, 크루즈 여행 기간 중 습득한 언어, 춤, 노래, 악기, 무술 혹은 마술 등을 발표하는 날이다. 한국인들도 '살사'를 비롯해 다양한 문화와 외국어를 배우면서 함께 익힌 노래나 춤 등을 외국인들과 함께 팀을 이루어 공연했다. 특히 김용신 선생님은 음악에 대한 특별한 소질과 재능을 갖고 있어서, 이를 알아주는 일본인들에게 깊은 인상을 주어선지, '자주기획'에서 '일본 노래'를 합창할 때마다 그 합창단의 지휘자 역할을 당당하게 소화해냈다.

19일 중으로 중국에서 발표할 논문을 한국으로 보내야 했기에 관람석에서 일어나려 해도 양쪽을 꽉 채운 관중들로 인해 빠져나올 수가 없었다. 꼼짝없이 2시간 이상을 움직일 수 없었다. 더구나 행여 한국인들이 단체 합창을 하지 않을까 기대했지만, 끝내 그러한 공연은 없었다.

뒤늦게 알게 되었지만, 한국인만 단체로 하는 공연은 아예 없었고, 개별적으로 자신이 배우고 있는 소속 그룹의 일원으로 출연했다는 것이다.

공연이 끝나자마자 곧바로 8층으로 달려와 마지막 결론 부분을 완성하고, 한국 측 간사인 선종수 교수에게 논문을 보냈다. 결론 부분에 "황사 문제로 고달픈 한반도 상황을 개선하기 위해 관련 국가에 'Global Stocktake'[54]의 평가 방식을 도입하여 실시하고, 이를 실질적으로 평가해서, 요구된 수준에 미치지 못할 때 부담금을 물리자. 그 이행 담보를 위해 해당 정부의 보증이 필수적"이라는 견해를 밝혔다.

저녁을 먹고서 사우나실에 갔다. 마침 '자쿠지'와 '수영장'도 문을 열었다. 사우나실에서 15분가량 머물고 수영장으로 갔다. 수온이 13도를 나타내고 있었다. 사우나에서 달군 체온을 식힐 겸, 수영장에 들어갔다. 어제보다 추웠다. 어제는 16도를 기록하였기에. 그래도 그곳에서 7분 이상 견디었다. 나오자마자 '자쿠지'에서 몸을 녹였다. 크루즈 후미 쪽을 바라볼 때 왼쪽의 '자쿠지'로 갔다. 오른쪽에 젊은 남녀 둘이 신나게 웃고 떠드는 모습을 방해할 수 없어서.

54) 'Global Stocktake'란 2015년 파리협정(Paris Agreement)에 근거하여 모든 당사국이 함께 참여하여 전 세계적으로 기후변화 대응의 진전 상황을 정기적으로 평가하여 점수를 매기고, 수준 이하로 실행한 국가에 대해 약속이행을 담보하게 하는 과정이다.

7월 20일은 일찍 잠이 깨었다. 잠자기 전에 논문에 관해 생각하던 중, 결정적인 잘못을 범한 부분이 있음을 깨달았다. 그 부분을 보완하여 한국에 보내야 하겠다는 생각에 새벽 3시쯤 8층으로 왔다. 이미 어느 일본 중년 숙녀가 작업하고 있었다. 중국에서 발표할 논문의 결론 부분을 아침 6시까지 수정과 보완하여 완성 후, 논문 파일을 보내고서 숙소로 돌아와 30분가량 단잠을 잤다.

아침 7시부터 7층 갑판에서 종래처럼 5바퀴를 돌았다. 약 35분쯤 소요되었다. 오후 2시쯤 선상 병원에서 '진단서'와 '진료내역서'를 발급받았다. 각각 3천 엔이다. 선상 병원에서 지불한 치료비를 포함하여 20만 엔, 그러니까 약 200만원의 비용이 든 셈이다. 이 비용은 고스란히 가입한 보험사로부터 받을 수 있단다. 다행스럽게도 크루즈에 탑승하기 전 보험에 가입했었고, 보험료 105만원을 제하면 그래도 95만원을 벌게 된 셈이다. 아팠던 것을 제외하면 그나마 경제적으로 살았다.

7월 20일은 제7차 한국인 모임의 날이다. 저녁 5시 6층 식당에서 함께 식사하며, 이런저런 얘기를 나누던 중 창가 부근에 앉게 된 덕분에 큰 고래가 지나가는 광경을 볼 수 있는 영광을 누리게 되었다. 부근에 앉아 있던 일본인들도 갑자기 창가 쪽으로 모여들어 고래가 보일 때마다 그 모습에 탄성을 내곤 했다. 동영상으로 고래의 모습을 담으려고 노력하였으나, 그때마다 고래는 나타나지 않거나 엉뚱한 곳에서 모습을 보여주길 반복했다.

IX.

배는 21일 아침 7시, 밴쿠버항 크루즈 터미널에 접안할 예정이었으나, 1시간 이상 지체되었다. 왜 이렇게 늦게 된 것인지 영문을 모르겠다. 날씨도 상대적으로 좋았고, 요 며칠 사이 특별한 일도 없었기 때문이다.

밴쿠버 인근의 휘슬러 여행을 안내할 현지 가이드를 아침 7시 50분에 터미널에서 만나기로 했으니, 그 시간에 거기 모이라는 연락을 받았다. 입항의 지연으로 이 만남 역시 늦어질 수밖에 없었다. 9시 무렵에서야 하선할 수 있었다. 가이드를 만나자마자 곧바로 휘슬러 쪽으로 달렸다. 동행한 분들의 배려로 나는 가장 편안한 운전석 옆자리에 앉을 수 있었다.

휘슬러로 가는 길은 예전보다 훨씬 더 개선되어 있었다. 2010년 동계올림픽을 개최하기 위해 휘슬러로 길을 잘 닦아 놓았기 때문이다. 휘슬러로 가면서 맨 처음 들린 곳은 예전에도 그런 느낌이었지만, 현재도 부러운 '자연경관', 특히 '빽빽하게 우거진 거목'을 비롯해 그 틈새를 졸졸 흐르는 '깨끗한 개울물', 한여름임에도 시원하기 그지없는 '적당한 온도'와 '청아한 날씨'가 편안한 분위기를 한껏 자아냈다. 게다가 수량은 많지 않지만, 낙폭이 길어서인지 물이 떨어지는 지점은 끝없이 높아 보인다. 위를 쳐다보아도 그 발원지가 어디인지 찾을 길이 없다. 아마 아직도 빙하가 쌓인 휘슬러산의 어딘가에서 발원하여 좁은 골짜기를 따라서 형성되었을 것이라는 추측만

할 뿐이다. 이곳을 우리나라의 광주나 대전 혹은 부산 근교에 그대로 옮겼으면 하는 몽상을 할 정도로 부럽다.

우리 일행을 태운 차가 다시 한참을 달렸다. 양쪽에 숲으로 포위된 길을 따라 달리고 달렸던 차가 몇 군데 상점이 들어선 마을에 정차했다. 이곳은 '스쿼미시'라는 도시 일부로 보였다. 우린 커피가 맛있다는 'Claudia 커피 전문점'에 들렀다. 소문대로 맛이 좋았다.

한 잔씩 마시고 또다시 달리고 달려 깊은 숲 어디엔가에 주차하였다. 숲속을 한참이나 걸어 들어갔다. 철로가 한가롭게 놓여 있었고, 일행은 이 철로를 배경 삼아 사진을 찍기에 여념이 없었다. 그러기를 한참하고서 다시 안쪽으로 더 들어갔다. 풍부한 강수량과 낙차가 큰 폭포가 장관을 이루었다. 이 폭포의 별명은 'Brandy Wine 폭포'란다. 이런 별명은 이곳을 지나가는 기차 철로 공사를 하던 인부들이 폭포를 발견하고, 그 높이가 얼마인지 술 내기를 했는데, 'Brandy Wine'을 걸고 내기에 이긴 사람의 취향에 따라 'Brandy Wine 폭포'라고 부르게 되었다고 한다. 예전에 분명 이곳을 두 차례나 왔었음에도 기억은 희미했다. 다만 확실한 점은 그때도 지금처럼 날씨가 좋았고, 폭포수 아래쪽으로 무지개가 자기 자랑에 취해 있었던 기억이 회상되었다. 또다시 걸어서 더 들어가니, 이번에는 저 멀리에 '좁고 긴 호수'가 펼쳐져 있었다. 사람들은 제각각 포즈를 취하면서 사진을 찍고 있었다. 가이드가 나에게도 그 풍경을 배경으로 인물사진 여러 장을 찍어 주었다.

차는 또다시 달려 우리 일행은 드디어 휘슬러에 도착하였다. 도착 즉시 거금을 주긴 했지만(약 100 캐나다 달러), 편안하고 즐거운 마음으로 케이블카에 올라탔다. 우리는 순진한 모범생이어선지 가이드가 알려 준 그대로 따랐다. ‘중간지점에서 케이블카의 문이 열릴 때 내리지 말 것’, ‘점심은 올라가서 먹어야 더 맛이 있으며’, ‘우리가 기왕에 탔던 케이블카로 하산하지 말고, 건너편에 있는 ‘Peak 2 Peak’의 케이블카를 이용할 것‘, ‘이 케이블카는 지지대 없이 1.5km를 운행한다는 것’ 그리고 거기서 ‘케이블카로 하산하면 가이드를 만날 수 있다는 것’을 우리 가운데 가장 젊은 청년에게 주입하였다.

출발은 순조롭고 기분이 좋았다. 케이블카를 타고서 얼마 지나지 않아, 만나기 쉽지 않은 야생 곰을 발견하였다. 일행 중에서 그 모습을 동영상으로 촬영했다. 가이드의 말에 따라 중간 지점에서 창문이 열릴 때도 우린 미동도 하지 않았다. 케이블카의 실내 온도가 예상보다 높아 김용신 선생님이 유리창을 열어 열을 식혔다. 마침내 정상에 도착하자 날씨는 다소 쌀쌀해졌다. 이곳의 식당에서 점심을 햄버거로 때웠다. 김화균 선생님이 나의 몫까지 챙겨 주셨다. 고맙고 감사했다. 맛이 예상 외로 좋았다. 잠시 후, 우린 ‘Peak 2 Peak’ 노선을 이용하기 위해 그곳 출발 지점으로 가 줄을 섰다. 조금 전까지 거기서 출발하는 사람들을 보았기에 별다른 걱정도 하지 않았다. 우리도 당연히 갈 수 있을 거라고 믿었다. 날씨가 그리 험하지 않았기 때문이다.

그런데도 담당자가 와서 그쪽으로 가는 노선이 방금 폐쇄되었으니, 하선하거나 기다리란다. 지지대 없이 운행 중인 'Peak 2 Peak' 케이블카의 인근 100km 지점에 마른번개가 쳤다는 것이 폐쇄의 이유였다. 기다리면서 잠시 생각하는 사이 일부 사람들이 올라왔던 노선의 케이블카로 이미 하산하고 있었다. 날씨를 예측할 수 없어, 하산조차 할 수 없을 경우의 수까지 생각하니, 내려가자는 결정이 났다. 신속하게 움직여 케이블카로 내려오면서, 올라가는 케이블카에 사람들이 아무도 타지 않은 점을 확인하고, 우린 나름의 대책을 잘 세우고 있다고 생각했다.

그런데 그것은 잠시의 착각이었다. 조금 후에 일부 승객들이 케이블카를 타고 산 위로 올라가고 있지 않는가! 별별 생각과 해결을 위한 지혜가 쏟아져 나왔다. 결론은 '우리 모두 내리지 말고, 그대로 올라가기'로 했다. 마침 도착 지점에 케이블카가 안착했을 때 가이드를 만날 수 있었고, 가이드가 이미 해결책을 내놓았다. 우린 내리지 않고 그대로 올라갔다. 정상 도착 즉시 모두가 빠른 걸음으로 'Peak 2 Peak' 노선 쪽으로 갔다. 혹시 이번에도 못 갈 수 있다는 경험 때문에 되도록 빨리 걸었다. 잘못된 예상이 정확할 때도 있다. 우리도 그런 경우였다. 일부 사람들이 그 노선을 이용하기 위해 기다리고 있었다. 그들 뒤에서 차례로 섰다. 그런데 뜬금없이 '예상된 악천후'로 "노선이 또다시 폐쇄되었다."는 것이다.

담당자는 대기하고 있는 적잖은 승객 무리 쪽으로 와서 그 점을 자세하게 설명했다. 일부 팀은 투표로 결정하여 하산하였다. 다른 팀은 이미 하산하고 없었다. 우린 무작정 기다렸다. 그것도 출입구 바로 앞에서. 한참 후 김용신 선생님 왈, 5분만 더 기다리자. 아무도 그에 대해 응답하지 않았지만, 묵시적으로 동의, 아니 더 오랫동안 기다리겠다는 태세였다. 그런데 잠시 후 기적이 일어났다. 5분쯤 지날 무렵 'Peak 2 Peak'의 노선이 재개된다는 것이다.

우리보다 앞서 있는 사람들이 없어서 제일 먼저 그 노선의 케이블카에 탑승했다. 모두의 입가에 미소와 승리했다는 도취감을 만끽하는 모양이 그대로 노출되었다. 좌우뿐 아니라 360도를 파노라마처럼 돌아보면서 우린 환호하기 시작했다. 저 멀리 만년설이 보이는가 하면, 케이블카 아래와 건너편 산 어디에도 질펀하게 우거진 수많은 침엽수림,[55] 북쪽에 있는 두 개의 호수가 자기만의 색깔로 채색되어 있고, 좁은 계곡으로 길게 늘어져 흐르는 계곡물이며, 한 번을 타고도 즐거운데 케이블카를 세 번 탈 가격으로 다섯 번이나 탈 수 있었던 점들이 '무지개'와 어우러져 환상의 세상을 맛본 그런 느낌이랄

55) 머리 쪽만 쫑긋하게 나타내 보임에도 삼나무 특유의 거목으로 빼곡하게 우거진 울창한 산림의 진수이다.

까? 그런 기분에 취해서인지 평소 점잖아 보이던 김화균 선생님은 '감동'이란 표현을 수없이 연발하였다.

그건 김선생님만의 경우가 아니었다. 모두가 사실 그런 마음이었다. 왜냐면 '하느님이 보우하사', '하나님의 선물', '이건, 기적이야' 하는 등 모두가 기쁨에 넘쳐서 표현할 방법을 찾고 있었다. 케이블카로 내려오며 오늘의 감격에 관한 소회를 돌아가면서 한마디씩 했다. 요컨대 꿈 같은 시간이었다. 오늘 우린 이런 일들이 벌어질 것이라고 어디 상상이나 했겠나. 상상 이상으로 즐거운 사건이었다.

내려오자마자 휘슬러 중심가를 지나서 이른바 'Green Lake'를 구경했다. 호수는 초록색으로 채색되어 있었다. 갖가지 꽃들과 잘 손질된 골프장의 필드가 이곳저곳에 산재해 있고, 고급스러운 집들이 그 사이사이에 숨어 있다. 호수에는 젊은 사람들이 개인용 보트를 타고서 여유를 즐기고 있었, 수상 경비행기도 착륙해 있었다. 필드에서 퍼팅하는 사람들의 모습을 보면서, 그래 저것도 사람이 사는 모습이야! 누구는 노예처럼 뼈 빠지게 일만하고, 누구는 경비행기 타고 와서 골프를 치면서 즐기는 삶을 영위하고. 모든 사람은 평등하다고 항상 되내었던 내가 언제쯤 진실을 파악할 수 있을까? 그래 '신 앞에선 누구나 항상 평등한 것'이라며 자위하였다. 얼마 지나지 않아 수상 경비행기는 물살을 빠르게 헤쳐 나가더니, 이내 물 위로 날아올랐다.

밴쿠버로 돌아오는 길에 '스쿼미시'라는 소도시의 '월마트'에 들렀다. 비타민 D 등의 약을 구입했다. 동행한 일행 역시 저마다 필요한 물품을 사들고 왔다. 밴쿠버로 돌아가는데 1시간 남짓 걸린단다. 이미 시계는 저녁 7시가 조금 지났음을 가리킨다.

22일은 어제 피곤했던지 늦잠을 잤다. 일어나자마자 곧바로 8층으로 가서 일했다. 2시간쯤 작업하였더니 배가 고프기 시작하여 14층으로 올라갔다. 샤워하고 하선하려고 하니, 11시 20분쯤 되었다. 나의 10m 앞쪽에서 걸어갔던 사람은 '출입국'을 제지 없이 통과했는데, 나는 나갈 수 없다고 한다. 아직 11시 28분밖에 되지 않았는데. 11시 30분 이전까지 시내로 갈 수 있다고 방송했는데도 불구하고. 외출해서 '와인 전문 가게'에서 캐나다산 '아이스와인'을 구입할 예정이었는데, 아쉬움만 남겼다.

저녁에 크루즈는 밴쿠버를 출항하여 다음 목적지인 알래스카의 '싯카'로 향하였다. 밴쿠버섬과 육지 사이의 '존스톤 해협' 쪽으로 통과하려는 모양이었다. 구글 지도에 나타난 이 해협은 아주 좁은 해로(海路)처럼 보이지만, 실제의 거리는 좁은 곳조차 1km를 훨씬 넘었다.

23일 아침 7시 무렵 운동을 위해 7층 갑판으로 나왔다. 날씨가 밴쿠버보다 쌀쌀해져서 거위털옷으로 무장해야 했다. 아이슬란드에서만 입었던 옷이다. 밴쿠버를 출항한 지 이미 12시간이 넘었음에도 밴쿠버섬과 육지 사이인 '존스톤 해협'을 아직도 지나가고 있었다. 이 해로의 양쪽에는 해무가 잔뜩 끼었다. 산 중턱만 남기고 그 위와 아래가 온통 바다안개로 가득 찼다. 이 모습을 남기기 위해 동영상을 촬영하였다. 간혹 해무가 그친 곳에 울창한 산림이 선명하게 나타났다.

7층 갑판에서 500m 거리를 5바퀴 돌고서, 8층에서 1시간 정도 작업하다가 아침밥을 먹으려 14층에 갔다. 크루즈가 뱃고동을 반복해서 울렸다. 유리창 너머로 여전히 해무가 자욱했다. 식사 후, 곧바로 15층 선수(船首)로 가 보니, 짙은 해무로 인해 앞쪽의 바다에 무엇이 있는지 전혀 보이질 않는다. 크루즈는 또다시 뱃고동을 울린다. 제아무리 현대적 장비를 사용하더라도 실물을 맨눈으로 확인하지 않은 한, 이런 짙은 해무 속에선 인간의 실수가 쉽게 일어날 수 있기 때문일까? 그 소리는 "혹시라도 부근을 오가는 배들에 대해 '저, 크루즈'도 지금 여기를 지나가고 있습니다."라는 말로 번역되었다.

12시가 되자 선장이 오늘도 "이제 정오가 되었습니다."라고 하면서 Noon이라고 몇 초간 이어간다. 크루즈는 오늘(7월 23일) 정오 무렵 출발 지점인 요코하마에서부터 정확히 5만km를 항해하였다. 먼 길을 달려왔다. 지금껏 장장 92일을 항해하면서 여러 나라의 항구에 기항했고, 그곳에서 적게는 10시간, 많게는 30여 시간을 머물렀다.

비교적 오랫동안 머물렀던 곳은 '테네리페', '베르겐', '뉴욕'과 '밴쿠버'로 이곳들에서는 30여 시간 쉬어갔다. 이제 알래스카의 '싯카'와 그 인근의 '피오르'(허버드 빙하)를 구경하고서 '수어드'를 관광한다. 그리고선 알래스카를 출발하여 '날짜변경선'을 지나면서 하루를 25시간씩 보냈던 여러 차례의 기회를 한꺼번에 반납하고, 8월 7일 '요코하마'로 귀향한다.

24일 아침 7층 산책길에서 조양현 선생님 일행(삼총사 등)과 만나 함께 걸었다. 밴쿠버에서 22일 선생님과 그리고 함께한 삼총사를 위해 아이스와인을 사려고 하선하려는데, 11시 30분 이후에는 하선할 수 없게 되어 구입하지 못한 걸 아쉬워했다.

어제 누군가 물었다. 바다색이 왜 이렇게 파랗게 보일까요? 바다의 색깔은 무색이지만, 하늘의 색깔에 결정적 영향을 받기에 하늘이 맑고, 파랄수록 바다 역시 그렇게 파랗게 된다. 한국보다 멕시코의 '칸쿤'이나 '북극권'에서의 바다는 유난히 파랗다. 공해가 거의 없어서 하늘색이 다른 곳보다 더 파랗기 때문이다.

오후엔 『법철학입문』의 마지막 부분, 즉 카우프만 자신이 추구한 '법학방법론'을 읽으면서 그의 선구적 혜안에 다시 한번 놀랐다. 그는 이미 50년 전에 기계적 언어가 우리의 언어(법률언어도 물론)를 대체할 수 있을 것으로 정확히 내다봤다. 그는 왈 "법이 장래에도 인간의 사무에 속하게 될지, 아니면 기계가 법 문제를 처리하게 될지는 언어의 이용(Verwendung)에 달려 있다. 우리는 이러한 전환기의 시대에 살고 있다."

X.

7월 25일 오늘은 크루즈가 알래스카 '싯카'[56]에 아침 7시 무렵 도착하고, 시내까지 셔틀버스가 15분 간격으로 운행한다고 어제의 선내 신문에 고지되었다. 크루즈는 25일 아침 제시간에 '싯카'에 입항하였다.

아침 기온이 13도이고, 낮 최고가 16도란다. 날씨가 서늘해서 좋다. 바람도 거의 불지 않는다. 운동하기 위해 갑판 오른쪽에서 크루즈 선수 쪽을 향해 걸어서 도달할 즈음 선미 쪽으로 돌아간다. 5바퀴 돌고 나면 4,100보가 약간 넘는다. 오늘 아침에도 그랬다. 나이가 들수록 보폭이 좁아짐을 절실히 느낀다. 새벽에 일어나서인지 졸려서 식후 30분가량 잤다.

하선해도 된다는 방송을 듣고 곧바로 하선하여 시내까지 1.5마일이라고 해서 걸어가 보려고 300m쯤 가는데 왠지 피곤하다. 다시 돌아와 무료 셔틀버스를 이용했다. 항만 당국이 크루즈 승객을 위해 무료 셔틀버스를 운행하고 있었다. 내가 탄 버스는 중년 여성이 운전하면서 존 덴버의 컨트리송인 'Take me home country road'를 들려 주었다. 이 시골 같은 알래스카의 한적한 마을을 지나가면서 이 노래를 들으니, 남 앞에서 노래를 제대로 불러보지 못했던 나조차 마음속이지만 따라 불렀다.

56) 러시아가 지배할 당시 알래스카 총독 바라노프가 건설한 도시이다. 1867년 알래스카는 '수어드 국무장관'에 의해 미국으로 넘어갔다. 1906년까지 알래스카의 주도였으며, 그 이후는 '주노'로 이전되었다.

잠시 후, '싯카' 시내 중심에 내렸다. 러시아 정교회 교회와 주교의 집, 알래스카 제1호 미국 은행, 박물관, 에스키모인들이 제작하여 사용한 나무배의 전시, 수상비행기, 다수의 요트, 심한 간만의 차와 그것을 극복하기 위한 제반 시설의 설치, 갖가지 해조류, 꽃들이 일부는 아름다움을 다하고 지고 있었고, 반면에 자기의 출연 시간에 맞추어 아름다움을 한껏 뽐내는 꽃들도 적지 않았다. 게다가 아담하지만 풍요로워 보이는 집들과 부지기수의 섬들, 이들 섬과 섬 사이의 평화스러운 모습, 고즈넉한 평화를 깨면서 쏜살처럼 달리는 소형 보트 그리고 곳곳에 솟아난 울창한 침엽수림 등.

추울 것으로 짐작하여 겨울용 거위털옷을 입고 나선 덕분에 19도를 기록한 날씨로 등에 땀이 흠뻑 흘렀다. 요즘의 일일 평균기온이 13도를 넘고, 한겨울인 1월에도 최근 10년간 일일 평균기온이 2.4도이며, 일일 평균 최저기온조차 0.2도에 불과하였다.

8,900여 명이 살고 있다는 '싯카 시내'를 돌아다니면서 '노트북'의 사용에 불가피한 '잃어버린 무선마우스'를 사려고 가게를 기웃거려 보았지만, 전자제품을 파는 상점이 보이질 않았다. 에라, 그냥 숙소로 돌아가자. 무료 셔틀버스를 타려는데, 운전하는 남성분이 크루즈로 돌아가냐고 두 번이나 묻는다. 돌아오는 버스에서 "서늘한 알래스카의 여름이 이처럼 쾌적하고 사람 살기 좋은 곳[57]인 줄 예전엔 미처 몰랐다." 그렇다.

알래스카! 에스키모의 말로 이곳은 '위대한 땅'이기 때문이다.

오후 4시 무렵, 크루즈는 알래스카의 '스캐그웨이'에 위치한 '허버드 빙하(Hubbard Glacier)'58) 구경을 위해 '싯카'를 출항했다. 위대한 땅 알래스카를 보존하기 위해 환경을 특히 중시하는 당국의 환경정책으로 인해 크루즈는 속도를 내지 못하고 천천히 미끄러지듯 섬들 사이를 이리저리 피해서 나간다. 물의 사용도 자제해 달라는 선장의 요청이 두 번이나 있었다. 바다에 버리는 물의 양도 엄격히 제한되는 모양이다. '싯카'를 떠날 때 갑판에서 살펴보니, '싯카'를 중심으로 곳곳에 마을이 들어서 있다. 숲속에 가려진 집들이 들키지 않으려고 애를 쓰나, 사람은 간사해서인지 쉽게 찾아낸다. 인근 섬들에도 인적이 남긴 구조물들이 여러 곳에서 보인다.

7월 26일. 이번 여행의 하이라이트인 알래스카의 '허버드 빙하'를 구경할 수 있는 날이다. 아침 9시가 되지 않은 시간대에서 선장이 방송으로 알래스카의 '허버드 빙하'가 멀리 보인다고 알려 준다. 하던 일을 멈추고 아침 식사를 할 겸 14층으로 올라갔다. 크루즈는 천천히 '허버드 빙하' 쪽으로 향해 가고 있었다. 식사를 간단히 하고, 숙소로 돌아와서 거위털옷으로 무장하고 15층 크루즈 선수에 있는 전망대로 갔다. 사람들로 인산인해였다. 황오열 원장님과 강피터데다니 선생님 그리고

57) 7월 평균기온은 13.4도, 8월 평균기온은 14도이다.
58) 알래스카 '디젠천트먼트 만(Disenchantment Bay)'에 위치하고, 길이가 122km나 된다. 1년에 60m나 움직이며, 지난 100년 동안 지속되었다.

오명주 선생님을 전망대에서 만났다. 빙하에서 떨어져 나와 유영하는 작은 빙하 덩어리가 여기저기 널려 있다. 가까이 갈수록 빙하의 진수인 파란 색깔의 얼음덩어리가 50~60m 높이로 그 특유한 파란색을 뿜어내면서 절벽을 이룬다. 기후 온난화로 빙하가 부서져서 형성된 모습이다. 매년 25m가량 녹아내린다고 한다. '허버드 빙하'는 위도상으로 북위 59도를 조금 넘는 북쪽에 위치하고 있다. 이는 북극권에서 한참 아래쪽에 있는 지역이고, 아이슬란드 수도인 '레이캬비크'가 북위 64도 8분에 위치한 점을 감안하면 이곳보다 500여km 남쪽에서 형성된 것이다. 그럼에도 알래스카 남부지역 일부는 아이슬란드 남부보다 훨씬 춥다는 것을 의미한다.

크루즈를 운영하는 선사 측에서 '허버드 빙하'를 배경으로 하는 승객들 단체 사진을 찍겠노라고 호들갑을 떤다. 그래도 1,620여 명의 승객 가운데 다수가 참여하여 사진을 찍는다. 빙하가 보이기 시작할 때부터 떠날 때까지 2시간 남짓 소요되었다. 다음 목적지는 아마도 '칼리지 피오르(College Fjord)'이지 않을까? 하고 짐작해 본다. 여행 선전용 책자에 그렇게 기술되어 있어서다.

저녁을 먹고 숙소로 돌아오니 편지함에 봉투가 있었다. 열어 보니, 며칠 전에 잃어버렸다고 신고한 '하얀색 무선마우스'가 분실물센터에 들어왔으니 찾아가란다. 듣던 중 반가운 소식이다. 곧바로 찾아가서 확인하고 인수하였다. 이런 일의 처리 과정에서 박소량 선생님의 도움이 크다. 지난 4월 23일 Wi-Fi 설치 문제로 끙끙 앓고 있을 때부터 도움을 주었던 분이다. 필요할 때마다 도움을 청하면 항상 웃는 얼굴로 대한다. 고맙고 감사하다.

벌써 7월 27일이 되었다. 크루즈는 서서히 움직이고 있었다. 이곳은 '추가치 국유림'이 있는 곳으로 적지 않은 고산이 연이어 솟아 있고, 만년설로 뒤덮여 있다. 만년설이 가득한 높은 산들로 산맥을 이루는 것처럼 보이는데, 무슨 산맥이란 설명은 어디에도 없다. 사람들도 설경을 사진기에 담느라 여념이 없다. 동영상으로 그 풍경을 촬영하던 중, 한 떼의 돌고래가 크루즈의 뒤편에서 열심히 뒤따라 헤엄쳐 온다. 운 좋게 그 모습을 남길 수 있었다.

선내 신문에 오후 1시경부터 5시경까지 '칼리지 피오르'를 구경하라고 공지되어 있었다. 안내방송도 있고 해서 오후 1시가 되어 7층 갑판으로 나갔다. '피오르' 양쪽 지역의 고산은 만년설로 뒤덮여 있다. 얼음조각이 곳곳에 퍼져 있다. 지대가 낮은 산에는 침엽수림이 울창하게 우거져 있고, 바다에는 가끔 '해달'이 보이기도 했다. 이 '칼리지 피오르'를 따라서 한참을 더 들어가면, 어제 구경했던 '허버드 빙하'의 다른 쪽 일부를 구경할 수 있는가 보다. 선장은 그곳까지 간다고 예고했다.

노르웨이의 송네피오르를 구경할 땐 자욱한 안개로 시야가 많이 가려졌지만, 여기 '칼리지 피오르'를 구경하는 현재 날씨는 맑은 햇빛으로 창창하다. 그래서인지 피오르 양쪽의 모습이 선명해 보였다. 송네피오르와 차이가 있다면, 그곳은 곳곳에 사람이 살고 있고, 빙하가 녹아 폭포수를 이루고 있음에 반해, '칼리지 피오르'의 경우 오가는 소형 배들은 보여도 주거시설은 거의 보이질 않는다. 송네피오르에서 그렇게 흔했던 폭포들을 알래스카에서는 아무리 봐도 찾을 수 없다. 7층 갑판에는 피오르 감상을 위해 많은 사람이 몰려 있고, 조용히 감상만 하면 될 일임에도 시끄럽게 떠들기 바쁘다.

오후 2시 무렵 크루즈의 15층 선수(船首) 쪽으로 다시 나갔다. '허버드 빙하'의 다른 측면이 멀지 않은 곳에서 버티고 서 있다. 평균 높이 60m라고 한다. 빙하가 있는 양쪽의 산 낮은 지역에는 침엽수림이 울창하다. 빙하지대와 수평을 이루고 있다. 빙하가 형성되기 위해선 언제나 혹독한 날씨의 계속이 상식이지 않은가. 왜, 그것이 가능할까? 빙하를 구경하는 곳엔 거의 산천초목을 구경할 수 없었던 경험만이 축적된 내게 매우 흥미로운 주제이다. 빙하와 침엽수림의 양립 가능성의 의문, 그러나 현실은 양립하고 있지 않은가?

크루즈를 운항하는 선장의 항해 솜씨가 대단하다. 어제의 '허버드 빙하'를 구경할 때와 마찬가지로 크루즈 갑판의 양쪽에서 구경하는 모든 사람이 빙하의 모습을 제대로 볼 수 있도록 큰 선박을 제자리에서 왼쪽으로, 오른쪽으로 돌린다.

7월 28일 아침 7시, 드디어 세계일주 크루즈 여행의 마지막을 장식할 알래스카 '수어드'[59]에 기항했다. 기상예보에서 최저 11~13도, 최고 21~23도란다. 갑판에 나와 보니, 마침 해가 '수어드'를 둘러싼 산 너머에서 살짝 비추고 있었다. 인구 2,830명이 거주한다는 '수어드'에는 요트만 해도 수백 척이 보인다. 이런 인구수에 비해 요트가 지나칠 정도로 많아 보인다. 풍요롭긴 하다. 요트뿐 아니라 많은 점이 풍요롭게 보였다. 수상 비행기도 보이고, 아담한 숲속의 가옥들이 평화스러운 분위기를 풍기는 모습에서 그런 점을 절감할 수 있었다. 만년설이 덮인 고산들로 이곳을 병풍처럼 둘러싸 외풍을 철저히 차단할 수 있도록 형성되어 있다. 크루즈가 도착한 선착장 인근에 번화가가 있다. 땅이라도 밟아보자고 크루즈에서 내렸다.

무료 셔틀버스를 이용해 시내에 갈 생각이었으나, 멀지도 않은 곳에 있으니 걸어가자는 마음이 생겨 걸어갔다. 걸어가면서 보니 이곳저곳에 활짝 핀 꽃들이 내게 얼굴을 내민다. 그래서 가능한 예쁜 모습을 사진에 담도록 노력했다. 계류장에 정박한 인구수에 비해 수많은 '요트'를 보고서 그냥 지나칠 수 없었다. 그것 역시 휴대폰에 담았다.

'수어드' 시내 이곳저곳을 돌아다녔다. 한국으로 치면 어촌마을에 불과한 곳임에도 대형 크루즈의 접안 시설이 있고, 낚시 관련 제품을 파는 큰 규모의 상점도 있다. 인구에 비해

59) 1867년 미국 국무장관 William Henry Seward(1801~1872)가 720만 달러에 알래스카를 매입했다. 이 때문에 알래스카 여러 곳에 '수어드'란 명칭이 붙어 있다.

상대적으로 큰 규모의 점포에 들어가 선물할 상품을 찾아보았다. 이곳이 크루즈의 마지막 기항지라서 선물을 여기서 사는 것 외에 달리 선택의 여지가 없었다. 알래스카 '수어드'라고 새겨진 컵 등 몇 가지 선물용 물품을 구매했다. 숙소로 돌아올 때 무료 셔틀버스를 이용했다. 돌아오자마자 샤워하고 잠을 푹 잤다.

29일 밤부터 8월 7일까지 크루즈는 요코하마를 향해 쉼 없이 항해하게 된다. 그러니 '수어드' 관광이 육지 여행의 끝판인 셈이다. 2~3일 후, '날짜변경선'을 넘어서면서 그동안 하루를 25시간으로 늘렸던 것을 하루로 쳐서 한꺼번에 반납하게 된다.

우리와 멀리 떨어진 곳이지만 캄차카반도 동남쪽 남부의 해역 122km 지점에서 7월 30일 진도 8.8의 초강진이 발생했다.[60] 6.6 수준의 여진도 발생했다고 소식통이 전한다. 일본쪽으로 항해 중인 크루즈의 운항지점이 발생 당시 '알류샨 열도' 지역이고, 진원지와는 거리가 2,000여km나 떨어져서 그런지 피해는 없었다. 우리보다 훨씬 먼 하와이까지 쓰나미가 몰려왔음을 감안할 때 행운이었다.

7월 30일 정오 무렵, 크루즈는 알래스카에 속하는 '알류샨 열도' 끝자락 부근을 항해 중이다. 안개가 자욱하게 끼어 수십 m의 앞도 보이지 않아서인지, 현대적 항해 장비로 구축된 크

60) 이 지진에 대해 미국지질조사국(USGS)은 경제적 피해 규모가 수천억 달러에 달한다고 추산했다.

루즈조차도 수시로 뱃고동을 울린다. 오후가 되어도 안개는 걷힐 기미가 없어 보인다. 오늘은 사우나실뿐 아니라 '자쿠지'와 '수영장'도 개장해서 이용했다. 수영장의 수온은 어제 12도 비해 13도로 1도가 높았다. 어제도 오늘도 수영장에 들어가 참을 수 있는 한 참아보았으나, 가슴이 저려와서 3분도 견디지 못하고 나왔다. 오늘 아침 공복의 혈당지수는 101에 불과했다. 최근 들어서 가장 낮은 수치이다. 혈압은 70~108이고, 체중은 69kg로 크루즈에 승선하기 전보다 1kg 더 나갔다.

크루즈는 '요코하마'로 빨리 가고 싶은지 요 며칠 동안 시속 19노트로 달리다가 31일부터 너울성 파도 때문인지 17노트로 항해 중이다. 8월 1일 밤 10시 40분쯤에 날짜변경선을 지나면서 2일 밤 9시 40분이 되었다. 하루를 25시간으로 1시간씩 연장되어 지나온 나날들이 거의 하루나 앞당겨졌다. 8월 2일은 불과 2시간 20여 분밖에 되지 않았다. 이 짧은 시간이 지나면 8월 3일이 된다.

아침에 일어났더니, GPS 시계가 8월 3일 4시경을 지나가고 있었다. 8월 2일이란 하루가 내 인생에서 가장 짧게 지나가 버렸다. 정오경에 김용신 선생님이 지휘한 '요코요코합창단' 공연이 7층 '비스타 홀'에서 열렸다. 50여 명의 합창단은 에델바이스 등 다수의 아름다운 하모니를 이루었고, 지휘하는 김용신 선생님이 자랑스럽게 보였다. 게다가 스스로 피아노 반주까지 하면서 '바위섬'을 곱게 불렀다. 우렁찬 박수가 홀을 가득 채웠다.

오후 3시 10분, 5층 중앙에 있는 아트홀에서 '만남'과 '서울의 찬가'를 부른다는 연락이 왔다. 각국의 대표들이 오후 3시 이전부터 자신들이 준비한 노래와 춤을 선보였다. 많이 준비한 모습이 역력했다. 처음에는 아마추어 모습이었지만 많이 나아져 나름의 예술성을 보여 주었다. 한국 팀은 예고한 바대로 '만남'과 '서울의 찬가'를 열창으로 불렀다.

4일 정오를 기점으로 일본까지 남은 거리는 3,000km나 되었다. 세계일주 여행도 이제 종점에 가까워지고 있음을 각종 행사에서 느끼게 된다. '석별의 정'이란 노래를 들으며 그런 느낌이 더욱 실감 났다.

8월 4일은 특별한 날이 되었다. 조양현 선생님 내외분이 점심 식사에 초대했다. 일본식 회덮밥으로 오랜만에 먹어본 회에 더하여 별미인 쌀밥은 여행 기간 잊고 있었던 미각을 소환했다. 더 맛있을 수 없을 만큼. 고맙고 감사했다. 언젠가 부산에 이들 두 분이 오게 되면, 특별한 손님을 모시곤 했던 '명물횟집'의 '회백반'을 대접해야 하겠다고 다짐했다. 식사 중에 친구 조길용의 카톡이 왔다. 현재의 크루즈 항로상 제10호 태풍 바이루 때문에 너울이 심할 거라 하면서, 크루즈는 흔들림을 완화하는 장치가 있어 진동이 크게 줄어든다는 내용이었다.

그렇지 않아도 7월 31일부터 너울성 파도가 심하여 19노트로 달리던 크루즈가 속도를 크게 낮추어 항해했다. 친구의 카톡을 받고 나서 얼마 후, 선장의 메시지가 방송으로 공지되었다. 10호 태풍 바이루로 인해 요코하마에 도착할 시간이 늦어질 수 있다는 것이다. 이때까지만 해도 7일 밤 항공 편으로 나리타 공항에서 김해공항으로 가는 데 불편이 있을 거라고는 예상하지 않았다. 저녁 식사 무렵 다시 선장의 공지가 있었다. 7일 오후나 저녁 무렵이 되어야 요코하마에 도착할 예정이라고. 그렇게 늦게 도착하게 되면 저녁 7시 20분에 나리타 공항을 출발하는 비행기를 타지 못할 것이다.

5일 오전 9시가 조금 지나 선장은 크루즈가 7일 아침 6시 30분 요코하마에 기항한다는 일정표상의 약속 시점과 달리 저녁 무렵에나 도착할 것이라고 암시하였다. 당장 항공권의 시간 변경이 필요했다. 10호 태풍 바이루의 현 위치와 진행 경로를 살펴봤다. 크루즈에서 600km쯤 떨어진 거리다. 그런데도 너울성 파도는 예상외로 거세다. 현재 오후 3시, 앞으로 5시간쯤 지나면 다시 고요가 찾아올 것으로 기대했다. 그럴 때 전속력으로 항해하면 7일 저녁 7시 45분 예약된 항공편으로 귀국할 수 있을 것이다.

8월 6일 크루즈의 속도를 살펴 보니, 요코하마에 도착하기로 공고된 8월 7일 오전 6시 30분이라는 약속 시간은 아랑곳하지 않아 보였다. 왜냐면 크루즈는 그 시간 도착을 염두에 두지 않고, 나름의 가성비에 걸맞은 속도인 17노트로 계속 항해 중이었기 때문이다. 크루즈가 지난 5월 말 4일간 20노트를 달렸던 점을 감안한다면, 태풍의 영향권에서 벗어나는 5일 오후 9시부터 20노트로 항해할 수도 있었다. 그렇게 했더라면, 약속 시간을 충분히 엄수할 수 있었음은 물론이었다. 더구나 크루즈를 운영하는 선사(船社) 측은 수익성보다 세계평화, 특히 원폭과 전쟁의 피해 참상을 알리는 데 주된 목적이 있다고 누누이 강조했다. 그렇다면 약속한 일정표대로 움직일 것이라는 높은 기대와는 달리 지연 운항하는 모습에서 인간의 본성이 무엇인지 엿보였다.

결국 8월 7일 오후 늦게서야 하선할 수 있게 되었기에, 7일로 예약된 항공권을 취소하였다. 7일 밤 신칸센으로 오사카로 가서, 다음날인 8일 저녁 5시, 부산으로 오는 '팬스타크루즈'로 일본을 출국하게 되었다. '팬스타크루즈'의 이용 방법을 꼼꼼히 설명해 준 안명관 선생님(107일간 9층 옆 객실의 이웃)께 감사함을 전한다.

아울러 아픈 허리를 완쾌되도록 치료해 주신 황오열 원장님과 이신혜 여사님를 비롯해 조양현 선생님 내외분 그리고 삼총사인 박숙경 선생님과 김보영 선생님께도 고마움을 전한다.

XI.

내가 탑승한 크루즈는 107일 동안 59,355km나 되는 거리의 세계 이곳저곳으로 운항했다. 적도를 기준으로 지구 둘레가 4만 75km이니, 지구를 거의 한 바퀴 반가량 여행한 것이다. 난생처음으로 '동지나해', '말라카해협', '인도양', '희망봉', '남대서양', '영국해협', '엘베강', '노르웨이해', '북대서양', '세인트로렌스만', '카리브해', '파나마 운하', '북미대륙 서안해역', '후안데푸카해협', '딕슨해협', '허버드 빙하', '칼리지 피오르', '알래스카만(灣)'과 '북태평양'의 바다를 경험했다.

크루즈로 이 먼 길을 지나오면서, "세상은 의외로 국경이나 경계의 형식으로 둘러싸여 있지 않아서, 서로 구분되지 않고 이어져 있으며, 서로가 서로에게 영향을 주고받고 있음"을 새삼스럽게 느꼈다. 바닷물조차 경계를 넘어 대륙의 형태에 따라서 한류와 난류의 교차 지점이 위도(緯度)와 경도(經度)를 달리하고, 이에 따라 해당 지역 온도에도 크게 영향을 미치는 모습을 명확히 경험했다.

북미 지역 서안의 경우 파나마와 코스타리카 쪽에서 올라오는 열대성 난류는 '샌디에이고' 해안 남쪽 지역이자 멕시코 연안의 북쪽에서 한대성 한류와 만나는 관계로, '샌디에이고'의 수온은 바로 아래쪽의 멕시코 지역보다 훨씬 낮은 상태다. 그런가 하면 유럽의 경우 멕시코 만류(灣流)가 한참 북쪽인 노르웨이 '베르겐' 지역까지 밀고 올라가는 바람에 그곳 '베르겐'은 한겨울에도 심하게 춥지 않다. 역시 '멕시코 만류'의 영향을 받은 북위 64도 07분에 위치한 아이슬란드 수도 '레이캬비크'의 겨울 일 평균 최저 온도(영하 2.4도)는 서울보다 훨씬 춥다고 할 수 없다.

이에 비해 위도상으로 볼 때 알래스카는 아이슬란드보다 확실히 춥다. 왜냐면 '레이캬비크'(북위 64도)의 겨울은 알래스카에서 따뜻한 곳으로 알려진 '주노'와 겨울 온도가 비슷하지만, '주노'는 북위 58도에 있다는 점에서 '레이캬비크'와 700km 이상 남쪽에 있기 때문이다.

위도상으로 서울(북위 37도에서 38도 사이)보다 훨씬 남쪽에 위치한 미국 '샌디에이고'(북위 32도와 33도 사이)의 여름 날씨는 더워도 30도가 넘지 않은 경우가 대부분이다. 그러나 서울은 39도나 올라가서 덥다고 아우성치고 있다. 그런가 하면 '샌디에이고'에서 그리 멀지 않은 남쪽의 멕시코 '만사니요'의 여름은 너무 더워서 견디기 힘들 정도다.

크루즈 여행의 이점 중 하나는 특정 국가에 기항할 때, 출입국이 비교적 자유롭다는 것이다. 형식적인 여권 심사조차 없는 경우가 대부분이다. 이것이 얼마나 편안한지는 보통 해외여행으로 출입국할 때마다 감수했던 불편함과 대비해 보면 느낄 수 있다. 그러므로 세상을 인위적으로 구분하고, 국경을 강화하여 외국인의 출입국을 억제하고, 민족주의에 경도될수록 그 이면의 차원에서 볼 때 역사를 왜곡하고 세상의 편리함을 왜곡한다는 강한 의심을 낳게 한다. 세상은 우리가 생각했던 이상으로 넓지만, 의외로 서로 연결되었기에, 그 연결고리를 절단하거나 제한하는 방식의 정책은 삼가야 할 것이다. 이것은 한 사회 안, 심지어 가족 내에서조차 동일하게 적용될 수 있을 것이다.

또한 알면 알수록 모르는 것이 참 많아진다는 진리를 새삼 깨달았다. 예를 들어, 분명한 점은 멕시코의 서해안 인근에서도 한류와 난류가 만난다는 사실이다. 그런데 한류의 영향으로 샌프란시스코 앞바다의 수온이 13도에 불과함에 반해, 그보다 훨씬 북쪽의 캐나다 밴쿠버의 수온은 15도였다. 그리고 북쪽의 동토(凍土) 지역으로 알려진 알래스카 '싯카'의 요즘 기온은 평균 13~15도가 된다니, 놀랍다. 이것은 난류의 영향이라고 한다. 오늘날 알래스카의 주도인 '주노'[61] 역시 부동항이며, 난류의 영향으로 그곳도 온화하다. 북쪽인 알래스카의 '수어드'[62]에 2025년 7월 28일 기항하게 되었을 때, 그곳도 7월 26일 정오 무렵 15도를 보이고 있었다. '수어드'는 겨울의 평균기온이 영하 1.2도로 그리 춥지 않다.

'주노' 북쪽에서 그리 멀지 않은 곳에 대규모의 '허버드 빙하'가 탄생할 수 있었던 배경이 지리상 위치 때문이라고 보기 어려운 부분이 없지 않다. 이곳 역시 부동항인 '주노' 인근에 있어서 난류의 영향권에서 그리 멀지 않고, 그런 바다에 면하고 있기 때문이다. 또한 다른 빙하와 달리 1년에 60m나 움직인다. 도대체 어떻게 그리고 어떤 이유로 그렇게 많이 움직일

61) 1906년 이래로 알래스카주의 주도(州都)가 되었다. 알래스카 최대도시인 '앵커리지'(301,671명) 다음으로 큰 도시이며, 인구가 3만여 명이다. 부동항이며, '싯카'와 마찬가지로 여름철엔 온화한 기온을 유지하고 있다.

62) 지난 30년간 1월 평균기온은 영하 1.2도이며, 여름인 7~9월의 일일 평균기온이 12~13도 내외로 온화하다.

까? 그것도 지난 100년 동안 끊임없이 움직였다. 다른 빙하는 1년에 1m 정도 움직일 뿐인데. 왜, 하필 '허버드 빙하'는 그것의 60배인 60m나 움직일까? 알다가도 모를 일이다.

또한 세상은 기적의 연속이라는 믿음이 짙어졌다. 그 엄청난 '정자' 중에서 '나'라는 DNA를 갖고 태어난 기적을 비롯해, 사지가 멀쩡하고 말할 수 있고 볼 수 있는 능력, 학교에 다닐 수 있는 현대에 태어난 기적, 움직이기조차 힘들 정도로 아플 때 황오열 원장님의 주사 두 방으로 해결되었던 일, 몽생미셸을 구경할 수 있게 해준 이신해 시인의 처방, 5차례 생사의 갈림길에서 헤매고 있을 때 그때마다 기적 같은 회생 등 수많은 일이 기적의 연속이라고 해도 무방해 보인다. 이처럼 세상은 기적이 적지 않다. 누군가에게 뭔가 부족하다고 탓하기 전에 적절한 칭찬을 하자. 그에게 기적이 일어날 수도 있으니까.

그러니, 뭘 좀 안다고들 호들갑 떨게 없다. 알면 알수록 모르는 것이 더욱 많아진다는 사실을 염두에 두자. 마찬가지로 부모와 자식 사이뿐만 아니라 남편과 부인 사이라도 우리는 서로 모르는 점이 너무 많다. 형제나 자매의 관계도 그렇다. 가족관계라 해서 뭘 안다고 지나치게 이렇게 해라, 저렇게 하라고 하지 말자. 왜, 우린 상대방에 관해 모르는 것이 너무 많기 때문이다. 하물며 잘 모르는 남들에 관해 지나친 간섭은 민폐이며, 굳이 그렇게 말할 필요도 없지 않은가?

간섭은 명시적인 경우만 국한되지 않는다. 알고 싶지도,

보고 싶지도 않은 사실을 적시하거나, 보게 하면서 이는 세상을 위하고 공익의 차원이라고 포장하더라도 함부로 남의 생각에 영향을 미치려는 태도 역시 바람직하지 않다. 그러하니 묻지도 않은 일에 관해 안다고 잘난 체하지 말자. 이것은 내가 명심해야 할 사항이기도 하다.

XII.

크루즈로 세계일주 여행을 계획하는 사람들에게 굳이 권고할 만한 것도 사실 없다. 혼자서도 해외여행을 자주 하였던 분이라면 아무런 문제도 없을 것이다. 여행과 업무를 같이 할 분이라면 더욱 권고할 사항은 없다고 할 것이다. 다만 간혹 세계일주 크루즈 여행을 중도에 하선하거나 지루해서 견디기 어려운 분들도 없지 않다. 이들의 특색이 있다면 무엇보다 크루즈 내의 사람들과 교류가 적거나 없고, 혼자서도 잘 지낼 수 있는 방식, 예컨대 독서나 연구, 외국어 공부(영어의 경우 초급, 중급과 고급반 있음), 스토크, 바둑, 노래나 합창, 각종 춤이나 사교댄스, 악기 연주 혹은 선내에 갖추어진 체육시설이나 문화프로그램에 관심이 없는 사람들이다.

이런 점에 문제가 있다고 생각되면, 최소한 1~2명의 친구와 함께 여행하는 것이 바람직해 보인다. 여행비용도 대폭 줄일 수 있고, 2인이나 3인이 모이면 외로울 일이 적게 되며, 기항지에 하선했을 때 여행경비 역시 줄일 수 있기 때문이다.

'부부 동반'이라든지 혹은 친구 '부부'끼리 함께 모여 간다면 이상적이라고 생각된다.

준비하면 좋은 것들이 있다. 상비약은 당연하고, 감기약은 필수다. 좁은 공간에서 누군가 감기에 걸리면 다수가 감염되기 일쑤이기 때문이다. 아무리 큰 크루즈라도 멀미약을 준비하자. 추운 지방에서 지내는 시간이 많기에 따뜻한 옷들이 필요하다. 선글라스가 필요할 때도 적지 않다. 선내생활에서 운동은 필수이므로 운동화와 가벼운 운동복도 있어야 한다. 선내의 헬스장이나 사우나실, 자쿠지, 수영장을 자주 이용하자. 다양한 과일이 매일 제공되므로, 혈당 체크가 필요한 분들은 한국제 기기를 가져가자. 중국이나 대부분의 외국 제품은 우리와 방식이 달라서 애를 먹는다. 한국에서 애용하고 있는 mg/dL 방식의 '혈당측정기' 대신, 중국에서 사용하고 있는 mmol/L 방식을 아프리카와 유럽에서도 애용하고 있는바, mmol/L 방식을 이용할 경우 18.03을 곱해야 우리가 알고 있는 당수치가 나온다. 해외에서 물건의 구매나 서비스 이용할 때 '트레블월넷' 활용을 권장한다. 휴대폰에 구글 지도 앱은 필수이다.

외국어, 특히 영어를 잘할수록 좋다. 그러나 못해도 상관없다. 외국어 어플을 깔아 활용하면 족하다. 영어를 일상으로 생활하는 국가가 아니라면 대부분 못한다. 못할 정도를 넘어서 도저히 알아듣기 어렵게 말하기도 한다. 어떤 사람이 '순다이', '순다이'라고 해서 무슨 말인가 한참을 헤맸다. 나중에야 알았다. 영어 'Sunday'를 표기된 대로 '순다이'라고 말했던 것이다.

기항지에서 진행되는 여행은 몇 명이 모여 여행어플을 이용하면 비용을 크게 절감할 수 있다. 하선하여 현지 여행업체 가운데 하나를 택해 상담하고 진행하는 것도 나쁘지 않다. 선내에서 제공하는 프로그램에 따르는 비용에 비할 바가 아니다.

[저자 약력]

허 일 태

저자는 독일 뷔르츠부르크대학교에서 형법학으로 1984년 7월 박사학위를 취득하였다. 1984년 동아대학교 법과대학 교수로 임용되었으며, 현재는 동아대학교 법학전문대학원 명예교수이다. 한국형사법학회 회장, 한국형사정책학회 회장, 한국비교형사법학회의 창립과 회장, 영남형사판례연구회의 창립과 회장, 법무부 정책위원회 위원, 대검찰청 부설 검찰정책자문위원회 위원, 법무부의 법무자문위원회 형사법개정 특별분과위원회 위원과 동 위원회 산하의 법정형조정소위원회 위원장, 국제엠네스티 법률가위원회 한국지부 회장, 한국사형폐지협의회 의장, 동아법학회 회장, 부산고등검찰청 상소심위원회 위원장, 부산지방검찰청 인권위원회 위원장과 대법원 형사실무연구회 부회장 등의 직을 역임하였다. 저서로는 형법연구Ⅰ, 형법연구Ⅱ, 형법연구Ⅲ, 형법연구Ⅳ, 형법연구Ⅴ, 형법연구Ⅵ, 형법연구Ⅶ, 형법연구Ⅷ, 형법연구Ⅸ, 형법연구X, 형벌과 인간의 존엄, 정의의 굴렁쇠, 안락사에 관한 연구, 법학의 이해, 인간적인 법을 찾아서, 인간의 존엄과 권력, 인간적인 삶을 찾아서를 집필하였으며, 독일형법총론, 법학방법론, 법철학입문, 법학방법론 입문, 일본형법이론사의 종합적 연구, 법철학의 기본문제, 형사정책 등 해외의 학술연구 성과물을 번역하였다. 편저로는 권력과 자유(엄상섭 저/허일태 · 신동운)과 효당 엄상섭 형법논집(신동운·허일태)이 있다. "형법상 행위개념의 재구성", "한국의 사형제도 위헌성", "법률의 부지의 효력", "형법 제20조의 '사회상규에 위배되지 아니하는 행위'의 재조명", "법관의 법왜곡에 대한 대책", "위험사회의 출현과 법의 기능변화", "배임죄의 나아갈 방향" 등 230여 편의 연구논문을 형사법 관련 학회지 등에서 발표하였다.

정의의 굴레

초판발행 2025년 9월 25일

지은이 허일태
펴낸이 박노일

총괄기획 최준규
편 집 이상민

펴낸곳 pnc publishing and culture 피앤씨미디어
경기도 고양시 일산동구 강송로 153, 310-1501
등록 제396-2012-000203호
전 화 070)7550-3758 팩 스 02)6280-3758
홈페이지 www.pncmedia.co.kr 이메일 pnc@pncmedia.co.kr
ISBN 979-11-7401-030-8 03360

정 가 18,000원